U0830418

普通高等教育“十一五”国家级规划教材

Comparative Economics of Agriculture

比较农业经济学

何秀荣　主　编
冯开文　副主编

中国农业大学出版社
·北京·

图书在版编目(CIP)数据

比较农业经济学/何秀荣主编. —北京:中国农业大学出版社,2010.6
(2019.8 重印)
ISBN 978-7-81117-991-0

Ⅰ.①比… Ⅱ.①何… Ⅲ.①农业经济-经济发展-对比研究-世界
Ⅳ.①F31-03

中国版本图书馆 CIP 数据核字(2010)第 061895 号

书　名 比较农业经济学
作　者 何秀荣　主编

策划编辑 张秀环　　责任编辑 王艳欣
封面设计 郑　川　　责任校对 陈　莹　王晓凤
出版发行 中国农业大学出版社
社　址 北京市海淀区圆明园西路 2 号　　邮政编码 100193
电　话 发行部 010-62731190,2620　　读者服务部 010-62732336
　　　 编辑部 010-62732617,2618　　出　版　部 010-62733440
网　址 http://www.cau.edu.cn/caup　　**e-mail** cbsszs @ cau.edu.cn
经　销 新华书店
印　刷 北京鑫丰华彩印有限公司
版　次 2010 年 6 月第 1 版　2019 年 8 月第 2 次印刷
规　格 787×980　16 开本　17 印张　310 千字
定　价 32.00 元

主　　编　何秀荣

副 主 编　冯开文

编写人员　（按姓氏拼音排序）

布娲鹣　冯开文　何秀荣　李　军

李　平　肖海峰　徐会苹　张成玉

赵　霞　朱启荣

序

每有农业经济学教材新著上市，总爱先睹为快，但即使在阅读了一些较好的新教材后亦常有饮不解渴的感觉，较深的缺憾往往在于历史演变和国际比较方面的短少，因此十分期待弥补这方面缺憾的著作或教材问世。中国人民大学的曾寅初老师正在讲授比较农业经济学课程，每当他述及缺乏专题比较农业经济学教材的苦处时，我总是怂恿他动手编写一本，哪怕先编出一本纲要式教材也行。时值国家编制“十一五”教材规划，其中有一本比较农业经济学，中国农业大学出版社和学院同事撺掇我挑头组织编写一本《比较农业经济学》教材，特别是我的同事冯开文教授承担完成了一切申报手续，于是就产生了呈现在大家面前的这本尝试性教材。

要编出一本合格的教材不易，要编出一本好教材就更不易了。如果联机检索一下“比较农业经济学”的字样，中外古今关于某一农业经济问题的比较研究和专著较多，但冠之“比较”字样的农业经济学教材实在是难以寻觅，能够直接对上号的，大约只有中国人民大学刘运梓老师 2006 年出版的《比较农业经济概论——中外农业经济理论与政策的比较研究》。这种现象一方面说明比较农业经济学教材几乎是一个空白，另一方面大约是因为隐藏在背后的难度。然空白终需弥补，即使起步阶段总是会存在种种不足和稚嫩，但无疑需要迈出探索性的起步，后继者方能逐渐提高和臻善。正是鉴于这种考虑，我们才敢于着手编写这本《比较农业经济学》。

本书虽然名曰“比较农业经济学”，实际上它仍然是一本“农业经济学”。冠之“比较”的字眼，意在与目前通常所见的农业经济学教材相比，试图在论述农业经济专题内容时从历史演变和国际轨迹的视野角度多着点笔墨，从而冀望给人多有一些“历史比较”和“国际比较”的印象，以使读者在历史长河和国际视野的意识中来考虑面对的农业经济专题。充分讨论任何一个农业经济问题绝不是一本书能完成的任务，因此，本书也试图就所涉及的一些农业经济专题提供了一个历史或国际角度的粗犷脉络，为意欲进一步“检索”的读者提供历史或国际追踪的初步线索。本书可以作为本科生和研究生教材，也可以作为教师讲授农业经济学和农业经济史的教学参考书。

尽管作者的初衷和宏图是美好的，但构思出一幅美好宏图和使之成为现实绝对不是一回事，甚至宏图越是美轮美奂，力所不逮和眼高手低的反差就越明显，况且编写教材是一个建立在每位作者基础上的合成工作，尤其是编写《比较农业经济学》教材还是一项尝试性的工作，所以，本书必然存在一些不足和偏差，欢迎读者批评指正。

付梓之际，我和其他编写者十分感谢出版社的编辑人员，特别是魏秀云女士，如果没有她们的先期策划和怂恿，至少我个人不会来承担这件事；如果没有她们的适时督促和认真编辑，这本教材依然不能呈现给读者。

本书由何秀荣任主编、冯开文任副主编。参加编写人员为何秀荣（第 1、2 和 10 章）、李军（第 3 章）、朱启荣（第 4 章）、赵霞（第 5 章）、李平（第 6 章）、布娲鹣（第 7 章）、冯开文（第 8 章）和肖海峰、张成玉、徐会苹（第 9 章）。全书由何秀荣统稿。

何秀荣

2010 年 3 月

目　　录

第一章 概 论

◆ 本章要点

本章主要介绍农业经济学简史、学科关系和研究对象，以及比较农业经济学的基本研究方法，其目的是使读者对农业经济学及其支脉——比较农业经济学有一个学科背景和研究方法的了解，便于更好地理解后面章节的内容。

第一节 农业经济学的形成和发展

一、国外农业经济学的形成和发展

农业经济是最古老的产业经济，农业经济思想是经济思想的起源，因为人类社会是从农业社会起源和分化的。但农业经济学作为一门专门的独立学科，其形成历史并不长，早期农业经济学的内容主要分散于两个学科领域：政治经济学科和农业学科。

在经济思想和经济理论的研究和发展方面，农业经济学主要融入在政治经济学中。工业革命初期，经济学本身也正处于一门现代学科的早期孕育和发展时期，还没有出现学科分化，即还没有出现今天所呈现的工业经济学、农业经济学等部门经济学科分支，或者像增长经济学、发展经济学、制度经济学等专题经济学科分支。因此，在形成现代经济学科的过程中，农业经济思想与其他经济思想共同构筑起经济学科大厦，熟为人知的例如古典政治经济学中的地租理论、劳动价值理论、土地报酬递减理论等。在威廉·配第①、皮埃尔·布阿吉尔贝尔②、弗朗斯瓦·魁奈③、

---

① 威廉·配第（William Petty，1623.05.27—1687.12.16），英国古典政治经济学创始人之一，被誉为“政治经济学之父”。1662年出版代表作《税赋论》（*A Treatise of Taxes and Contributions*）。在他1676年完成、但1690年才出版的《政治算术》中，首次运用数字资料来计算广义教育成果的货币价值，并从其结果中得出制定经济政策的结论，因此，在某种程度上，他也被视为统计学的创始人之一。

② 皮埃尔·勒·庇逊·德·布阿吉尔贝尔（Pierre Le Pesant，sieur de Boisguillebert，1646.02.17—1714.10.10），法国古典政治经济学创始人之一，重农学派先驱者之一。

③ 弗朗斯瓦·魁奈（Francois Quesnay，1694.06.04—1774.12.16），法国古典政治经济学奠基人之一，法国重农学派创始人和主要代表。

亚当·斯密[①]、大卫·李嘉图[②]等经济学先驱的著作中，就大量采取涉及农业的例子来阐释经济理论，比如绝对优势和比较优势理论中的例解。随着社会经济活动的分化和专业化，不断涌现出商业经济、工业经济、交通经济等思想，由此产生的关于价格、成本、税收、福利等重大经济学理论争论，经过归纳提炼、实践检验等一系列过程形成一般经济理论。当实践经济活动分化到一定规模和经济学发展丰富到一定程度后，开始出现经济学的分化。一般经济理论和方法的研究日益走向理论探讨并形成理论经济学分支，部门经济的研究日益走向应用探讨并形成应用经济学分支。

在农业经济学的知识传播和实践应用方面，农业经济学与农业活动紧密联系在一起，因此，农业经济学在其早期尚未独立时期归属在农业学科，这就是为什么当年几乎所有国家中的农业经济学科教育设置在农业院校以及为什么农业经济学科发展过程中有很多自然科学家作出显著贡献的原因所在，直到高等院校从专科性院校向综合性院校发展后，农业经济学科的身影才出现在综合性院校。

19 世纪末，特别是 19 世纪 70 年代以后的"边际革命"使西方经济学理论的面貌发生了重大变化。阿尔弗雷德·马歇尔[③]在传统经济学的基础上，参考借鉴了多种学派的观点，以供求理论、边际效用理论和生产成本理论为基本架构融合建立起了以"均衡价格"为核心的经济学体系，从而也为农业经济学科的发展提供了理论基础和分析方法。农业经济学科逐渐与一般经济学明晰了学科分工，与其他的部门经济学一样日益向利用理论和方法成果的应用经济学发展。逐渐地，农业经济学在一般经济学体系主干上发生了分支生长，最终发展成为应用经济学旗下的一门独立分支。

农业经济学科的发展包含着千千万万人的努力和贡献，其中涌现出了许多著名贡献者，除了威廉·配第、皮埃尔·布阿吉尔贝尔、弗朗斯瓦·魁奈、亚当·斯密、大卫·李嘉图这些耳熟能详的早期经济学先驱外，阿瑟·杨[④]、约翰·海因里

---

① 亚当·斯密(Adam Smith，1723.06.05—1790.07.17)，英国古典政治经济学奠基人之一。

② 大卫·李嘉图(David Ricardo，1772.04.18—1823.09.11)，英国古典政治经济学奠基人之一。

③ 阿尔弗雷德·马歇尔(Alfred Marshall，1842.07.26—1924.07.13)，英国剑桥学派经济学家，现代经济学主要奠基人之一。其 1890 年出版的代表作《经济学原理》被西方经济学界视为划时代的著作，与斯密的《国富论》和李嘉图的《政治经济学及赋税原理》相提并论，自 1890 年至 20 世纪 30 年代后期出现凯恩斯理论为止的近 50 年中，剑桥学派的理论一直处于经济学主流理论地位。

④ 阿瑟·杨(Arthur Young，1741.09.11—1820.04.20)，英国农业经济学家，英国农业革命的倡导者，英国政府农业局首任局长。

希·冯·屠能[①]、特奥多·冯·戈尔兹[②]、弗里德里希·阿瑞保[③]、特奥多·布林克曼[④]等一大批农业经济学家以及阿尔伯瑞希特·丹尼尔·泰厄[⑤]、尤斯图斯·冯·李比希[⑥]等自然科学家作出了显著的贡献。

世界近代农业革命最早出现于英国，18 世纪后期的英国农业经济学家和英国农业革命的重要宣传者阿瑟·杨，在亲身从事农业经营实践和详细记载结果的基础上，于 1770 年出版了《实验农业论》(*A Course of Experimental Agriculture*)，比较具体详细地记录了农业生产要素配合比例、生产费用和经营收益的关系。他先后考察了英国、法国等地的农村，对农业状况和农业经营进行了大量考察和研究，撰写了一系列的考察游记。1784 年他创办了《农业年刊》(*The Annals of Agriculture*)，并成为主要撰稿人。他一生中写了约 25 本关于农业的书册和 15 本政治经济学专著。他从农业经营角度论证了英国萨福克郡轮栽制农业的合理性，提出了农业经营的一个重要原则：生产手段的合理配合。并且在农业考察和研究的基础上提出了大经营胜于小经营的规模经营理论。从 1793 年任英国政府农业局首任局长以来，直到逝世，他一直进行着农业革命理论的研究和传播工作，对英国和其他国家的农业革命发挥了重要的促进作用，也为农业经济学向理论联系实际、解决实践问题的应用经济学科发展起到了开拓性的示范作用。因此，他被很多人视为农业经济学的创始人。与阿瑟·杨同时代的另一位对农业经济学科发展作出重要贡献的是德国农学家阿尔伯瑞希特·丹尼尔·泰厄，他于 1798—1800 年出版了三卷本的代表作《对英吉利农业的研究》(*Einleitung zur Kenntnis der Englischen Landwirtschaft*)，1809—1812 年又出版了四卷本的代表作《合理的农业原论》(*Grundsätze der Rationellen Landwirtschaft*)。泰厄极力主张德国的农业

---

① 约翰·海因里希·冯·屠能 (Johann Heinrich von Thünen，1783.06.24—1850.10.22)，国内也将“屠能”译成“杜能”，德国农业经营经济学派奠基人。

② 特奥多·冯·戈尔兹(Theodor Frieherr von der Goltz，1836.07.10—1905.11.06)，德国农业经济学家，他的学生中有后来著名的德国农业经济学家弗里德里希·阿瑞保和特奥多·布林克曼。

③ 弗里德里希·阿瑞保 (Friedrich Aereboe，1865.07.23—1942.08.02)，国内也有将其名译作“艾瑞保”的。德国农业经济学家，农业经营经济学派的创始人之一。1922—1931 年期间担任柏林农学院院长。

④ 特奥多·布林克曼 (Theodor Brinkmann，1877.04.24—1951.08.11)，德国农业经济学家，农业经营经济学派的创始人之一。曾任波恩农学院院长和波恩大学校长。为了纪念他，德国波恩大学农学院于 1977 年设立布林克曼基金，2008 年设立了“特奥多·布林克曼研究生院”(Theodor-Brinkmann-Graduiertenschule an der Landwirtschaftliche Fakultät der Universität Bonn)。

⑤ 阿尔伯瑞希特·丹尼尔·泰厄(Albrecht Daniel Thaer，1752.05.14—1828.10.26)，德国农学家。

⑥ 尤斯图斯·冯·李比希(Justus von Liebig，1803.05.12—1873.04.18)，德国化学家，有机化学和农业化学学科奠基人。

经营必须从落后的三圃制过渡到英国的轮栽制。泰厄对学科发展的巨大贡献在于促使德国农学脱离了官房学[①]而成为独立的科学；他的农业经营主张为农业经济学的发展提供了应用研究的样板；他培养和影响了包括屠能在内的一批农业经济学人才。

19世纪中叶，在农业领域出现了两个影响重大的事件。一个重大事件是德国农业经济学家约翰·海因里希·冯·屠能在1826年出版了农业经济学里程碑著作《孤立国》[②]。在该书中，他用抽象法假定了一个孤立国，孤立国中只有一个城市和四周的农村，借此，他阐述了生产布局配置理论。屠能对农业经济学学科发展的重大贡献是：①建立了农业经营经济学上的两个互相联系的基本理论——农业集约度理论和农业区位理论。②在研究方法上，屠能不仅作出了经典的抽象分析法示范，他也是较早使用边际分析方法的经济学家之一。

另一重大事件是德国化学家尤斯图斯·冯·李比希1840年出版了《有机化学在农业化学和生理学上的应用》，1844年出版了《化学书简》等书，奠定了有机化学和农业化学学科，从而衍生出一系列农业科研、教育和经营主张，为欧美农业的科学化作出了重大贡献。从农业经济学科角度来说，李比希提出了农业土地肥力补偿学说，为后来的土地经济学提供了科学技术角度的理论依据。

李比希在农业化学科学方面的巨大成功也使农业经营学偏向了技术方向。曾任耶拿大学、波恩大学等学校教授的德国农业经济学家特奥多·冯·戈尔兹撰写了大量农业经济学著作，1886年出版了《农业经营学》(*Handbuch der Landwirtschaftlichen Betriebslehre*)和第6版《农业会计》(*Die Landwirtschaftliche Buchführung*)，1880—1882年出版了两卷本的《农业税收学》(*Landwirtschaftliche Taxationslehre*)，他力图使农业经营学从技术偏向转回到经济学的轨道上。德国农业经济学家弗里德里希·阿瑞保1905年出版了《农业经济学说论文集》，

① "官房"一词，在中世纪欧洲意指国家的会计室，中世纪以后指国库或泛指国王的财产。"官房学"是有关政治、经济知识的总称，包括财政学、国民经济学、私经济经营学和产业行政学等科学。当时德国各大学设"官房学"一科，主要是培养财务行政官吏和君主的财政顾问。16～18世纪，德意志、奥地利的一些财政及行政改革学家和学者强调促进国家福利状况，认为增加国家的货币财富能增强国家的经济力量，因此，这些彼此观点接近而形成的一个特殊集团被称为"官房学派"(cameralism，17世纪)，又译作"官房学"、"官房主义"、"计臣学"，是重商主义的一种形式，故又称作重商主义的官房学派。

② 1826年出版经济学名著《孤立国同农业和国民经济的关系》(*Der Isolierte Staat in Beziehung auf Landwirtschaft und Nationalökonomie*，中文简称为《孤立国》)第一部，1850年出版《孤立国》第二部上册，1863年其传记作者熊马赫·查其林(H. Schumacher Zarchlin)整理出版其遗作《孤立国》第二部下册和第三部。

1912 年出版了《农场与农地评价学》，1917 年出版了其一生巨著《农业经营经济学概论》(*Allgemeine Landwirtschaftliche Betriebslehre*)，该书一出版就成为一部发行量最大、影响很广的农业经济学著作。阿瑞保一生努力的学术主题是以屠能理论为核心、建立新的农业经营体系。

德国农业经济学家特奥多·布林克曼以屠能的理论为基础，把农业经营学的重心放在经济学方面，共发表论著 93 种，主要有《对于集约度学说的论著及其批判的考察》(1909)、《农业经营制度及其位置配设》(1913)、《农业经营经济学》(1914)、《农业经营学说之演变》(1919)、《土地利用与用畜饲养之间最理想的关系》(1948)等。其中 1914 年单行本发表的《农业经营经济学》(*Die Ökonomik des Landwirtschaftlichen Betriebes*)最为著名，被多国翻译出版，他在该书中系统阐述了农业生产集约度等级、农业经营制度及农业配置问题。他还论述了边际收益递减规律、投资收益限界、最小限度法则、部门配合理论以及生产规模学说，并把它们连接成一个较为完整的体系，为以后的农业生产经济学奠定了理论基础。布林克曼在农业经营学研究中使用了定量分析法，为运用数学方法求得最理想经营作出了良好开端。

经过以屠能、戈尔兹、阿瑞保、布林克曼为代表的一批德国农业经济学家的努力探索、创新和传播，农业经济学科中形成了瞩目的德国农业经营经济学派，他们的理论成就奠定了现代农业经济学的基础，也影响着许多国家的农业经济学的发展，比较典型的是日本农业经济学界深受德国农业经营经济学派的影响。

在德国农业经营经济学派形成的后期，美国逐渐发展形成了特色鲜明的农场生产经济学派(亦称为“农场管理学派”)。1902 年美国明尼苏达大学的威利特·海斯[①]和安德鲁·博斯[②]首创了巡回制度来与农民保持联系，收集农场的各种经营项目的成本资料，以此为依据展开了农场成本与收益的系统研究。在把美国农业经济学发展为独立学科方面的重要贡献者当数亨利·查尔斯·泰勒[③]、托马斯·

---

① 威利特·海斯(Willet Martin Hays, 1859—1927)，美国植物育种家，美国明尼苏达大学农业试验站 1888 年成立时的首批成员，1903 年美国成立全美育种家协会(ABA)时首任会长，1904 任美国农业部助理部长，1913 年帮助建立阿根廷农业部。

② 安德鲁·博斯(Andrew Boss，1867.06.03—1947.01.13)，一生致力于作物改良、畜牧业和农场管理，曾任美国明尼苏达大学农业试验站和农学院的领导人。

③ 亨利·查尔斯·泰勒(Henry Charles Taylor, 1873—1969)，将美国农业经济学发展为一门独立学科的主要人物之一，对美国农业部经济研究局的组建作出了杰出贡献，长期担任美国农场基金会、美国乡村生活协会等组织的领导人。

尼克松·卡弗[①]、理查德·特奥多·伊利[②]、约翰·唐纳德·布莱克[③]、厄尔·奥廖尔·黑迪[④]等人。

泰勒先后出版了《农业经济学研究入门》(*An Introduction to the Study of Agricultural Economics*,1903)、《农业经济学》(*Agricultural Economics*,1919)、《农业经济学大纲》(*Outlines of Agricultural Economics*, 1925)、《世界农产品贸易》(*World Trade in Agricultural Products*,1943),其领域超越了同时代农场管理学的范围。

1904年卡弗在哈佛大学第一次开设农业经济学课程,先后出版了《财富分配》(*The Distribution of Wealth*,1904)和《农村经济学原理》(*Principles of Rural Economics*, 1911)。《财富分配》一书详细探讨了资源集约利用的报酬递减规律问题。1914年卡弗在《美国经济评论》杂志上发表了"农村组织服务"(*The Rural Organization Service*)一文。卡弗的工作大大拓宽了农业经济的研究范围。

伊利(R. T. Ely)和莫尔豪斯[⑤](E. W. Morehouse)于1924年出版了著名的《土地经济学原理》一书,该书论述了涉及土地经济学的各种问题,成为最早和影响最广泛的土地经济学奠基著作。

1926年美国农业经济学家布莱克出版了《生产经济学导论》[⑥],这是一部依据新古典理论、应用农场生产数据统计分析结果的著作,开创了农业经济定量分析的先河,这也是世界上第一部以农业生产经济学命名的著作。

美国农业经济学家黑迪继承和发展了泰勒等人的生产经济理论,并结合20世纪40年代微观经济学、统计学、数量经济学的最新成果,建立了现代农业生产经济学理论体系。1952年出版了被誉为"农业经济学圣经"的《农业生产经济学与资源

---

① 托马斯·尼克松·卡弗(Thomas Nixon Carver, 1865.03.25—1961.03.08),美国经济学家,1902—1935年任美国哈佛大学政治经济学教授,1916年当选为美国经济学会会长。卡弗的主要学术贡献不仅在于从利息要素和资本生产力角度拓展了克拉克的边际理论,而且在农业经济学、农村经济学和农村社会学领域作出了开创性的贡献。

② 理查德·特奥多·伊利(Richard Theodor Ely, 1854.04.13—1943.10.04),美国经济学家,土地经济学奠基人,美国威斯康星大学土地经济学和公共利用研究所所长。

③ 约翰·唐纳德·布莱克(John Donald Black, 1883.06.06—1960.04.12),美国经济学家,农业生产经济学创始人,美国1933年农场调整法起草者之一,曾任美国经济学会会长。

④ 厄尔·奥廖尔·黑迪(Earl Orel Heady, 1916.01.25—1987.08.20),美国农业经济学家,现代农业生产经济学奠基人之一。为了纪念他的学术贡献,艾奥瓦州立大学以他的名字命名了经济系大楼("Heady Hall")。

⑤ 爱得华德·华德·莫尔豪斯(Edward Ward Morehouse, 1896—1974),美国土地经济学家,《土地经济学》杂志首任编辑。

⑥ John D. Black, *Introduction to Production Economics*, New York: H. Holt and Company, 1926。

利用》[①]一书，该书系统引入了生产函数、线性规划等方法，大大提高了农业生产经济学的概念准确性和研究方法规范性，使得生产经济学变得更为成熟和完善。1958年黑迪在艾奥瓦州立大学创建了后来享誉世界的教学、科研和政策咨询相结合的学术机构——农业和乡村发展中心（The Center for Agricultural and Rural Development），为美国和世界许多国家培养了数百名高级农业经济专家。1961年和狄龙（J. L. Dillon）合作出版了后来成为农业经济学经典著作的《农业生产函数》[②]，极大地促进了农业经济问题的计量分析。

美国农业经济学家们引导了以经济理论为指导、概念界定清晰、研究方法严密的计量分析潮流。进入20世纪60年代后，美国农业经济研究中开始越来越多地引入宏观经济考虑，使得农业经济问题的分析更好地具有宏微观考虑。到20世纪70年代，计量模型分析方法开始从局部均衡分析发展到一般均衡分析。随着全球化的进展，20世纪80年代后，国内农业经济的分析更多地被置于国际经济背景中来进行。

第二次世界大战前的国外农业经济学发展主要以西方发达国家为代表，但其后农业经济学研究呈现出以下几个特点：

（1）农业经济学研究不断突破原来意义上的农业经济学范畴，宏观理论角度的农业经济分析日益兴盛，使得农业经济问题的研究不仅具有微观层面的分析，而且具有了宏观层面的视野，同时也丰富了经济学理论。这方面较为著名的著作如张培刚1949年以英文发表的《农业与工业化》[③]，从世界范围来探讨农业国家或发展中国家在工业化过程中将遇到的问题；刘易斯[④]1954年发表的《劳动无限供给条件下的经济发展》[⑤]，提出了发展中国家经济结构的二元特征；费景汉[⑥]和拉尼斯[⑦]

---

① Earl O. Heady, *Economics of Agricultural Production and Resource Use*, Englewood Cliffs: N. J. Prentice-Hall, 1952。

② Earl O. Heady and John L. Dillon, *Agricultural Production Function*, Ames, Iowa: Iowa State University Press, 1961（中译本：[美]厄尔·O·黑迪，[澳]约翰·L·狄龙著，沈达尊等译，《农业生产函数》，农业出版社，1991）。

③ Chang, Pei-Kang, *Agriculture and Industrialization: The Adjustment That Takes Place as an Agricultural Country is Industrialized* (Harvard Economic Studies Volume LXXXV), Harvard University Press, 1949（中译本：张培刚，《农业与工业化[上卷]——农业国工业化问题初探》，华中工学院出版社，1984）。

④ 威廉·刘易斯（William Arthur Lewis, 1915.01.23—1991.06.16），经济学家，美国普林斯顿大学教授，1979年诺贝尔经济学奖获得者。

⑤ W. Arthur Lewis, *Economic Development with Unlimited Supplies of Labor*, The Manchester School of Economic and Social Studies, No. 22, 1954, pp. 139-191。

⑥ 费景汉（John C. H. Fei, 1923.03.11—1996.07.19），北京人，发展经济学家，美国耶鲁大学终身教授。

⑦ 古斯塔夫·拉尼斯（Gustav Ranis, 1929.10.24— ），发展经济学家，美国耶鲁大学终身教授。

1964年发表的《劳动力剩余经济的发展:理论与政策》[①],把刘易斯的二元经济模型进一步扩展为更为严密的宏观总体发展理论;舒尔茨[②] 1945年发表了《不稳定经济中的农业》[③],1953年发表了《农业经济组织》[④],1964年发表了著名的《改造传统农业》[⑤]。《改造传统农业》一书系统阐述了从农业社会转向工业社会的要素和条件,从传统农业的基本特征是什么、传统农业为什么不能成为经济增长的源泉、如何改造传统农业三个方面具体分析了如何把弱小的传统农业改造成为一个高生产率的经济部门。乔根森[⑥] 1967年发表了《剩余农业劳动和二元经济发展》[⑦],提出了与舒尔茨含义相同的新二元经济模型,力图在一个新古典主义的框架内探讨工业部门和农业部门的发展问题。

(2)对发展中国家的农业经济问题研究日渐重视,如梅勒[⑧] 1964年发表的《农业发展经济学》[⑨],系统讨论了现代农业发展的具体问题。

(3)农业经济学科内部的研究细化不断加快,出现了许多内部分支学科,并且内部分支学科之间的相互交叉和渗透以及进而产生的综合化不断得到增强。

(4)在研究方法上,农业经济学科加强了定性研究和定量研究的结合,从统计性描述方法发展到计量经济模型分析,越来越注重多层面、多视角的分析和研究,从局部均衡分析发展到一般均衡分析。

二、中国农业经济学科的形成和发展

农业经济学作为一门学科在中国形成较晚。光绪二十九年(1904)京师大学堂

---

① John C. H. Fei and Gustav Ranis, *Development of the Labor Surplus Economy: Theory and Policy*, Homewood, Ill.: Richard. D. Irwin Inc, 1964。

② 西奥多·威廉·舒尔茨(Theodore William Schultz, 1902.04.30—1998.02.26),经济学家,美国芝加哥大学终身教授,“芝加哥学派”代表人物之一。1960年当选为美国经济学会会长,1972年荣获美国经济学会最高荣誉“弗朗西斯·沃尔克奖”,1979年获诺贝尔经济学奖。

③ Theodore W. Schultz, *Agriculture in an Unstable Economy*, New York: McGraw-Hill, 1945。

④ Theodore W. Schultz, *The Economic Organization of Agriculture*, McGraw-Hill, 1953。

⑤ Theodore W. Schultz, *Transforming Traditional Agriculture*, New Haven: Yale University Press, 1964(中译本:[美]西奥多·W.舒尔茨著,梁小民译,《改造传统农业》,商务印书馆,1987)。

⑥ 戴尔·乔根森(Dale Weldeau Jorgenson, 1933.05.07—),经济学家,美国哈佛大学教授,1971年克拉克经济学奖获得者。

⑦ Dale W. Jorgenson, *Surplus Agricultural Labor and the Development of a Dual Economy*, Oxford Economic Papers, 1967,19(3): 288-312。

⑧ 约翰·W·梅勒(John Williams Mellor, 1928.12.28—),农业经济学家,原美国康奈尔大学教授,后任美国国际食品政策研究所所长。

⑨ John W. Mellor, *The Economics of Agricultural Development*, New York: Cornell University Press, 1966(中译本:[美]梅勒著,安希伋等译,《农业发展经济学》,北京农业大学出版社,1990)。

农科大学(今中国农业大学)课程设置上开设了从日本引进的“农业经济学”课程(当时取名“农业理财学”)①。民国二年(1912)1月12日教育部第一号部令“大学规程”第2章第12条对大学农科的科目设置上明确规定农学门的第26号课程为“农业经济学”、农艺化学门的第24号课程为“农业经济学”。

许璇教授②是我国农业经济学科的主要开创人和奠基者之一。1913年夏,他从日本东京帝国大学留学回国后旋即在国立北京大学校农科大学(今中国农业大学)开设农业经济学课程。他先后在国立北京大学校农科大学和国立第三中山大学(今浙江大学)讲授农业经济学、农业政策、农村金融、农村合作、农业关税、土地问题、粮食问题等课程,在20世纪初期,这些课程在中国还几乎是空白,资料和数据的收集十分困难,需要花费很大精力来收集、整理,最后形成讲义。

针对农业经济学科来设置教学机构大约发生在20世纪20年代,例如1921年金陵大学设立农业经济组,1925年金陵大学农学院(今南京农业大学)成立农业经济系。浙江大学1927年设立农村社会学系,进行农业经济学教学,1936年该系更名为农业经济系。

农业经济学科招收研究生大约始于20世纪30年代,例如1936年金陵大学农业经济学部开始招收二年制研究生,1942年浙江大学设立农业经济研究所并开始招收研究生。

农业经济学教材状况可以作为学科发展的一个反映器。我国较早出版的农业经济学教科书有1926年南京国立东南大学农科唐启宇著的《农业经济学》、1933年北京文化学社出版的董时进著的《农业经济学》。

农业经济研究往往在学科形成雏形之前就已经出现,我国近代农业经济文献零星出现于20世纪初,1897年创刊的《农学报》自1900年起开始刊载有关中国农业经济问题的文章③。至1931年中国已经有了农业经济学学会和会刊,如1931年1月《农业经济学会刊》第一期上发表了董时进撰写的“农业经济学研究什么?学了农业经济学可以干什么?”一文。至20世纪30年代,农业经济研究范围已经广泛包括农业经济学的学科问题、土地问题、农业产销经营、农业建设、农村金融、

① 参见:中国农业大学档案馆,《中国农业大学史料汇编1905—1949》(上卷),第30-31页,中国农业大学出版社,2005年8月第1版。

② 许璇(字叔玑,浙江瑞安县人,1876—1934),农业经济学家,农业教育家,担任过国立北京大学校农科大学(今中国农业大学)代理校长和校长、国立第三中山大学(今浙江大学)农学院农业社会学系主任、国立浙江大学农学院教务主任和农学院院长。1925—1934年连续当选为中华农学会干事长、委员长和理事长。

③ 参见:国务院农村发展研究中心发展研究所,《中国农业经济文献目录1900—1981年》,农业出版社,1988年3月第1版。

农业合作、农业部门经济、农业经济地理、农业经济史等主题。20 世纪 30 年代有两项农业经济研究工作格外引人注目。一项是关于"中国农村社会性质"的全国大争论，如中央研究院社会科学所陈翰笙编的《封建社会的农村生产关系》(1930)、北新书局出版的马嘉著的《中国农村经济之特性》(1930)、新世纪书局出版的秦含章著的《中国农业经济问题》(1931)、黎明书局出版的冯和法编的《中国农村经济论》(1934)、新知书店出版的中国农村经济研究会编的《中国农村社会性质论战》等一大批书籍和论文。这场论战吸引了各色人物的参与，提出了形形色色的观点，也吸引了国人对农村的极大关注，大大推动了我国的农业经济研究。另一项是由南京大学农业经济学教授约翰·卜凯[①]主持的中国土地利用调查研究工作，1929—1933 年期间调查了 22 个省 168 个样本点的 16 786 个农场和 38 256 户农家；1934—1936 年进行了调查资料的整理工作，1936 年和 1937 年由中国商务印书馆先后出版了整个调研成果的《中国农家经济》[②]和《中国土地利用》[③]，这项农业经济研究工作是中国历史上第一次大规模科学系统的农村调查和分析。

新中国成立后不久，中国的高等教育模式移植苏联模式。1952 年暑期，中央教育部调集全国各大学农业经济系教师在北京农业大学集中学习，此后全国开始院系大调整，组建了大批的专业性高等院校，农业高等教育机构方面如北京大学农学院、清华大学农学院、华北大学农学院、辅仁大学农学系合并成立了北京农业大学，中央大学农学院和金陵大学农学院合并成立了南京农业大学，复旦大学农学院迁移至沈阳改名为沈阳农学院，等等。我国的农业经济学科教育也随之转入了各地的农业大学。1953 年中央教育部颁布了主要参考苏联农业经济学教学计划的我国农业经济学教学计划，农业经济学科教育开始转向了以计划经济为基本对象的社会主义农业经济学。

1951—1955 年期间，一批苏联农业经济专家来华讲学，其中杜宾诺夫的讲稿于 1956 年翻译出版，定名为《社会主义农业经济学》。1955 年财政经济出版社组织编写并出版了《论社会主义农业经济学的对象和内容》，1957 年中国人民大学农业经济教研室编写了《农业经济学讲义(初稿)》，1959 年农业出版社出版了中国人

---

① 约翰·卜凯(John Lossing Buck, 1890. 11. 27—1975. 09. 27)，1914 年毕业于美国康奈尔大学农学院，1916 年到安徽淮北传教，1920 年受康奈尔大学的校友、金陵大学农学院院长芮斯纳(John Reisner)的邀请担任金陵大学农学院农业经济学的教授。1924 年卜凯回到康奈尔，于 1925 年完成农业经济学硕士学位后又回到中国。19 世纪 30 年代，卜凯在出版了《中国农家经济》和《中国土地利用》两书后被誉为世界上关于中国农业经济最优秀、最权威的学者。

② [美]卜凯著，张履鸾译，《中国农家经济》，商务印书馆，1936(John Lossing Buck, *Chinese Farm Economy*, University of Chicago Press, 1930)。

③ John Lossing Buck, *Land Utilization in China*, Commercial Press, University of Chicago Press, 1937。

民大学农业经济教研室编写的《社会主义农业经济学》。1961 年全国高等农业院校集体编写了《中国社会主义农业经济学》。20 世纪 60 年代和 70 年代的中国农业经济学是围绕计划经济来阐释的农业经济学，以解决人民公社问题为主要研究内容，以政策解释、调研报告、简单统计为基本表达形式。“文化大革命”期间，全国停止了农业经济学专业招生。

1977 年开始，中国农业经济学科与其他社会科学学科一样进入了恢复重建、百花齐放、百家争鸣的学科繁荣阶段，学术禁锢逐渐破除，学术环境日益宽松。1977 年中国恢复高考，沈阳农学院、南京农学院、西南农学院、西北农学院等院校首先恢复了农业经济学专业的本科招生，1978 年恢复了农业经济学专业的硕士研究生招生，1985 年开始了农业经济学专业的博士研究生招生，1998 年开始建立了独立的农业经济学专业博士后流动站。

由于中国农业经济学科经历了相当一段时期的消没，其研究水平已远远落后于国际水平，改革开放后，一方面中国学者编著了一批农业经济学教材，如 1981 年辽宁人民出版社出版了全国十二所综合性大学合作编写的《农业经济学概论》，1986 年宁夏人民出版社出版了刘筠谦主编的《农业经济学》；另一方面开始大量引进翻译海外农业经济著作，如农业出版社 1982 年出版了[日]土屋圭造著的《农业经济学》，1984 年出版了[德]布林克曼著的《农业经营经济学》，1986 年出版了[日]安增壮一著的《农业经营原理》，1986 年出版了[日]天间征著的《农业经营学》，1990 年出版了[德]阿瑞保著的《农业经营学概论》等一批海外著作。

随着中国的改革开放，中国农业经济学界大批人员赴海外留学、参观、讲学、参会等等。作为国际农业经济学会(IAAE，International Association of Agricultural Economists)1929 年创始成员的中国农业经济学会于 1979 年派出了由刘崧生、安希伋、万建中、沈达尊四位教授组成的中国农业经济学家代表团参加了在加拿大举行的第 17 届国际农业经济学会年会，从此，中国农业经济学会又融入到了国际学术交流活动中。1987 年中国农业经济学会在北京怀柔举办了首次在中国大规模召开的农业经济国际研讨会，2008 年 8 月国际农业经济学会在北京举办了第 27 届国际农业经济学会年会。

中国农业经济的发展也明显地反映在研究方法上，20 世纪 80 年代前期主要采用定性研究方法，80 年代后期以统计描述和简单回归分析为主的统计分析方法被普遍采用，进入 90 年代以后，随着国际交流的加强和海外留学人员的大批回国，西方常用的计量经济模型逐渐被中国农业经济学界普遍采用。

第二节 农业经济学及相关学科的研究对象

一、农业经济学与比较农业经济学

农业经济学是研究农业经济运动规律的一门学科，也是解决农业经济问题的一门应用学科。这样说也许太笼统了，不易确切掌握。具体言之，农业经济学研究如何从经济视野来配置资源，使得既定资源条件下所能获得的福利最大化。在商品经济社会中，它往往表现为如何使利润最大化；在计划经济社会中，则表现为如何使计划和需求得到最好的吻合。

农业经济学的具体内容比较丰富，其研究对象既包括各种农业组织、农业制度等农业生产关系，也包括投入产出关系等生产效率在内的农业生产力；它既涉及自然科学层面技术因素的经济利用分析，也涉及哲学社会科学层面农业经济史学的返真和评价。随着学科研究对象的细化和增扩，农业经济学的研究内容还在不断丰富。

比较农业经济学是农业经济学科树干上的一个分支，其研究内容即是农业经济学的研究内容，其特点是重在对农业经济现象、理论、实践等进行多角度的比较和分析。许多东西不经过比较是难以归纳或发现差异的，通过比较，特别是通过有序的和大规模的比较，使人们能够较容易地发现共性和个性，利于提出疑问，利于去伪存真，利于从中产生新的认识，利于寻找出新的理论、证据、路径等规律性的东西，利于找出特殊性的东西。

二、农业经济学与经济学

经济学科发展到今天，人们对农业经济学和经济学的认识和分工是比较一致的，即农业经济学是经济学的一个分支，其主要功能是把经济学原理、方法等应用于农业领域的经济分析。因此，在学科分类上，人们把经济学分为理论经济学和应用经济学两个分支，前者侧重于探索和创新经济学理论和方法，后者侧重于运用前者来具体分析和解决具体的实践问题。由于实践的行业领域很多，所以又细分为工业经济学、农业经济学、商业经济学等许多行业经济学科分支。

另外，虽然在学科分类上划分出了理论经济学和应用经济学，但生活之树常青，经济理论出自大量实践现象的归纳、提炼和系统化，因此，应用经济学在实践中的新发现丰富着经济学理论，比如舒尔茨的人力资本理论最初就是在改造传统农业这一农业经济学领域问题的研究中涉及改造传统农民这一问题引发的，继之逐渐深化、扩展、系统化和理论化,最后形成了成体系的人力资本理论。

三、农业经济学与自然和技术学科

农业经济学科与农业技术学科的主要区别在于,后者主要追求最高的技术效率,技术的先进性也往往是以技术效率的高低来表达的,比如在追求高产时,讲求最高的单产,在追求质量时,讲求最好的质量。但农业经济学科在于追求最大的目标福利,在商品经济中追求的目标福利表现为利润。农业经济学之所以关心最高的技术效率是因为在其他要素相同时,最高的技术效率与最高的经济效率是一致的,否则绝不会选择最高的技术效率。换句话说,如果存在亩产为 800 千克和 1 000 千克这样两种水稻品种的话,农学家会推荐后一品种,但农业经济学家则会根据亩利润来做决策,如果前者亩利润为 600 元、后者亩利润为 500 元的话,农业经济学家一定向农民推荐前者,绝不会选择后者。也正因为存在目标判别上的差异,所以自然科学家与经济学家时常产生分歧,也因为如此,农学家的期望也时常与农民的行为选择产生偏差,此时,农学家往往抱怨农民未能采用先进的技术,而忽略了农民的经济目标是养家糊口,而不是技术水平。

第三节　比较农业经济学研究方法

经济学科在总体上是一门应用性学科,理论与实证相结合的研究方法、定性和定量研究相结合的方法、宏观分析和微观分析相结合的研究方法被奉为金科玉律式的研究方法。但经济学科也是一门社会科学,因此,十分需要辩证唯物主义的研究方法。作为经济学科分支的农业经济学没有例外地必然要采用这些研究方法。

上述研究方法也是作为农业经济学分支的比较农业经济学的基本研究方法。与农业经济学相对照的比较农业经济学,顾名思义重在比较,所以,除了上述经济学科通用的研究方法外,比较研究法是比较农业经济学的特色研究方法之一。通过对现象的比较,逐渐深入到现象的成因比较,从而归纳提炼出共性的东西或规律,也可能从差异中找出个性的东西,正确认识研究对象的条件和因果关系,揭示出未被人们认识或尚认识不全不清的东西,最终丰富和完整理论认识。

横向比较是比较研究法中常用的方法之一,如就某一考察对象展开中国与其他国家的比较。通过横向比较,往往较容易地找出共性和个性。在商业或日常生活中,人们一直在运用横向比较法,俗话说“货比三家”,比质量、比价格、比款色,等等,很快人们就自然而然地得出判断。科学研究中的横向比较,虽然不像买东西“货比三家”这样简单,但横向比较的特征是一样的。

纵向比较是比较研究法中常用的另一方法。所谓纵向比较，是对某一考察对象进行历史角度的比较，进行过去与现在的比较。通过纵向比较研究，可以较清楚地找出发展演变的轨迹，可以较清楚地认识发展演变的条件，找出规律性的东西和发展趋势，等等。

理论与实践的比较是比较研究法中又一种常用的方法。理论来自实践，理论是经过对实践现象的观察、整理、分析、去伪存真、归纳、系统化等一系列提炼升华工作后形成的，是对实践认识的精华结晶，正因为如此，理论才能用以阐释实践现象和指导未来的实践。但我们也必须充分认识到理论得以成立的环境和条件。自然科学中，地球上成立的牛顿定律在宇宙太空中就必须修正，因为得以成立的环境和条件改变了。人文社会科学的环境和条件变数远比自然科学要大，因此，更需要将理论和实践进行比较，看看理论判断和实践现实是否吻合，前者是否能阐释后者。如果前者无法阐释后者，或者理论与实践不吻合时，也许就是修正理论甚至理论创新的机会。

比较研究法的重要表现之一是对不同理论或学说进行比较研究。人文社会科学的一个显著特点是对同一实践现象会有多种阐释，从而形成不同的理论或学说。既然成其为理论或学说，必然在一定程度上或在一定的视角侧面能阐释实践现象或预见规律性趋势。对不同理论的比较研究可以帮助人类更全面、客观地认识现实世界，也许能将貌似不同的理论融合产生出一种更高层次上的理论认识。盲人摸象中的每个盲人都说对了大象的局部特征，如果能把 N 个盲人得到的正确的大象局部认识整合起来，也许就能得出对一头大象的完整认识。通过对不同理论的比较研究，理论体系的提升也可能存在这样的结果。对不同理论和学说的比较研究，也往往导致去伪存真的结果，也往往可以明晰不同理论的局限性和适用范围。

比较研究法也往往应用于对不同实践的比较研究。实践之树是常青的，也是表象多端且千变万化的。尤其在农业经济科学中，各地的自然资源环境条件不一、社会经济发展水平不一、人文风俗习惯不一，因此，往往出现解决同一问题的不同实践做法，在很多情况下，对不同的实践做法往往很难作出孰优孰劣的判断，因为同一问题所处的环境和条件是不一样的，所以不同的实践做法可能都是适当的。因此，通过对不同的实践进行比较研究就很重要，它能帮助我们在一定的时空条件下进行客观认识，从而有利于得出共性归纳和个性区别。

不学不思无获，学而不思则罔，思而不学则殆。因此，需要多读勤思、印证求解。要重视调查研究，要细心地发现差异和成因，要善于提出科学问题，要学会反驳和支持自己的观点。即使一时难以得到答案，但因为心有所思是收获的前提，所以在日后的学习和研究中也会渐渐找到或逼近答案。

参考文献

[1] Willard W. Cochrane. The Development of American Agriculture - A Historical Analysis. University of Minnesota Press，1979.

[2] Taylor，Henry C. and Anne Dewees Taylor. The Story of Agricultural Economics in the United States，1840-1932. Ames，Iowa: State College Press，1952.

[3] [德]卡尔·哈达赫.二十世纪德国经济史.扬绪，译.北京：商务印书馆，1984.

[4] 陈意新.美国学者对中国近代农业经济的研究.中国经济史研究，2001(1).

[5] 丁泽霁.农业经济学基本理论探索.北京：中国农业出版社，2002.

[6] 樊亢，宋则行，池元吉，等.主要资本主义国家经济简史.北京：人民出版社，1973.

[7] 国务院农村发展研究中心发展研究所.中国农业经济文献目录1900—1981年.北京：农业出版社，1988.

[8] 刘崧生，刘葆金.中国农业经济教育史.北京：中国农业科技出版社，1997.

[9] 刘运梓.比较农业经济概论——中外农业经济理论与政策的比较研究.北京：中国农业出版社，2006.

[10] 王秀清，谭向勇.百年农经.北京：中国农业出版社，2005.

[11] 杨学新，任会来.卜凯问题研究述评.中国农史，2009(2).

第二章　农业发展与作用

◆ 本章要点

本章将首先阐述农业的特性，接着介绍农业的发展阶段，随之论证农业在社会经济发展中的贡献和作用，最后扼要提及现代农业发展的突出问题。本章的目的是通过阅读本章内容后有助于更好地认识农业不同于其他产业的产业特性、农业的作用和农业面临的新问题，为后面章节的学习提供感性认识。

第一节　农业的特性

与其他产业相比，农业具有明显的特殊性，甚至在很多场合被称为是一种特殊产业。农业是人类社会最古老、最基础的产业，农业生产是人类利用动植物、微生物的生长机制来获取生活和生产物质的经济活动。由于农业承担向人类提供食物的基础功能，使得农业从古至今都是人类社会发展和产业分化衍生的前提产业，也正因为如此，绝大多数国家和地区将农业置于战略产业地位。

农业的特殊性不仅仅因为其在国民经济中的基础地位，还因为其双重的产业风险性。与其他产业相比，农业是在常规情况下受自然因素强烈影响的产业，其他任何产业都不像农业那样“靠天吃饭”，大旱大涝、风灾寒冻、虫咬病害是频频造访农业的常客。进入商品经济时代后，农业又受到了市场风险的眷顾。因此，在现代经济社会中，其他产业基本上只承受市场风险，而农业却承受着自然和市场的双重风险，这点可以从表 2-1 窥见一斑。如果再加上政治、军事等冲突导致的社会动荡的话，农业几乎是一个“薄玻璃杯”式的易碎产业。

农业与其他产业显著不同的另一个重要区别点是生产对象的差异。农业的生产对象是有生命的动植物和微生物，生物体有自己的生命性、生长规律和周期，生物体的生理要求对特定时间的特定作业和特定投入具有严格的要求，否则就会“人误地一时，地误人一年”，这种产业特性在其他绝大多数产业是没有的。因为这种产业特性，农产品不能像无机产品那样只要具备生产条件就能在很短的时间内制

表 2-1 作物前景与粮食形势：处于危机、需要外部援助的国家

国家或地区	自然和经济原因	国家或地区	政治和军事导致的社会动荡原因
朝鲜	经济制约，近期洪涝	阿富汗	冲突和动荡
东帝汶	内部流离失所者，前期干旱和洪涝	布隆迪	内乱，内部流离失所者和返乡者
加纳	干旱，洪涝	刚果	内部流离失所者
海地	前期洪涝	几内亚	难民
肯尼亚	内乱，恶劣天气，降水不足	苏丹	内乱
莱索托	连年干旱	乌干达	北方内乱
尼泊尔	市场渠道不畅，冲突，洪涝	伊拉克	冲突和动荡
索马里	冲突，恶劣天气，降水不足	乍得	难民，冲突
斯威士兰	连年干旱	中非	难民
印度尼西亚	泥石流，洪涝，地震	厄立特里亚	内部流离失所者，经济制约
埃塞俄比亚	部分地区动荡，局部作物歉收	俄罗斯（车臣）	内部冲突
		刚果（民主）	内乱
巴基斯坦	动荡，前期洪涝	几内亚（比绍）	局部动荡
玻利维亚	洪涝	科特迪瓦	内乱
多米尼克	前期洪涝	利比里亚	冲突后恢复期
津巴布韦	经济危机加剧，干旱，近期洪涝	塞拉利昂	冲突后恢复期
		斯里兰卡	冲突
毛里塔尼亚	连年干旱		
孟加拉国	洪涝，旋风		
摩尔多瓦	干旱及冬季作物生资供应不畅		
尼加拉瓜	前期洪涝		

资料来源：根据 FAO 2008 年 2 月报告整理(http://www.fao.org/docrep/010/ah881c/ah881c02.htm)。

造出来，所以，农业就表现出自己特有的生产特点和周期规律，不能像工业生产那样较快地调整自己的生产规模和生产节奏。正因为如此，一旦农业有损，常常需要相当一段时间才能恢复，例如我国生猪生产的恢复至少需要半年以上，而我国1957—1958 年出现的从合作社到人民公社的制度转变后果，使得粮食产量恢复用了 7 年时间，油料产量恢复用了 20 年时间。

农业的特殊性还在于农业的一些基本生产资料的有限性和不可移动性。以农地为例，陆地面积是有限的，并且其中又只有一部分适于农业生产，因此，适农土地（尤其耕地）数量更为有限。另外，今天的农业生产依然严重依赖特定的自然环境，比如依赖土地、降水、阳光、积温等。自然环境对于农业，不仅影响到产量高低甚至

会颗粒无收，而且影响到产品质量。农业所依赖的自然环境缺乏移动性，例如土地、光照和积温具有高度的不可移动性，农业必须"因地种植"。正因为如此，从古至今的农业依然被视为"靠天吃饭"的产业，对农业的最大盼望是"风调雨顺"。尽管科技发达的今天已经可以在一定程度上摆脱环境与资源的局限，例如无土栽培，但大规模的农业生产依然依赖不可移动的自然环境。农业对自然环境的这种特性要求是与绝大多数非农产业不同的，比如工业上可以把工厂建在北方或南方，商业上可以把商店开在这里或那里；而农业换一个种植位置都可能因为不同的土壤肥力而表现出不同的土地生产力。

第二节　农业的基本发展阶段

述及农业的发展阶段首先会遇到划分标准问题，划分农业阶段的标准和方法很多，主要取决于划分目的。一种常见的划分法是依据农业的社会性质，例如划分为原始农业、奴隶制农业、封建制农业、资本主义农业、社会主义农业等；另一种常见的划分法是依据农业的基本技术形态，把农业的发展阶段大体上分为原始农业、传统农业、现代农业三大阶段，本书采用后一种划分法。

一、原始农业①

原始农业是指人类从直接利用天然生产的动植物和微生物到初步圈养和驯化野生动物、开始栽种植物的农业活动阶段。这一时期的基本技术特征是以人力为作业动力，依靠人类自身手足、天然石器、骨器和树木或对石、木、骨加工后形成的简陋工具来从事农业活动。

随着劳动经验和知识的渐渐积累，原始农业在下述几方面获得了进步：①在农产品方面，人类不再局限于采摘野生植物、狩猎野生动物、采伐林木、捕捞水生动物，开始努力圈养和驯化野生动物、开始栽种植物，公元前7000年的中国长江流域已经开始种植水稻，今天人类种植的小麦、水稻、玉米和饲养的猪、牛、羊、犬、鸡等都是在原始农业阶段驯化的，这一演变使农产品生产从天然生产延伸到人类生产，开启了农业再生产的人类活动过程，为农产品产量的增加和农作物疆界的扩大提供了起源。②在工具进化方面，越来越多、越来越广地开始对工具（农具和战具）进行加工，使之成为更顺手、更有效的工具。从把天然石器、骨器和树木作为工具，发展到打制工具、打磨工具，甚至发展到以青铜器为代表的冶炼金属工具。③在农业

① 有些教科书将原始农业时期进一步细分为初始阶段和发展阶段，本书不作细分。

耕作制度方面，创造了火垦火燎的撂荒制耕种方式，虽然这种原始耕作技术对自然环境产生一定程度的破坏，但毕竟为农业生产提供了种植面积、熟化土壤和草木灰肥。④在农业生产条件改善方面，人类开始认识到农业生产条件与农产品产量的关系，突出的例子是人类对水与农业的关系认识，如中国历史上大禹治水的传说，反映了约公元前2200年人类大规模利用和改造自然的水利活动。除了排涝活动外，甚至在一些地方还出现了简陋的灌溉农业，如公元前5000年的埃及尼罗河流域出现的灌溉农业。⑤在劳动关系方面，由于原始农业的工具简陋，农业生产条件较差，原始农业需要集体合作，因此，原始农业主要是氏族制度以及后来出现的领主制度中的共同耕作方式。

原始农业究竟始于何时？对于原始农业的起点，考古学的新发现不断地将人类农业史的确切可考时间向前推伸。考古学发现，公元前9000—公元前8000年，在西亚的"新月形地带"(今约旦和叙利亚的西部和北部)，已经进入了原始农业的发展时期。目前，考古学普遍认为，原始农业出现于距今约2万年的中石器时代，到距今1万年前的新石器时代，原始农业已经有了一定的规模。

对于原始农业的终点至今尚存争议。一方面在于划分原始农业和传统农业的界限标准不一致，另一方面在于从原始农业向传统农业的过渡是一个时期，很难用某一个时点来表述。但学界认同，全球各地的农业演进时间是不一致的，因此，各地原始农业的产生时间和终止时间也是不一致的，即使到今天，依然还发现有处于原始农业状态的部落。中国的古代农业是比较先进的，本书以中国的农业发展特征来看原始农业的终点。

许多农史著作把铁制农具作为划分原始农业和传统农业的标志。如果以此为标志，那么中国原始农业与传统农业的交替时间大致在东周时期。铁制农具约出现于西周晚期，到春秋时期有所发展，到战国时期获得广泛使用[①]。作为原始农业与传统农业的另一个重要分界标志是畜力的农用，牛耕大约也是在西周晚期出现的，至战国中期得到普及[②]。耕牛的普及是中国农业的大事，它首次将畜力引入中国农业[③]，突破了人力的局限，极大地提高了农耕效率和农业生产力。

随着农业技术方面的突破性进步，农业逐渐可以摆脱共同作业，个体农户作业逐渐可行，因此，春秋时期出现了奴隶制衰败、井田制崩溃、私田大量开垦。至战国

① 陈文华，《中国农业通史——夏商西周春秋卷》，中国农业出版社，2007年，第56页。

② 陈文华，《中国农业通史——夏商西周春秋卷》，中国农业出版社，2007年，第57页。

③ 根据《印度通史》(林太，上海社会科学院出版社，2007年，第7页)，牛耕在印度出现得比中国要早。印度的牛耕出现在哈拉巴文明时期(公元前2400—公元前1700年，鼎盛时期在公元前2200—公元前1800年)，相当于中国夏朝(公元前2070—公元前1600年)时期。

时期,农业生产关系变革已经具备了必要的条件,由此出现了战国时期的七国变法,其中最为著名的如魏国的魏文侯改革和秦国的商鞅变法。至战国晚期,领主土地关系被瓦解,奴隶制土地关系及劳役地租方式被地主土地关系及实物地租方式所取代,开始建立了地主土地关系和小农经济。

二、传统农业[①]

传统农业是相对于原始农业和后来的现代农业而言的,它的主要特征是:①在农业工具方面,不再像原始农业那样依靠对天然石块、兽骨和树木加工形成的简陋农业工具,而是大规模使用人类有意识制造的符合科学原理的生产工具,铁制农具或铁木结合农具成为基本农具,并且人类已经拥有了农业生产所需要的一整套基本农具系列。②不再像原始农业那样单一地以人力为农业作业动力,而是大量采用畜力为动力。③由于农业经验的实践积累,形成了一套行之有效的生产经验,如形成了一整套的精耕细作栽培体系和一整套动植物疾病的诊治知识和处理体系。④农业生产已经有一定的科学知识作为依据,比如中国农业气候上指导农事活动的"二十四节气"[②],又如秦朝吕不韦在公元前 239 年编成的《吕氏春秋》中列《上农》《任地》《辩土》《审时》4 篇世界上最早的农学专著,向农民传授农业生产技术和经验。⑤家庭不仅仅是生活单位,而且成为农业生产单位和财产单位。

主流农业史认为,我国的战国时期是传统农业的奠基时期,战国时期的中国农业和印度农业处于世界农业的先进水平,因此,从公元前 475 年中国的战国时期算起到 1918 年[③]美国率先用机器广泛替代畜力成为农业作业动力的话,传统农业时期长达近 2 400 年。

三、现代农业

现代农业的基本技术标志是:①农业机器体系的形成和广泛应用,以机器动力替代人畜力。在传统农业后期,即工业革命兴起后,农业机器体系的建立明显表现在与畜力相配套的农业机械体系。1825 年美国第一台马拉棉花播种机注册,1833

① 有些教科书以 19 世纪中叶为界,将传统农业时期进一步细分为古代农业阶段和近代农业阶段,本书不作细分。

② 到秦汉年间,二十四节气已完全确立,公元前 104 年,由邓平等制定的《太初历》,正式把二十四节气订于历法,明确了二十四节气的天文位置。

③ 1918 年以前,美国农业的主要动力来自马和驴,所以马和驴的数量一直在增加;尽管 1918 年以前美国农业就已在使用拖拉机,但自 1918 年开始,美国农业中的马和驴数量开始下降,真正开始了拖拉机替代畜力的过程。

年麦考密克发明谷物收割机，1836 年美国出现畜力脱谷机，1839 年美国出现马拉玉米播种机，1850 年美国普遍应用马拉农具；1851 年英国的法拉斯和史密斯首次用蒸汽机实现了农田机械耕作，被视作农业机械化的开端；19 世纪中叶，美国开始引进化学肥料；1889 年美国芝加哥的查达发动机公司制造出了世界上第一台使用汽油内燃机的农用拖拉机；1913 年德国建立世界上第一个合成氨装置，开始发展现代氮肥工业；直到 1918 年，美国率先用机器广泛替代畜力作为农业的作业动力，标志着现代农业的开端。②农业科学技术体系以现代自然科学为依据，一批现代高等农业院校被建立起来传播科学知识。以 1865 年孟德尔遗传理论和 20 世纪 20 年代摩尔根的染色体遗传理论为基础的现代遗传学为农业良种发展提供了科学依据，20 世纪后期以基因工程为标志掀起了生物技术革命的新篇章；以李比希为代表开辟了化学工业、有机农药等领域。③现代农业的重大标志之一还在于工业成果普遍成为农业生产的主要投入品，如机器、种子、化肥、农药、电力等，结束了农业历来以自身产品为基本投入品的再生产循环。

此外，现代农业还赋有一些社会经济性质的特点，今天我们通常见到的是：①农业生产具有很高的商品化、社会化、专业化程度。传统农业中在一个生产单位内进行的生产环节被分离为在多个独立生产单位进行的生产环节。以养鸡生产为例，纵向生产过程被分离为生产企业或部门独立进行的种鸡生产、雏鸡孵化、育肥鸡饲养等专业化生产，养鸡还被分离为专业生产肉鸡和蛋鸡的不同生产企业。此外，养鸡过程中的饲料加工、家禽屠宰、疫病防治、运输和销售、食品加工、鸡舍安装等职能也被分离为独立企业的专业化工作了。②农业经营管理成为重要的农业活动内容。农业中广泛接受经济理论指导和采用经济数学、电子计算机等现代科学技术手段，对农业的各项经济活动进行科学的组织与管理。③在农业发展理念上，已经不再仅仅关注农产品数量指标，而是同时越来越关注农业与环境的关系，特别是美国海洋生物学家蕾切尔·卡逊女士[①] 1962 年出版的《寂静的春天》，吹响了环境保护的号角，也唤起了人们对农业与环境关系的关注，在强烈的环保理念中发展农业成为现代农业的新特点。

随着现代科学技术的发展，现代农业的技术特征逐渐向无污染动力、智能化和自动化、基因工程的方向发展，对于部分农产品，转基因产品已经占据了很大的比重，如转基因大豆、转基因抗虫棉等。2009 年世界第一辆氢动力拖拉机概念车在

---

① 蕾切尔·卡逊（Rachel Louise Carson，1907.05.27—1964.04.14），美国海洋生物学家，美国 Houghton Mifflin 公司 1962 年出版其代表性作品《寂静的春天》（*Silent Spring*）（中译本：[美]R·卡逊著，吕瑞兰译：《寂静的春天》，科学出版社，1979），掀起了全世界的环境保护运动。

意大利问世，工厂化农业已经开始起步，用营养液替代土壤的无土农业也已经被实际运用于工厂化农业生产中，新的科技成果不断地成为现代农业的内容。

第三节　农业发展在经济发展中的作用

一、产业分化中的农业基础地位

"民以食为天"，这是古今中外颠扑不破的真理，农业正是由于这一根本性作用，使其成为国民经济的基础；也正是因为农业的这一基础地位，人类社会的部门和产业衍生无一例外地是从农业发轫的。如果不能解决食物问题，其他的产业发展都是无从谈起的。基于这种认识，1862 年美国成立农业部的时候，部徽上就标注着"农业是制造业和商业的基础"。

从工业革命之前上溯到远古的漫长时期中，早期的农夫集战士、工匠、演员等非农职能于一身，即使身为氏族首领也必须参加农业生产和狩猎等活动。随着农业生产率的逐渐提高，农业有能力供养非农职业人口时，非农职业逐渐从农业中分化、独立并发展起来了，例如早期出现的职业化了的工匠、教师、演员等。尽管至工业革命前就存在非农职业了，但那时人类社会的基本社会形态是农业社会，无非是在欧洲更多地表现为农牧经济结构，在亚洲更偏向于农耕经济结构。在农业社会中，国民经济即是农业经济，农业发展就等于社会经济发展。

工业革命开始后，农业社会加快了分化过程，工商业以更快的速度发展。在工业化进展较快的国家，封建主义渐渐被资本主义所替代①。20 世纪 70 年代后，不仅在老牌资本主义国家中工商业早已一统天下，即使在许多新兴的发达国家和地区中，农业在国民经济中的份额也渐渐相对地"衰落"下去了。

产业之所以能够分化和衍生，不仅仅因为农业生产率的提高使得人类解决了食物问题，可以分流出劳动者去从事非农职业，从而可以逐渐分化衍生出一系列新的产业部门；而且还因为农业为非农产业发展提供了原始资本和自然资源，从而使得非农产业得以发芽生长。随着工业化的进展，产业愈分愈细，非农产业日益枝繁

---

① 作为制度性的标志是英法资产阶级革命。英国资产阶级革命从 1640—1642 年的议会斗争开始，经过 1642—1649 年内战，克伦威尔率领的议会军击溃王党军，到 1649 年处死英王查理一世后成立共和国。1660 年斯图亚特封建王朝（查理二世）复辟；1688 年英国发生"光荣革命"，推翻斯图亚特王朝封建统治，建立资产阶级新贵族统治；1689 年颁布《权利法案》，确立君主立宪制的资产阶级统治。在法国，1789 年 7 月 14 日爆发群众攻克象征封建统治的巴士底狱的资产阶级革命，1792 年 9 月 22 日成立法兰西第一共和国。

叶茂，农业在国民经济产值中的比重下降了，由此，有人对农业是国民经济基础的看法产生了怀疑，甚至以新加坡、中国香港为例来佐证农业不一定是国民经济的基础。

从世界各国各地区的发展轨迹看，农业的产值比重下降是客观现象，也是极其正常的，试想一下，如果一个国家至今依然还是以农业构成国民经济的主要产值、依然还是大部分人在农业中"刨食"的话，就不存在发达的社会分工了，也不成其为发达社会。但是农业经济比重下降的变化并没有改变农业的国民经济基础地位，因为农业的经济基础地位并不以其在国民经济产值中的数值大小和从业人数的多少来衡量的，而是以离开了农业是否会使国民经济崩盘来衡量。因此，无论今后农业在国民经济中的比重降至多小，只要人类的食物生产职能归属于农业，农业在国民经济中的基础地位就不会改变。犹如房子可以随着技术进步而不断建高，随着高楼层数的不断增加，基础层在总层数中的比例以及基础层高度在总房高中的比例会不断下降，但不会改变最底一层是基础层的地位。怀疑甚至否定农业是国民经济基础的人，往往处于打着饱嗝、嘬着牙花的状态，如果让他饿上一周，就能对农业的产业基础地位作出正确的判断和理解。新加坡和中国香港这样的国家或地区正是由其他国家和地区为它们担负起了食物供给责任，否则其必然需要调整产业结构来构筑自己的农业，以解决食物供给。

二、社会经济发展中的农业贡献

工业革命以前，农业的贡献历来被认识为提供食物的产品贡献，因为农业养活了人类。工业革命后，以农产品为原料的工业部门大规模发展起来了，如纺织工业、食品工业等，它们对农产品的原料需求大大超越了农业社会的任何时候，人们开始充分认识到农业向非农产业提供原料的产品贡献。随着人类社会的发展和人类认识的深化，人类又进一步认识到了农业的资金贡献、就业贡献、生态和环境贡献、文化贡献和农村社区发展贡献。

（一）农业的食物贡献

农业的原始功能和基础功能是供给人类必需的食物，这是农业产品的主要贡献之一。千万年的农业进步使得人类免于饥饿，得以繁衍，农业在这方面取得了惊人的奇迹。农业供养的世界人口在工业革命初期只有 5 亿左右，到 1820 年达到 10 亿，1961 年达到 30 亿，而今天已经超过了 64 亿。农业在提供食物方面的成就不仅仅表现在保障人口增长，使得其他产业能够获得充足的劳动力这一点上，还表现在人口增长的同时大大提高了人类健康体魄和健全智力的水平。

营养学家认为，每人每天需要摄入一定量的热量、蛋白质和脂肪，基本水平大致在日摄入热量 2 000 千卡（1 千卡＝4.186 8 千焦）、蛋白质 60 克、脂肪 60 克以上，如果长期达不到这一水平，就会出现营养不良状况。我国的营养学推荐标准是人日摄入热量 2 600 千卡、蛋白质 72 克、脂肪 72 克[①]。联合国粮农组织(FAO)40年的数据使我们可以清楚地看到人类平均营养水平的提高，特别是发展中国家的显著进步(表 2-2)。1999—2003 年与 1964—1968 年期间相比，全球人均每天摄入的热量、蛋白质和脂肪分别提高了 17.8%、21.8% 和 57.4%。这一营养水平的

表 2-2　人类每人每天摄入的营养

营养	年份	发达国家	发展中国家	#最不发达国家	全球
热量/[千卡/(人·日)]	1964—1968	2 391	1 558	1 481	1 812
	1969—1973	2 429	1 627	1 478	1 860
	1974—1978	2 431	1 684	1 458	1 889
	1979—1983	2 426	1 842	1 505	1 996
	1984—1988	2 447	1 951	1 524	2 075
	1989—1993	2 412	2 006	1 521	2 102
	1994—1998	2 346	2 058	1 506	2 123
	1999—2003	2 378	2 067	1 567	2 134
蛋白质/[克/(人·日)]	1964—1968	80.6	38.0	38.2	51.4
	1969—1973	83.4	39.6	38.0	52.6
	1974—1978	85.8	41.2	37.8	53.4
	1979—1983	86.8	45.6	38.8	56.4
	1984—1988	90.2	49.0	39.2	58.6
	1989—1993	89.6	50.8	39.2	59.8
	1994—1998	87.2	54.6	38.6	61.6
	1999—2003	88.6	55.8	40.0	62.6
脂肪/[克/(人·日)]	1964—1968	85.8	19.2	16.8	39.7
	1969—1973	92.8	19.6	16.6	40.6
	1974—1978	96.6	23.7	16.8	43.8
	1979—1983	102.8	29.4	19.4	48.3
	1984—1988	108.6	33.2	19.0	52.1
	1989—1993	107.1	38.4	19.0	54.9
	1994—1998	104.1	44.8	20.1	58.1
	1999—2003	108.9	50.5	21.2	62.5

资料来源：根据 FAO 2009 年数据库资料整理获得。

注：表中数据是 5 年的平均值。

① 国务院于 1993 年 2 月 9 日审议通过的"九十年代中国食物结构改革和发展纲要"提出了 2000 年达到人均每日 2 600 千卡热量、72 克蛋白质和 72 克脂肪的预定目标水平。

改善过程中还有两点可喜之处：一是发展中国家的改善速度大大快于发达国家，意味着贫富社会间摄入食物能量的差距在缩小；二是蛋白质和脂肪指标的提升快于热量指标，意味着食物的质量在提高。在人口迅速增长的同时能做到质量水平的迅速改善，这实在是农业奇迹般的贡献。

但在讴歌农业伟大成就的同时，我们也应当清醒地看到，尽管今天全球总体上摆脱了食物不足问题，但在不少国家和地区（尤其是最不发达国家和地区）依然存在食物供给不足问题。联合国粮农组织（FAO）报告，2009 年全球处于营养不足状况的人口数达到 10.2 亿人[①]，约占全球人口的 1/6。从表 2-2 中我们也可以清楚地看到：发展中国家和地区在蛋白质和脂肪两项营养指标上，总体还没有达到营养学家推荐的人日摄入水平，甚至最不发达国家和地区还没有达到营养学家推荐的热量摄入水平。对于这些国家和地区来说，提高本国人民的营养水平依然是一个艰巨的任务，尽管国际社会在努力地帮助他们，但这些国家和地区基本上需要立足于发展本国农业来解决食物短缺问题，承担起增加本国本地区食物供给的重任。即使在已经达到营养学家推荐的食物营养摄入水平的国家，例如我国，也依然不能对食物安全掉以轻心。

（二）农业的原料贡献

农业的产品贡献除了食物供给外还表现在对工业的原料贡献上。尽管工业革命前，人类已经利用农产品作为非农产业的加工原料，但充分认识农业对工业原料的贡献作用是在工业革命之后。工业革命使得工业加工能力迅速增长，工业对原料农产品的需求也随之大大扩张。食品加工业、饲料加工业、橡胶工业、木材加工业、纺织业、造纸业等都大量需要农业提供原料农产品。今天，虽然人类已经想方设法地用许多化学工业产品（如化学纤维、人造橡胶）来替代农产品原料，但这些替代作用不能发生在食品加工业、饲料加工业等食用产品上；即使在非食用产品上，也只是起到部分的替代作用，农产品依然是主要的原料。纺织业和橡胶工业是替代农产品原料比重较大的产业，2008 年我国全部橡胶产品中天然橡胶与合成橡胶的比例为 50.4∶49.6。为了降低工业成本和迎合人类对天然品的偏好，原料农产品也在不断地满足工业提出的新要求，如纺织业已经出现的天然彩棉和食品加工业实现的专用品种等。

（三）农业的贸易贡献

农业的贸易贡献属于农业的经济贡献之一。农业的贸易贡献表现在内贸和外贸两个方面，其中外贸包括进口和出口两方面。农业外贸出口的主要作用从表象

---

① 联合国粮农组织（FAO），《2009 年世界粮食不安全状况》，中文版第 11 页。

上看，是将国内的农产品以及农业技术等农业知识产权产品输出到国外，农产品出口的实质不仅仅在于微观企业层面获得外汇收益和实现利润，而且在于国家宏观视角的推动国内经济增长、就业等其他宏观经济指标的良性化显示，甚至有利于推动双边友好关系和密切交流等政治外交。在一些国家和地区，特别是不发达国家和地区，外贸的国家目标还在于获取关税收益。

对于大多数发展中国家，农业出口在外贸出口中占有重要地位。世界银行2008年报告中收集的125个国家(地区)的农业出口数据显示，有14.4%的国家(地区)的农业出口占商品总出口的一半以上，有约25%的国家(地区)的农业出口在商品总出口中的比重达到30%以上，其中不乏新西兰这样的发达国家(表2-3)。

表2-3　农业出口在商品总出口中的地位

程度分级	国家(地区)数	国家(地区)比重/%	国家(地区)累计比重/%	列举国家(地区)
≥90%	1	0.8	0.8	塞拉利昂
80%～90%	6	4.8	5.6	埃塞俄比亚、马拉维、巴拿马、布基纳法索、贝宁、巴拉圭
70%～80%	3	2.4	8.0	尼加拉瓜、马达加斯加、乌干达
60%～70%	1	0.8	8.8	厄里特立
50%～60%	7	5.6	14.4	卢旺达、乌拉圭、加纳、肯尼亚、新西兰、洪都拉斯、科特迪瓦
40%～50%	5	4.0	18.4	阿根廷、坦桑尼亚、布隆迪、津巴布韦、危地马拉
30%～40%	8	6.4	24.8	厄瓜多尔、马里、多米尼克、塞内加尔、摩尔多瓦、多哥、塞尔瓦多
20%～30%	12	9.6	34.4	巴西、越南、尼日尔、喀麦隆、斯里兰卡、希腊、哥伦比亚、尼泊尔
10%～20%	29	23.2	57.6	智利、澳大利亚、泰国、荷兰、印度尼西亚、埃及、西班牙、印度、土耳其
5%～10%	22	17.6	75.2	法国、马来西亚、美国、加拿大、菲律宾、意大利、挪威、葡萄牙
0～5%	31	24.8	100.0	墨西哥、以色列、德国、中国、英国、俄罗斯、韩国、日本
合计	125	100.0		

资料来源：根据世界银行：《2008年世界发展报告》附表A4的资料整理获得。

注：表中数据是2003—2005年的平均值。

农业出口占商品总出口的比重反映了农业的外贸地位。在许多国家和地区，虽然农业贸易的地位下降了，所占份额较小，但由于总贸易规模的庞大，其农业贸易的绝对额是相当巨大的，表 2-4 反映了全球农产品出口大国的农产品出口金额。

表 2-4 农产品出口金额

亿美元

位序	国家	出口金额	位序	国家	出口金额
1	美国	619.74	11	澳大利亚	170.19
2	荷兰	433.39	12	阿根廷	165.77
3	法国	353.95	13	泰国	155.50
4	德国	346.13	14	丹麦	145.89
5	巴西	266.56	15	英国	127.00
6	比利时	245.56	16	印度尼西亚	106.06
7	西班牙	240.80	17	马来西亚	105.62
8	中国	229.68	18	新西兰	100.44
9	加拿大	224.86	19	印度	88.67
10	意大利	193.20	20	墨西哥	84.00

资料来源：世界银行：《2008 年世界发展报告》附表 A4。

注：表中数据是 2003—2005 年的平均值。

在对外贸易上，存在着一种不正确的认识，即出口是有利于本国的、进口是不利于本国的。事实上，进口不仅能够提高本国居民的生活福利水平和双边政治外交关系，在很多情形中，进口也可以促进本国的经济发展。表 2-5 列举了我国 2008 年一些净进口农产品，如果不进口这些农产品，改由我国自己生产这些农产品来满足需求的话，则至少需要增加约 3 922 万公顷的种植面积，以 2008 年 1.283 9 的复种指数计算，即需要增加 3 055 万公顷的耕地面积，换句话说，还需要增加约 25% 的全国耕地面积。这还没有包括蚕茧、羊毛、皮革、饲料、可可豆、原木、锯材、纸浆等进口产品所需的生产用地在内。另一方面，我国是水资源极其短缺的国家，生产这些进口产品还需要消耗大量的水资源。显然，我们自有的自然资源和现有的技术水平难以承受如此沉重的产品供给需求。如果不进口的话，只有降低我国居民的福利水平。从另一个角度看，众所周知，我国的纺织品是主力出口产品，纺织品行业是我国就业和经济增长的重要行业，如果不进口这么多的棉花，我们也就难以保持庞大的纺织业规模和出口规模，也会影响到与其相关的关联产业，从而就会大大减少就业人数、税赋和 GDP 增加值。

表 2-5　2008 年中国进口农产品折合耕地需要量

品名	净进口量/万吨	净进口比重/%	折合种植面积/万公顷	折算系数（2008 年水平）
棉花	287.8	29.3	221.04	单产 1.302 吨/公顷
天然橡胶	168.0	75.4	144.68	单产 1.161 2 吨/公顷
食糖	72.159 7	4.7	26.70	出糖率 11.5%，单产 23.5 吨/公顷
大豆	3 695.1	65.2	2 258.63	单产 1.636 吨/公顷
油菜籽	130.25	10.8	70.97	单产 1.835 3 吨/公顷
豆油	245.17	30.0	832.55	出油率 18%，单产 1.636 吨/公顷
菜籽油	26.98	5.8	44.55	出油率 33%，单产 1.835 3 吨/公顷
棕榈油	528.23	100.0	322.88	按替代菜籽油折算
小计			3 922.00	相当于 25%的现有耕地面积

资料来源：作者根据多种统计资料整理而成。

注：净进口比重＝净进口量÷国内总供给量×100%。

在许多国家和地区中，农业的外贸地位也同样表现在进口方面，通过进口来推动经济发展和提高国民生活水平。根据联合国粮农组织对 202 个国家和地区的贸易数据资料，有四分之一强的国家和地区的农产品进口额占商品总进口额的 10%以上，有 4.5%的国家和地区的农产品进口额占商品总进口额的 30%以上，反映出农产品进口在该国或地区的相对重要性（表 2-6）。

表 2-6　农业进口在商品总进口中的地位

程度分级	国家（地区）数	国家（地区）比重/%	国家（地区）累计比重/%	列举国家（地区）
＞30%	9	4.5	4.5	阿根廷、马拉维、科特迪瓦、几内亚（比绍）、乌拉圭、新西兰、巴西、乌兹别克、巴拉圭
20%～30%	16	7.9	12.4	利比亚、津巴布韦、肯尼亚、贝宁、玻利维亚、尼加拉瓜、哥斯达黎加、加纳、马里、厄瓜多尔、喀麦隆、布基纳法索、印度尼西亚
10%～20%	29	14.4	26.8	乌干达、哥伦比亚、摩尔多瓦、智利、丹麦、澳大利亚、叙利亚、卢旺达、荷兰、中非、坦桑尼亚、斯里兰卡、泰国、秘鲁、马来西亚

续表 2-6

程度分级	国家（地区）数	国家（地区）比重/%	国家（地区）累计比重/%	列举国家（地区）
5%～10%	55	27.2	54.0	科摩罗、立陶宛、法国、越南、比利时、西班牙、波兰、乌克兰、加拿大、奥地利、印度、意大利、希腊、墨西哥、德国、南非、菲律宾
3%～5%	37	18.3	72.3	塞拉利昂、古巴、土耳其、葡萄牙、伊朗、美国、埃及、英国、以色列、瑞典、瑞士、苏里南、加蓬、俄罗斯、老挝、芬兰
<3%	56	27.7	100.0	尼日利亚、中国、罗马尼亚、新加坡、柬埔寨、中国香港、挪威、韩国、朝鲜、中国澳门、科威特、日本、百慕大、卡塔尔、伊拉克
合计	202	100.0		

资料来源：依据 FAO 数据库 2005—2007 年贸易数据进行 3 年平均处理后分类列表。

与上面出口的情况一样，有些国家和地区的总体进口规模很大，相对而言的农产品进口比重不大，但其农产品进口额很大，表 2-7 显示的是 2005—2007 年期间世界前 20 位农产品进口大国的 3 年平均进口金额，年均都在百亿美元以上，该 20 国的合计农产品进口比重占世界农产品总进口额的 75.5%。

表 2-7　农产品进口金额

亿美元

位序	国家	进口金额	位序	国家	进口金额
1	美国	764.69	11	澳大利亚	218.20
2	荷兰	578.60	12	阿根廷	216.16
3	法国	521.26	13	英国	213.46
4	德国	491.12	14	泰国	150.84
5	巴西	361.00	15	丹麦	150.66
6	比利时	304.64	16	印度尼西亚	142.96
7	意大利	282.44	17	马来西亚	137.73
8	西班牙	276.28	18	墨西哥	128.93
9	加拿大	253.58	19	印度	123.42
10	中国	235.71	20	新西兰	117.68

资料来源：根据 FAO 2005—2007 年平均数据整理分类。

农业的贸易作用也表现在国内贸易方面，农业的国内贸易作用主要体现在三方面：农产品直接交易、农业生产资料直接交易、涉农产品的间接交易。对于前两者的交易额相对容易得到估计，对于第三种交易因为现行的统计口径的原因很难得到反映。表 2-8 利用《中国统计年鉴》的数据粗略地来反映前两种农业贸易的状况，尽管数据不全，但已经足以得出农业在国内贸易中占有重要地位的基本判断，因为从表 2-8 中可以看到，亿元以上商品交易市场中的农业份额接近 30%。

表 2-8　2004—2008 年亿元以上商品交易市场中农业贸易情况*

项目	2004 年	2005 年	2006 年	2007 年	2008 年
社会消费品零售总额/亿元	59 501.0	67 176.6	76 410.0	89 210.0	108 487.7
亿元以上商品交易市场合计/亿元	26 102.7	30 020.9	37 137.5	44 085.1	52 458.0
农业交易额合计	7 767.5	8 484.1	11 003.1	12 955.0	14 951.6
食品**、饮料、烟酒类	6 730.8	7 506.2	9 578.5	11 455.2	13 294.8
中草药及中成药类	467.3	171.0	218.8	255.9	254.7
木材及制品类	471.1	520.8	575.4	616.9	642.0
化肥类	(缺)	42.7	30.8	51.5	72.8
农机类	98.2	112.0	100.0	91.6	160.0
种子饲料类	(缺)	53.3	59.8	55.1	124.2
棉麻类	(缺)	78.0	439.9	428.8	403.0
亿元以上商品交易市场中的农业份额/%	29.8	28.3	29.6	29.4	28.5
亿元以上商品交易市场在社会消费品零售总额中的份额/%	43.9	44.7	48.6	49.4	48.4

资料来源：根据 2004—2008 年《中国统计年鉴》数据整理。

注：* 由于数据的可获得性问题，本表数据没有包括所有的农资和农产品，比如农资中未包含农药、塑料薄膜、动植物激素等，产品中未包含花卉、活畜等，但本表目前的数据已经可以反映出农业在国内贸易中的重要性。

** 食品包括粮油类、肉禽蛋类、水产品类、蔬菜类、干鲜果品类。

(四)农业的 GDP 贡献

农业的经济贡献直接表现在 GDP 贡献上。世界银行 2008 年报告中收集了 130 个国家(地区)关于农业增加值占总 GDP 比重的数据资料(表 2-9)，从中我们可以看出，农业对于许多发展中国家是非常重要的，约 1/3 的国家的农业增加值在总 GDP 中的比重在 20%以上。

(五)农业的资金贡献

农业的资金贡献是农业对经济发展贡献的一个重要方面，在经济发展和产业分化的历史过程中，农业是原始资本积累的贡献者。在我国计划经济时期，政府控制了生产环节的计划和投资、流通环节的市场和价格、分配环节的工资和财政，通过工农业产品交换“剪刀差”[①]的方式从农业中获取了巨额资金来发展重工业体系

① “剪刀差”，又称工农业产品价格“剪刀差”，是指工农业产品交换时，工业品价格高于价值，农产品价格低于价值所出现的差额。如果把一定时期内工农业产品价格变动的情况用统计图表表示的话，那么，工业品价格呈上升趋势，而农产品价格呈下降趋势，二者犹如张开的剪刀的形状一样，因而得名。它表明工农业产品价值的不等价交换。“剪刀差”一词源于 20 世纪 20 年代的苏维埃俄国，斯大林在 1927—1929 年期间曾就当时存在的情况从理论上作过多次论述。

表 2-9 农业增加值在总 GDP 中的地位

程度分级	国家（地区）数	国家（地区）比重/%	国家（地区）累计比重/%	列举国家
≥40%	9	6.92	6.92	中非、刚果、老挝、塞拉利昂、坦桑尼亚、埃塞俄比亚、多哥、卢旺达
30%～40%	13	10.00	16.92	尼日尔、尼泊尔、加纳、马里、苏丹、柬埔寨、乌干达、贝宁
20%～30%	21	16.15	33.07	肯尼亚、叙利亚、蒙古、巴基斯坦、尼日利亚、越南、孟加拉国
15%～20%	13	10.00	43.07	印度、格鲁吉亚、斯里兰卡、尼加拉瓜、津巴布韦、摩洛哥、埃及
10%～15%	21	16.15	59.22	印度尼西亚、菲律宾、土耳其、中国、哥伦比亚、伊朗、阿根廷、泰国
5%～10%	18	13.85	73.07	马来西亚、巴拿马、秘鲁、巴西、希腊、智利、牙买加、俄罗斯
0～5%	35	26.92	100.00	日本、法国、韩国、澳大利亚、加拿大、德国、美国、英国、新加坡
合计	130	100.00		

资料来源：根据世界银行：《2008 年世界发展报告》附表 A1 的资料整理获得。

注：表中数据是 2003—2005 年的平均值。

（表 2-10）。20 世纪末至今，我国各级地方政府和非农产业又普遍通过倒腾农地的方式从农业中汲走巨额资金，以致许多地方政府的财政被称为“土地财政”。农业的资金贡献作用以不同的方式、在不同程度上在许多国家和地区表现着。

（六）农业的就业贡献

就业对于社会稳定和保障收入具有十分重要的意义，历史上的农业是就业的主要场所，今天的农业依然在这方面发挥着不可忽视的作用。世界银行 2008 年报告中收集了 133 个国家（地区）的资料，其中关于农业就业情况的数据有 85 个国家（地区），另外 48 个国家（地区）缺乏农业就业资料，但这 48 个国家中绝大多数是最不发达国家，其农业就业人数占总就业人口的比重绝大多数处于高比例水平，从其他材料可以发现其中有些最不发达国家的农业就业甚至高于 80%的水平。即使这样，我们依然可以从表 2-11 的数据看到，农业就业对于许多发展中国家是非常重要的，近 10%的国家中，农业依然是最大的就业部门；约 1/3 的国家的农业就业人口比重在 30%以上；60%的国家中农业就业在一成以上。不难想象，如果没有农业的就业贡献，许多国家会背上沉重的就业负担。巴西就是一个绝好的例证，用市场化的方法将大批农民赶出农业后，农业就业比重下降到了 20.4%，被逐出农业的曾经的农民中很多人沦为城市贫民或农村贫民，成为社会不安定的主要因素之一。

表 2-10　农业的资金贡献估计(在中国计划经济时期)

估计者	金额	出处
陈锡文	1953—1985 年统购统销期间，国家通过“剪刀差”无偿从农民手里拿走了对工业化的贡献为 6 000 亿～8 000 亿元	毕泗生，《中国农业农村农民前沿问题报告》，人民日报出版社，2003 年，第 95 页
发展研究所综合课题组	30 年来在农产品的价格“剪刀差”形式内隐藏的农民税赋高达 8 000 亿元	发展研究所综合课题组，《改革面临制度创新》，上海三联书店，1988 年，第 7 页
江苏省农调队课题组	1978 年以前，国家通过“剪刀差”从农民手中拿走大约 6 000 亿元，年均 240 亿。仅江苏一个省就 400 亿元，约为这一时期江苏省农民纯收入的 1/3	江苏省农调队课题组，《2003 中国农村经济调研报告》，中国统计出版社，2003 年，第 106 页
雷锡易等	1952—1978 年，通过“剪刀差”转移给工业的剩余超过 6 320 亿元，加上农业税共计 7 264 亿元。扣除国家给农业的资金 1 730 亿元，农业实际向工业净提供资金 5 534 亿元，平均每年 205 亿元	李茂岚，《中国农民负担问题研究》，山西经济出版社，1996 年，第 136 页
张士云等	1950—1978 年间，政府通过农业税和“剪刀差”从农业中提取了大约 6 078 亿元，其中农业税为 978 亿元。同期的政府财政支农支出只有 1 577 亿元。1979—1994 年期间，政府通过“剪刀差”取得约 15 000 亿元收入，同期农业税 1 755 亿元，财政支农支出 3 769 亿元，政府提取农业剩余净额高达 12 986 亿元。农业年均流出资金高达 811 亿元	张士云等，“对农村税费制度改革的思考”，《农业经济问题》2001 年第 8 期
凌志军	大约 6 000 亿元	凌志军，《中国经济改革备忘录(1989—1997)》，东方出版中心，1998 年，第 28 页
王梦奎	1952—1986 年，国家通过“剪刀差”从农业拿走 5 823.74 亿元，年均 200 亿～300 亿元	王梦奎，《中国经济发展的回顾与前瞻(1979—2020)》，中国财政经济出版社，1999 年，第 106 页
有关部门	1951—1978 年间，国家通过“剪刀差”形式，从农民手里拿走了 5 100 亿元	陈吉元，《中国农村社会经济变迁(1949—1989)》，山西经济出版社，1993 年
仲大军	1952—1986 年，国家通过“剪刀差”从农业中抽走了 5 823.74 亿元，加上农业税 1 044.38 亿元，34 年间国家从农业抽走了 6 868.12 亿元	仲大军，“中国社会内部的巨大冲突——户籍分别”，载于黎鸣主编：《中国的危机》，改革出版社，1998 年，第 206 页

资料来源：作者整理。

表 2-11 农业就业在总就业中的地位

程度分级	国家（地区）数	国家（地区）比重/%	国家（地区）累计比重/%	列举国家
≥60%	3	3.53	3.53	马达加斯加、乌干达、柬埔寨
50%～60%	5	5.88	9.41	越南、阿尔巴尼亚、格鲁吉亚、吉尔吉斯、孟加拉国
40%～50%	8	9.41	18.82	摩洛哥、印度尼西亚、泰国、摩尔多瓦、中国、蒙古、巴基斯坦
30%～40%	10	11.76	30.58	阿塞拜疆、危地马拉、菲律宾、斯里兰卡、罗马尼亚、土耳其
20%～30%	5	5.88	36.46	埃及、马其顿、阿尔及利亚、巴西、哥伦比亚
15%～20%	12	14.12	50.58	牙买加、乌克兰、波兰、立陶宛、巴拿马、墨西哥、克罗地亚
10%～15%	8	9.41	59.99	马来西亚、希腊、智利、葡萄牙、南非、俄罗斯、委内瑞拉
5%～10%	12	14.12	74.11	保加利亚、韩国、新西兰、西班牙、匈牙利、芬兰、意大利
0～5%	22	25.88	100.00	日本、法国、澳大利亚、德国、美国、英国、阿根廷、新加坡
合计	85	100.00		

资料来源：根据世界银行：《2008 年世界发展报告》附表 A1 的资料整理获得。

注：表中数据是 2002—2004 年的平均值。

在工业化和城市化快速发展时期、在从农业社会向工业社会迅速转变时期，大规模地出现农民离开农村、向非农产业转移的现象，伴随职业变迁而来的就业和生活风险往往使得农业成为最后的就业蓄水池。在许多国家包括今天的中国，农业成为年岁变大的“农民工”的回乡就业场所。

农业对就业的贡献，不仅表现在农业的直接就业，也表现在涉农的间接就业上。从横向看，围绕农业的关联服务部门产生了许多就业机会，比如增加了农资供应、农产品物流、农业金融服务等关联部门的就业机会；从纵向看，与农业关联的上下游产业产生了许多就业机会，比如增加了农资生产、以农产品为原料的加工业等产业链部门的就业机会。《中国统计年鉴 2008》的数据显示，以食物农产品为基础的中国餐饮业中仅仅计算纳入统计的从业人员数量就达到 200.2 万人，可见农业对就业的间接作用。今天，我们还可以看到，农业增加间接就业的贡献正在得到新的拓展，比如进入 21 世纪后中国大地上蓬勃兴起的乡村旅游业等。

(七)农业的生态与环境贡献

自从建立起以石油为基本能源的现代农业和大规模农业后,人们一直对农药、化肥、牲畜排泄物等农业污染物存在非议,认为农业对生态环境产生污染。随着人类对生态环保的关注和重视,农业也在不断采取环境友好型的农业行为和农业技术,比如测土配方施肥、精准农业等等。因此,负面的农业污染逐渐得到遏制甚至减少,正面的农业对生态环境的良化作用在不断得到增强。

另一方面,随着城市化水平的提高、城市规模的扩张,城市病也在加剧,人类开始从另一个角度来重新审视农业的生态环境影响。人类越来越看重农业的绿化功能,把农业对空气中二氧化碳、有毒气体的空气过滤净化作用视作农业对生态环境的重大贡献;随着人类生活水平的提高,农业景观又成为农业对生态和环境的重要新贡献。事实上,农业活动已经在不自觉中大规模进入了许多居民的家庭生活,比如家庭养花种植物的行为就是农业领域的活动。园林和绿地越来越成为现代城市的重要因素之一。农业已经不再仅仅以提供食物和工业原料为目的,有些农业已经以良化生态环境、提供生态景观为主要目的。农业对生态环境的良化作用变得越来越重要,即使在房地产这种似乎远离农业的领域中,绿地面积率等农业性生态环境指标也成为一个影响房价的重要因素。

(八)农业的文化贡献

随着人类生活水平的提高,精神文化层面的需求上升,农业的文化贡献作用开始彰显出来。世界上很多民族的传统节日是与农业活动联系在一起,或起源于农业活动的,比如亚洲的稻米文化。在柬埔寨,御耕节是一个重要的传统节日,庆祝仪式十分隆重,会模拟一年劳作的过程,国王和王后会亲临观看,文武官员和外国使节也身穿礼服参加;"送水节"是又一个与农业相关的传统节日,感谢雨季结束、河水消退给农业生产带来丰富水源和天然肥料。在日本,"勤劳感谢节",提倡勤劳,庆贺生产发展,国民之间相互感谢;"镰仓节",孩子们聚坐在"镰仓"雪屋里喝甜酒、吃甜饼,游客们会被请进雪屋,品尝日本米酒和米糕。在非洲,有尼日利亚和尼日尔的"捕鱼节",安哥拉的"渔民岛节",马里的"播种节",埃及的"尼罗河泛滥节"和"丰收喜庆木薯节"。在北美国家,每年 10 月 31 日举行的"南瓜节"是一个传统节日。

在中国,最盛大和热闹的古老传统节日"春节"是一个与农业生产关系密切的节日,意味着严冬即将结束,新一轮农业生产的春天即将来临。"填仓节"(亦称"天仓节")是汉族民间一个象征新年五谷丰登的节日。在南方的佤族和北方的塔吉克族都过一个与农业相关的"播种节"。在鄂温克族,"米阔鲁节"是最欢乐的日子,这一天他们统计当年产幼畜数量、庆贺丰收。在仡佬族、苗族、布依族、白族和壮族,

“祭田节”是一个传统的农业节日。在瑶族，“尝新节”(俗称“吃新节”)人们到附近的田间地角进行采新，摘些成熟的谷物瓜果，挂放古树下，然后杀猪宰羊杀鸡，用整鸡、猪头、羊头、九串猪肉和二十四碗饭祭祀祖先和神灵。中国少数民族毛南族在“南瓜节”(又叫“九月重阳”)，给老人添粮补寿。大名鼎鼎的北京天坛是清朝皇帝每年举行开耕仪式的场所。

随着现代旅游业的发展，乡村旅游业悄然兴起，成为一种重要的产业，由古代的春季踏青、秋季郊游发展为目前长年盛行的田园采摘、农家乐。农业和农村成为这些旅游活动的场所和载体。

(九)农业对农村社区发展的贡献

正是因为农业的存在，使得相当部分的人口还居住在农村地区，从世界银行收集的133个国家(地区)的资料看(表2-12)，40%的国家(地区)中一半以上的人口居住在农村。除了新加坡极少数国家和地区几乎没有农村人口外，即使像美国、英国这样的发达国家依然有10%以上的人口居住在农村，这一数字大大高于它们3%左右的农业人口比重。如果一个区域的农业荡然无存，农村社区往往很快随之消失或成为城市社区，“皮之不存，毛将焉附”。

表2-12 农村人口占总人口的比重

程度分级	国家(地区)数	国家(地区)比重/%	列举国家(地区)
≥90%	1	0.75	布隆迪
80%～90%	11	8.27	乌干达、斯里兰卡、尼泊尔、柬埔寨
70%～80%	11	8.27	老挝、肯尼亚、坦桑尼亚、孟加拉国、印度
60%～70%	17	12.78	泰国、巴基斯坦、津巴布韦、中非、中国
50%～60%	13	9.77	埃及、科特迪瓦、洪都拉斯、印度尼西亚、尼日利亚
40%～50%	21	15.79	叙利亚、牙买加、罗马尼亚、葡萄牙、南非、希腊
30%～40%	24	18.05	芬兰、菲律宾、奥地利、马来西亚、土耳其、意大利
20%～30%	15	11.28	哥伦比亚、俄罗斯、德国、墨西哥、法国、加拿大
10%～20%	13	9.77	美国、韩国、巴西、瑞典、新西兰、智利、英国、阿根廷
0～10%	7	5.26	以色列、乌拉圭、比利时、科威特、新加坡
合计	133	100.00	

资料来源：根据世界银行：《2008年世界发展报告》附表A1的资料整理获得。

注：表中数据是2003—2005年的平均值。

很多时候，农业的贡献往往被忽视，因为农业的贡献时常不被反映在农业的功劳簿上，比如食品工业在国民经济中有“一成产业”的美誉，即其产值占国家GDP的10%以上，其就业人数也很多，在很多方面是劳动集约型的。又比如纺织业，在我国纺织业的产值和就业占的比重很大。但在计算这些功劳时，往往都忘记了农业在其中的贡献。还有很多农业的贡献，人们时时在享受，但从来没有对这些贡献作出任何回报，比如农业带来的清新空气等生态环境正效应、农业景观、农业文化等等，也许这些有的计入了旅游业，有的就作为“公共产品”根本没有得到任何回报和反映。表 2-13 和表 2-14 列出了英国农业中食物生产部分对其他部门的经济贡献。以 2003—2007 年 5 年平均值来衡量，当农业产值＝1.00 时，食品工业、食品批发业、食品零售业、餐饮业分别为农业产值的 3.57 倍、1.39 倍、3.39 倍和 3.50 倍。由此可窥见农业对其他产业的贡献，如果由此推想非食物农产品对其他产业的贡献，则一定也很大。

表 2-13　英国食物生产对国民经济总产值的贡献(农业＝1.00)

行业	2003 年	2004 年	2005 年	2006 年	2007 年	5 年平均
食品工业	2.79	2.98	4.11	4.09	3.86	3.57
食品批发业	0.90	1.10	1.45	1.88	1.63	1.39
食品零售业	2.42	2.69	3.85	4.11	3.89	3.39
在外饮食业	2.48	2.95	4.06	4.11	3.88	3.50

资料来源:《英国农业统计年鉴 2009》。

表 2-14　英国食物生产对就业的贡献(农业＝1.00)

行业	2003 年	2004 年	2005 年	2006 年	2007 年	5 年平均
食品工业	0.91	0.85	0.84	0.82	0.84	0.85
食品批发业	0.45	0.43	0.43	0.44	0.44	0.44
食品零售业	2.46	2.36	2.44	2.38	2.40	2.41
在外饮食业	2.87	2.85	2.89	2.88	2.93	2.89

资料来源:《英国农业统计年鉴 2009》。

第四节　现代农业发展中的突出问题

随着农业的发展，以往的许多农业问题得到了解决或实质性的缓解，比如食物供给量增加、农业生产手段提升、农业社会化服务体系建立等等，但随之也有很多新的问题凸显出来了，下面的几大问题就是今日农业在工业化、城市化、市场化和全球化进程中突显出来的问题。

一、农业的生态环境问题

农业对生态环境的影响，正如前面所说的，存在正、负两方面的影响。积极贡献的方面是农业良化着生态环境，如清新空气、悦目景观等；但消极方面是农业生产过程中也出现污染生态环境的现象，如化肥、农药等的面源污染和牲畜集中养殖区的点源污染。人类有必要客观地认清农业的生态环境影响。

今天占绝对地位的农业模式是以化学能源为支撑的农业，人们形象地称之为“石油农业”。由此产生了两个突出的问题：一是石油为代表的化学能源是不可再生的，这种能源支撑的农业是否可持续发展的农业问题，目前的主流答案是否定的，因为这种农业模式一方面导致资源角度的能源枯竭危机，另一方面从市场角度导致随能源价格波动而产生的农产品成本进而价格的波动。并且随着长期角度的能源价格上升，对农产品成本和价格产生上推压力。二是石油能源为基础的投入对生态环境的污染问题，化肥、农药等对生态环境的面源污染已经十分严重，在很多经济快速发展的发展中国家中，这种污染问题表现得更为严重，中国就是一个典型。也正是因为农业中存在污染问题，使得农业不仅对生态环境产生一定的负面影响，这种负面影响同时反映在这种生态环境中生产出来的农产品上，从而成为食品质量安全问题的主要源头之一。值得庆幸的是，人类已经认识到了农业对生态环境的这种两面性，正在努力降低农业对生态环境的不良影响，比如农业操作上采用测土配方施肥、精准农业、免耕法等。尽管如此，目前农业的生态环境问题依然是一个值得关注的严重问题。

农业角度的另一个重大生态环境问题是生物多样性问题。农业发展史上存在着一个趋向：最具有人类利用价值的农作物会排挤其他利用价值较低的农作物。人类驯化作物的过程以及其后的农业拓展过程就是人类所喜欢的作物不断扩张的过程，比如原始水稻的生长与其他作物的竞争是依循自然界物竞天择的规律，但自从人类选择水稻作为基本食物后，自然界物竞天择的规律被人类破坏了，大片的耕地被清理出来种植水稻，不再允许其他植物与水稻进行生长竞争，即使其他植物具有极强的自然竞争力，比如野草，人类也会利用自己的力量去清除它们。这种人类选择的结果使得生物多样性不断下降。虽然，在传统农业中也同样存在生物多样性问题，但那时人类依赖自然的筛选方法，生物多样性的减少是一个漫长的过程，未引起人类的注意。在今天商业化气息强烈的基因工程选择时代，物种减少得非常迅速，生物多样性问题迅速显现，引起了人类的极大关注。

在一望无际的田野上，我们往往看到的是清一色符合人类生产目的的水稻、小麦、玉米等农作物。在商业性农业中，这种有损生物多样性的人类行为表现得更为显著，最具有经济获益价值的农作物会排挤其他经济获益较低的农作物。今天，全世界对大豆的需求不断扩大，与此同时，盛产大豆的巴西有大批成片的热带雨林被毁坏，其土地被开辟成耕地来种植大豆。并且，由于人类希望尽可能地取得单位面积上的农业高产，农药、化肥、薄膜等成为最常用的高产手段，不仅野草等许多植物类生物，而且动物和微生物也往往因此被杀死。因为人类借助现代高科技的这种选择性能力的迅速提高，生物多样性问题也就表现得更为剧烈。加之，人类活动和生活范围的扩大，许多动植物丧失了栖息地而逐渐消失。

二、耕地问题

在工业化、城镇化和市场化过程中，社会经济发展需要土地，新的工业园区、新的道路设施、新的居民住宅等都需要占用土地。在绝大多数国家和地区中，土地的最大来源往往是农地(特别是接近人类活动圈的耕地)，因此，处于经济起飞、迅速发展阶段的国家和地区，工业化和城镇化程度提高的同时也基本伴随着农地(尤其是离城市较近的耕地)的减少。即耕地的非农化问题比较突出。我国在1996—2008年期间，官方统计的耕地面积减少了1.25亿亩(832.23万公顷)，相当于减少了河南省加上天津市的全部耕地。即使在美国、日本这样的国家，耕地数量也在减少，美国1970—2005年的35年中耕地减少了1 332.2万公顷，日本1965—2005年的40年中耕地减少了131.2万公顷。但农地是农业最基本的生产资料，耕地更是千百年来农业耕种熟化的土地，是供给基本农产品的主要农地，耕地数量对基本农产品的供给有着重要影响。因此，如何保障社会经济发展中的耕地数量成为现代农业发展中棘手的重大问题。

在人均耕地资源宽裕的国家，比如巴西、美国、俄罗斯，耕地的减少对他们的食物供给影响尚不大；但对于人均耕地资源较少的国家和地区(比如东亚)来说，耕地的减少会给这些国家和地区的食物供给特别是国家粮食安全带来很大的压力。正因为如此，各国对耕地都制定了严格的法律保护条款，我国也规定了可谓世界上最为严格的耕地保护制度和使用制度，根据《中华人民共和国土地管理法》的规定，即使征用1亩基本农田转作建设用地也需要国务院批准才行。

尽管各国对耕地的非农化进行了严格的限制，但耕地依然在减少。主要原因有两个：一是社会经济发展或多或少总是需要占用耕地的，比如高速公路建设、铁路建设、大型工商业项目建设、居民住宅区建设等，因此，合理用地成为保护耕地的重要课题。另一个主要原因是许多地方政府和个人有法不依①，特别是在法制意识不强、法制建设欠完善、执法较弱的国家和地区，由此减少的耕地数量往往是十

① 例如，2006年9月27日中国国务院召开常务会议，严肃处理河南省郑州市违法批准征收占用土地，这是一起地方政府"集违反规划、非法批地、顶风作案、有禁不止四大特征于一身"的典型违法占地案。详情参见 http://news.sina.com.cn/c/2006-09-30/094511144520.shtml。

分触目惊心的。因此,完善法制环境就成为保护耕地的艰巨任务,尤其是切实保障执法力度、提高违法成本。

三、农业竞争力问题

自从农业社会进入工业社会后,农业一直受到非农产业的竞争挤压,非农产业与农业争夺资金、劳力、水土资源等,而农业由于其多风险、艰苦性、低报酬、外部性等弱点,在非农产业的强大竞争中节节败退,普遍表现为农业报酬较低、不愿务农的心理越来越强烈、农业就业人员的素质不断相对劣质化,结果,在经济资源争夺中资金、劳力、水土资源优先流向非农产业。无论在发达国家还是在发展中国家,这种农业在产业竞争中不断败退的趋势至今依然还在延续着,在经济快速发展的国家和地区、在农场规模细小的国家和地区,这种趋势表现得更为突出。

农业是国家不可或缺的,但由于农业的多功能性和外部性,因此表现出明显的市场失灵现象,政府最后不得不对农业进行扶助式干预,以维持一定的农业。但其后果是,政府不得不背上财政包袱,这种财政包袱有时甚至会压得政府喘不过气来。例如,欧共体(欧盟)曾差点因农业补贴而财政破产,不得不在世纪更替之际出台了"千年改革项目"。如何提高农业的产业竞争力已经成为许多国家的棘手任务之一,也成为现代农业发展面临的严峻问题。

在全球化时代,农业竞争力问题又增添了一种新的挑战和残酷竞争。以前的农业竞争还只是局限于国内的产业间竞争。全球化加速之后,特别是 WTO 贸易规则运行以后,国家间农业竞争力不一的事实很快构成现实农业的"弱肉强食"问题,一国农业的"繁荣"时常导致他国农业的"没落"。农业竞争力弱的国家面临着、承受着农业竞争力强的国家的农业挤压,如墨西哥在北美自由贸易区运作后,不得不改变了农业结构;又如今天的中国种植大豆的农民不得不听凭美洲的大豆经济摆布。也正因为如此,世界上存在着反全球化的浪潮,但全球化已经成为一种不可逆转的基本趋势。提高国内产业和国际农业双重竞争中的农业竞争力问题由此成为现代农业发展的艰难问题。

四、农民收入问题

在产业竞争中,农业之所以相对衰落的原因说到底是农业报酬较低。目前中国城镇居民的人均可支配收入已经高达农民人均纯收入的 3.3 倍。农业报酬较低下的根本原因是农场规模达不到经济规模,不足以维持农场主的社会收入水平。正因为这样,所以大多数发达国家的农场结构变化是大规模农场在渐渐增加,小规模农场在逐渐退出农业,中型规模的农场在迅速分化,其中少部分中型农场扩大成为大农场，但大部分中型农场在变成小农场。由于中型农场变为小农场，从而使得小规模农场的减少速度不显得很快。这种现象以美国和欧盟最为典型，1998—2007 年的 10 年间，美国的平均农场已经由 173.6 公顷扩大到 179.6 公顷，扩大了 3.5%。而在人均耕地资源紧张的国家，比如日本和中国，农场规模极其难以扩大，因此，更多的农民选择了兼业的方式和减少家庭农业劳动力的方式来增加家庭收入。

农民收入问题还在于收入增长缓慢，以中国为例，由于整个国民经济处于快速成长阶段，所以，从国际比较的角度看，中国农民收入增长的速度(扣除物价指数的影响)是比较可观的，1998—2008 年最近 10 年间农民的实际纯收入的年均增长速率为 5.689%，但同期城镇居民的实际可支配收入的年均增长速率为 9.475%，大大快于农民的收入增长，使得城乡居民收入的差距越变越大，目前已经达到 3.3∶1(农民纯收入为 1)，已经成为世界上城乡居民收入差距最大的国家之一。

农民收入问题还表现在地区间农民收入的分化现象加剧，特别是在经济快速成长的国家和地区中。图 2-1 反映了 2008 年农民收入最高的上海、北京、浙江三个省市和最低的甘肃、贵州、青海三个省份在 1997—2008 年间的人均收入差距演变对比。不难看出，列前三位和后三位省市的农民人均收入差距在不断扩大，最高的上海与最低的甘肃的农民人均收入由 1997 年的 3 365 元扩大到 2008 年的 8 716 元。这种收入差距扩大的现象在中国多数省际不同程度地发生着。

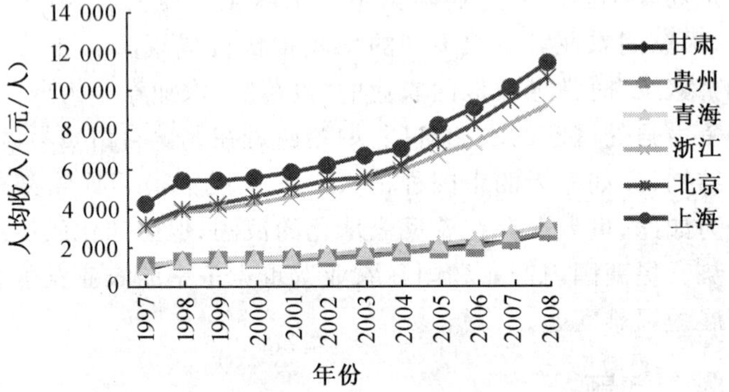

图 2-1　中国省际农民人均收入差距演变

(根据《中国统计年鉴》数据制作)

由于上述农民收入问题，使得农业成为人们最不愿意从事的职业，进而成为现代农业发展的棘手问题。很多国家对农民实行补贴政策，以减少农民的经营开支和增加纯收入，但这种做法一方面会成为政府的财政包袱，另一方面补贴至多起到缓解程度而已，并不能从根本上解决问题。此外，补贴也常常受到国内公众认为是保护低效产业的批评和国外认为是不公平竞争的批评。

五、农民素质问题

任一产业的发展都需要投入资源，尤其需要投入优质资源。农业的艰苦性和低报酬导致农业在产业竞争中处于弱势地位，因此，农业的人力资本问题日渐突出，较好素质的劳动力往往不选择农业就业，结果使农业落入了从业人员相对低素质化的演变过程，明显的特征是农业从业人员的老龄化和低教育程度。这种现象无论在发达国家还是在发展中国家都比较普遍。在日本，自营农业从业者中50岁以上的比重已经从1980年的47.7%上升到2005年的68.5%[①]。美国2007年农业普查数据与2002年相比，45岁以下的农民减少了14%，45～64岁的农民增加了13%，65岁及以上年龄的农民增加了22%；美国农民的平均年龄已经从1978年的50.3岁老化到2007年的57.1岁[②]。中国2006年第二次农业普查表明，农业从业者年龄在50岁及以上的占34.8%，教育程度在小学及以下的占50.6%、在初中及以下的占95.7%；而在全国就业人员中，年龄在50岁及以上的只占27.0%，教育程度在小学及以下的只占34.3%、在初中及以下的只占81.2%。相比之下，农民的就业素质明显较低。如果没有高素质的农民，现代农业是很难持续发展的。

六、粮食安全问题

粮食安全(food security)问题是指粮食供给量的保障问题。保障国家粮食安全是农业的责任，但也成为许多国家的头痛之事。粮食短缺及其导致的营养不良是许多最不发达国家中至今未能解决的问题，正如前面所提到的联合国粮农组织(FAO)报告，2009年全球还有10.2亿人处于食物不足、营养不良状态。

在市场化、工业化和城镇化过程中，人均农业耕地资源紧张的国家和地区的粮食安全问题也日益突显了出来。其一是由于耕地的非农化，直接影响到能用于种植粮食的面积。其二是土地集约型大宗农产品的经济效益往往较低，因此，在农产品竞争中，土地集约型农产品往往处于不利的产品生产顺序选择地位。以中国为例，在农产品生产顺序选择中，畜产品、水产品、蔬菜、水果、花卉等高价值农产品处于首选的位置，只有当这些产品的生产难以进行时，人们才选择棉花、油料、粮食之

---

① 资料来源：《日本农林水产省农业统计年鉴》。

② 资料来源：《美国2007年农业普查报告》(2007 *Census of Agriculture - Farmers by Age*)，http//www.usda.gov。

类的土地集约型大宗农产品来生产。其三是经济发展和人民生活水平提高的快速成长阶段，往往导致粮食需求总量的刚性扩大，从而加重粮食供需平衡的压力。

由于土地集约型大宗农产品存在的市场失灵问题，所以许多发达国家采取大量财政补贴的方式来保障，比如日本的稻米补贴；在许多经济快速成长的发展中人口大国，往往依靠政策甚至行政的力量来保障粮食生产。但在强大并日益增长的市场力量面前，如何保持农民的粮食生产积极性已经成为人均耕地资源紧张的国家所面临的棘手难题。

参考文献

[1] Giovanni Federico. Feed the World - An Economic History of Agriculture (1800-2000). Princeton University Press, 2005.

[2] Michael P. Todaro. Economic Development in the Third World (second edition). Longman Group Ltd., 1981.

[3] Subrata Ghatak, Ken Ingersent. Agriculture and Economic Development. The John Hopkins University Press, 1984.

[4] [德]卡尔·哈达赫.二十世纪德国经济史.扬绪,译.北京:商务印书馆,1984.

[5] [法]德尼兹·加亚尔,贝尔纳代特·德尚,J.阿尔德伯特,等.欧洲史.蔡鸿滨,桂裕芳,译.海口:海南出版社,2000.

[6] [美]梅勒.农业发展经济学.安希伋,等译.北京:北京农业大学出版社,1990.

[7] [日]七户长生.日本农业的经营问题——现状与发展逻辑.俞炳强,译.北京:中国农业出版社.

[8] 陈文华.中国农业通史——夏商西周春秋卷.北京:中国农业出版社,2007.

[9] 樊亢,宋则行,池元吉,等.主要资本主义国家经济简史.北京:人民出版社,1973.

[10] 林太.印度通史.上海:上海社会科学院出版社,2007.

[11] 罗伯特·D.史蒂文斯,凯瑟·L.杰勃勒.农业发展原理——经济理论和实证.叶长生,等译.南京:东南大学出版社,1992.

[12] 世界银行.2008年世界发展报告:以农业促发展.北京:清华大学出版社,2008.

[13] 许海山.亚洲历史.北京:线装书局,2006.

[14] 赵冈.农业经济史论集——产权、人口与农业生产.北京:中国农业出版社,2001.

第三章　农地制度

◆ 本章要点

土地制度是历朝历代最为敏感和最为重要的制度要素，即使到了今天，无论在发展中国家还是发达国家它依然是最敏感和最重要的制度要素之一。本章将介绍农地制度基本概念、农地制度基本理论、国内外一些国家和地区农地制度的演变。

第一节　农地制度概述

一、基本概念

(一)土地制度与农地制度

改革开放以来，我国经济体制改革取得了重大进步，但也出现了许多问题，土地制度方面的问题就是其中最重要的一个。土地是人类最基本的生产资料和生活资料，是人类赖以生存和发展的基础，是最基本的生产要素。“民以食为天，食以农为本，农以地为根”。在农业生产中，土地既是劳动对象，又是劳动资料，没有土地就没有农业生产，就不可能有满足人类需求的大量农产品。因此，土地问题历来是兴国安民的根本性问题，是人类几千年历史的核心问题，人类社会的发展史无不与土地紧密相连。我国古代政治思想家管仲认为，“地者，政之本也”；孟子说：“诸侯之宝三：土地、人民、政事”，将土地列为国家三宝之首。在中国历史上，人地矛盾一直是中国农村社会经济最突出的问题，人地关系紧张和结构性失调造成古代社会周期性争夺农地产权的斗争，形成了农地集中和均田交替进行的历史轨迹，使社会每经过一定时期的稳定与发展后，就要遭受一次重大的冲击。(朱有志，向国成，1997)以土地的占有为标志形成的人与人之间种种权利关系而构成的农地制度，已成为人类社会最基本的制度，在很大程度上影响和制约着社会历史发展进程。怎样完善与改革农村土地制度，自 20 世纪 80 年代以来就引起理论界的关注，时至今日各种观点仍旧争论不断。从我国的实际出发，进行农地制度理论与实践的探索是必要的，比较借鉴其他国家和地区的经验也多有裨益。

在讨论农地制度的含义之前，有必要介绍一下土地制度及其相关概念。广义的土地制度是指包括一切土地问题的制度，是人们在一定社会经济条件下，因土地的归属和利用问题而产生的所有土地关系的总称。广义的土地制度包括土地所有制度、土地使用制度、土地规划制度、土地保护制度、土地征用制度、土地税收制度和土地管理制度等。狭义的土地制度仅仅指土地所有制度、土地使用制度和土地的国家管理制度(周诚，1989)。在新中国成立后一个很长的历史时期内，由于特定的历史原因，在人们的传统观念上，习惯把土地制度理解为狭义含义。改革开放特别是实行社会主义市场经济以后，随着我国社会经济制度的不断变化和发展，人们对我国土地制度含义的理解不断深化和发展。新的观点摆脱了旧的思想观念的束缚，更强调广义的土地制度，在重视土地所有制度、土地使用制度、土地的国家管理制度的同时，更增强了对新形势下由新的土地关系所产生的新的土地制度的关注程度，诸如土地利用制度、土地流转制度、耕地保护制度、土地用途管制制度等等。作为一种反映人与人、人与地之间关系的重要制度，土地制度既是一种经济制度，又是一种法权制度，是土地经济关系在法律上的体现，是上层建筑的有机组成部分。其中土地经济制度是人们在一定的社会制度下，在土地利用关系中形成的土地关系的总和；土地法权制度是人们在土地利用中形成的土地关系的法权体现。土地经济制度是土地法权制度形成的基础，土地经济制度决定土地法权制度；而土地法权制度反过来又具有反映、确认、保护和强化土地经济制度的功能。因此，土地经济制度与土地法权制度是同一问题的两个方面，它们通常体现在土地所有制和使用权制度两方面。土地所有制是指人们在一定社会制度下拥有土地的经济形式，是土地所有者所拥有的受国家法律保护的、对其所有的土地占有、使用、收益和处分并具有排除他人非法干涉的权利，其主体是土地所有者，客体是土地。土地使用制度是对土地使用的程序、条件和形式的规定，是土地制度的另一个重要组成部分。土地使用权是指依法对一定土地进行占有、使用并取得部分土地收益的权利，是土地所有权的权能之一，是土地使用制度的法律表现形式。

从历史的演变看，农地制度与土地制度界限划分并不十分清晰，甚至在绝大多数时期两者可以合而为一。一般而言，农地指的是农用土地。但究竟什么是农用土地，在不同的社会经济条件下，其含义并不完全统一。在近代社会化大生产登上历史舞台之前，农地往往局限于对居民生活必需品(特别是吃和穿)产生根本影响的土地。在当今社会，其内涵更为丰富，不仅包括耕地、牧草地、林地和水域等四大方面，还包括一切可以用于农业用途的后备土地资源。农地制度，顾名思义，即为规定农业与土地关系的制度，是指在一定社会经济条件下，在农业生产中，围绕土地问题所产生的各种社会经济关系的总和，是规范人们在农业问题上相互关系的行为规范。农地制度是农村最基本的经济制度之一，是构成农村市场经济体制的制度基础，农地制度的安排关系到农民的切身利益，是农村其他制度安排的根据和依托。

“农地制度”一词来源于英文 land tenure。从字面上理解，land tenure 意为对土地的占有和使用方式。它是一个比地权更广泛的概念，不仅包括地权本身，而且包括地权的交易、实现形式和生产组织等。“农地制度”虽不是 land tenure 的直译，但基本反映了它的内涵。与土地制度的共性一致，农地制度也包括农地的所有制度和使用（经营）制度。地权是农地制度的核心，包括法律所有权、使用权、处置权、剩余权以及这些权利的可靠性等。根据产权经济学理论，地权即土地产权，它是财产权的一种类型。曲福田等（2002）认为，“地权实质上是以土地作为客体的各种权利的总和，它包括土地的所有、使用、收益、处分等各种土地权利”。沈守愚（1996）指出，地权是一组权利束，它包括自物权和他物权。自物权就是支配权，他物权则包括用益物权（又含役权、耕作权、垦拓权、地上权、租赁权、空间权）、担保物权（含抵押权、典权、质权、置留权）和相邻关系权。在一系列权利束中，最重要的贯穿农地制度变迁始终的就是土地的所有权和使用权。

比较农地制度的范围甚为广泛，可从不同的角度进行分类。从时间上看，有历史与现实的比较；从国别看，有两国或者几国的比较；从制度的内涵看，有产权制度、管理（决策）制度、协调（信息）机制的比较以及激励（动力）机制的比较等。

（二）农地制度的性质

与其他制度相比，农地制度具有特殊的性质。第一，它具有初始性。在各种经济制度中，它是最早产生的、具有基础性作用的制度。伴随着原始农牧业的形成，人类逐渐结束了仅靠采集和渔猎的迁徙生活，产生了对农地的固定占有，也就产生了人类历史上最早的所有权制度——农地所有制，农业由此成为第一产业。从这一制度的演化与许多国家的历史看，土地私有制比其他财产的私有制出现要晚，亚洲一些国家的土地国有制是到 19 世纪末才被西方资本主义殖民势力摧毁的。世界各地存在多种多样的土地所有制形式，综合而言，大致有四类：国家土地所有制，包括王有、国有、地方政府拥有；集体土地所有制，包括原始共同体（部落或村社）所有、现代合作社所有；大土地私有制；小土地私有制。第二，由于农地资源在位置上的固定性和资源的稀缺性，极易引致资源垄断的形成，从而产生级差地租，并由此出现一系列特殊的制度。第三，农地存在公有财产的性质，往往出现所有权限不明确，形成“公有地悲剧”。第四，农地制度在社会生产力和自然生产力的交互作用中发展，即其既受到经济规律的制约，同时也受到自然规律的制约。

(三)农地产权制度

农地制度的核心是农地产权制度。农地产权制度是关于农地资源内含的种种权利设置以及权利的分配、收益和转让的规则,是存在于农地中排他性的完全权利束,它包括农地所有权、农地占有权、农地使用权、农地收益权、农地处置权等。农地产权制度的性质反映了特定的社会关系和农地制度。农地产权制度是产权制度在农地资源上的具体化,是构建在农地上的产权结构和产权关系。农地产权制度产生的根源在于农地资源的稀缺性而导致的高效利用,而基本原因则是农地资源稀缺(诺斯,托马斯,1999)。人们对农地资源的权利要求,在农地资源丰裕的条件下并不存在,只有当农地资源相对于社会需求变得日益稀缺时,人们对于农地专属使用的权利要求出现,对他人的使用施以更多的限制,农地产权制度开始形成。农地产权制度的产生,在个体角度上,是社会成员对稀缺农地资源争夺使用的制度化反映;在经济社会整体的角度上,反映了社会对稀缺资源合理利用的理性安排。

在农地产权制度中,产权的核心是所有权,所有权是一切产权的母权,占有权、使用权、收益权、处分权四种权利,构成了所有权完整的权束。如果说所有权是一级权利,则占有、使用、收益、处分等权利是二级权利,开发权或出售、租赁、抵押、赠送等权利是三级权利。通常把部分占有权、使用权、收益权与处分权等二级权能的集合称为经营权,经营权的权能范围与深度由所有权加以规定与约束,产权的所有者总是通过这种权能的分离和聚合来不断实现财产的所有。

一般来说,农地产权制度体系包括以下几项基本权能:农地所有权、农地占有权、农地使用权以及由此衍生出的收益权等。

农地所有权是农地所有者在法律规定的范围内自由地占有、使用、收益和处理其农地的权利。它包括三层含义:一是农地所有者可以自由地使用和处理所有的农地并有权获得收益;二是得到法律的确认和保护;三是权利在法律许可的范围内行使。

农地占有权是依法对农地进行实际支配、控制的权利。农地占有权由农地所有权人行使,也可依据法律或农地所有权人的意志由他人行使。也就是说,农地所有权与占有权可以结合也可以分离。占有权从所有权中分离出去,只要所有权人为此取得一定的补偿,或对此限定一定的期限,所有权就不会丧失。

农地使用权是依法对农地加以利用并取得收益的权利。农地使用权有广义和狭义之分。狭义的农地使用权是依法对农地的实际使用,与农地占有权、农地收益权和农地处分权是并列关系;广义的农地使用权是独立于农地所有权能之外的含有农地占有权、狭义的农地使用权、部分收益权和不完全处分权的集合。

二、农地制度基本理论[①]

(一)近现代西方资产阶级的相关理论

近现代西方资产阶级的土地制度理论,主要包括自然律的土地公有论、地租公有论、华伦斯的土地国有论和土地私有限制论等。

自然律的土地公有论:代表人物主要有英国的托马斯·斯宾士(Thomas Spence,1750—1814)、威廉·阿纪维(William Ogievie,1736—1813)以及托马斯·佩恩(Thomas Paine,1737—1809)等。他们主张废除土地私有制,实行土地公有制。如斯宾士认为,土地及地上的一切自然物应属于全体居住者所有,任何人都有自由利用土地的权利,这是自然律所规定的。阿纪维则将土地的价值分为三部分:自然的原始价值、人类改良后增加的价值、将来改良可能获得的价值。前两部分归社会公有,属于地主私有的只限于他投资改良土地增加的价值。他建议逐步改革土地制度,先限制地租、延长租期,继而将土地平均分配。佩恩认为自然律未规定任何人有土地所有权,土地私有违背自然律。

地租公有论:代表人物主要有约翰·穆勒(John S. Mill,1806—1873)、亨利·乔治(Henry George,1839—1897)等。穆勒虽然对土地私有进行批判,但却并不主张废除它,只是主张地租的自然增加部分归国家,“它不仅要维护在土地上进行投资的资本家的利益,而且还要保护地主的既得利益,只不过是使资产阶级的国家,从地主阶级手中多征收一些税款而已”(周诚,1989)。亨利·乔治著有《进步与贫困》等经典著作,他在对土地私有制的历史进行研究后,得出结论:在所有人最初的直觉中,他们全部承认土地公有制,而土地私有制出自暴力和欺骗,他主张土地公有化,认为土地升值是来自于周围社会的改进,所以地租也应该社会化。他的方法是通过市场的竞标把使用权拍卖出去,将地租的收益用于发展社会。他们虽然看到土地私有存在不合理之处,但并不主张将地权收归国有,而只主张国家以税收方式参与地租的分配,因此其理论为“地租公有论”。孙中山提出的“平均地权”思想,也是在他们的启发下产生的。

华伦斯的土地国有论:华伦斯著有《土地国有化:其必要性和目的》。他主张国家收回一切土地上的固有价值,使国家成为土地的最高主人;强制地主出售佃户权给实际耕作的农民,使农民成为国家的佃户而不是地主的;佃户权可长期拥有,并可继承,但当佃户不再利用该地时,则需将佃户权售出。实行国有化的方法,一是收买,二是地主死后其土地无偿收归国有。

---

① 主要引自唐忠(1999);冯开文,李军(2008)。

土地私有限制论:该理论以确认土地私有为前提,但主张对私人占有土地的数量及其利益进行限制,它的方法:一是主张"耕者有其田",反对大土地占有制;二是发展和改进租佃制度,实行企业化经营。

近代以来的土地制度理论虽然或多或少看到了社会中存在的弊端,并提出了相应的改革主张,但是他们都是站在资产阶级的立场上,维护这一集团利益的,因此具有较强的局限性。尽管私有限制论仍以维护私有制为目的,但对土地私有权的限制削弱了土地所有权,促进了土地的合理流动,因此有一定的进步意义。

(二)马克思主义的相关理论

马克思认为,土地资源稀缺是现代土地产权制度产生的历史前提。土地的用途宏大,为人生所需,任何人均需争取土地利用,所以社会上必有土地产权制度。如果土地数量无限,任何人都可以取之不尽,用之不竭,就不会有提高土地利用率的必要,从而就无须明确土地的产权关系。什么是土地所有权?马克思指出:"土地所有权的前提是,一些人垄断一定量的土地,把它作为排斥其他一切人的、只服从自己个人意志的领域"。

马克思认为,土地所有权是人们的社会关系在土地问题上的表现,它是一个社会历史范畴。马克思在他的视野范围内认真研究了人类历史上的一切土地所有权形式,揭示了它们的社会本质及其在社会经济生活中的作用。

在《资本论》中,马克思概括了资本主义土地私有权与地租的内在联系和形成过程:"十分简单,一定的人们对土地、矿山和水域等的私有权,使他们能够攫取、拦截和扣留在这个特殊生产领域即这个特殊投资领域的商品中包括的剩余价值超过利润(平均利润,由一般利润率决定的利润)的余额,并且阻止这个余额进入形成一般利润率的总过程。"这个被土地所有者凭借土地所有权而强行"攫取、拦截和扣留"的"剩余价值超过平均利润的余额"就是绝对地租。

马克思和恩格斯主张土地公有,在《共产党宣言》中明确提出:"剥夺地产,把地租用于国家支出"。这种公有应该是由现在的人和未来的人公共所有,任何土地私有权甚至任何土地所有权都是不合理的。在谈到无产阶级夺取政权后,对土地私有制进行社会主义改造的问题时,恩格斯主张要根据不同土地制度的国家采取不同的改造方式,在大土地所有制占绝对优势的地方,应实行土地国有;在小农占优势的地方,应组织农民把小块土地联合起来,在合作社内共同经营。对于大土地占有者,应予以剥夺或根据情况采取赎买的政策。列宁主张实行土地国有化,他认为,在无产阶级革命条件下,土地国有化是由建立无产阶级专政这一任务派生出来的,是消灭私有制的组成部分。

马克思主义土地理论虽然与一些资产阶级思想家一样都主张土地公有,但两者有着本质上的区别。马克思主义是从生产力和生产关系所构成的生产方式的变动规律的角度分析土地制度变化的，认为土地制度是一个历史范畴，随着生产力的发展，以公有制为基础的社会主义一定会取代私有制为基础的资本主义，土地也将和其他生产资料一样实行公有；资产阶级思想家则单纯将土地归于自然之物，故应归于全体；此外，马克思主义主张暴力形式完成改造，而资产阶级则多主张改良。

(三)近代以来中国的相关理论

土地问题是近代中国农村经济问题的核心，也是民主革命的中心问题。近代中国各种不同的阶级或政党都提出过解决土地问题的主张。

废除不合理的土地所有制，实现"耕者有其田"，是中国农民两千多年来的奋斗目标，从秦朝的陈胜、吴广到明末的李自成，我国历史上爆发的大小数百次的农民运动虽然有自然灾害、政府腐败、苛政杂税等原因，但最根本的仍是源于农民的土地要求。太平天国运动颁布的一个重要纲领是《天朝田亩制度》，它规定："凡天下田天下人同耕，此处不足则迁彼处，彼处不足则迁此处。凡天下田丰荒相通，此处荒则移彼丰处，以赈此荒处，彼处荒则移此丰处，以赈彼荒处……有田同耕，有饭同食，有衣同穿，有钱同使，无处不均匀，无人不饱暖。"从其内容看，是废除封建土地所有制，实行土地公有或国有，把土地按人口平均分配给广大农民使用，根据这个原则，又制定了平均分配土地的方法。它不同于历史上的均田制，只把闲田分给农民，而是以每亩土地按一年的产量多少，分为上、中、下三类九等，然后好坏田搭配，按人口平均分配。凡 16 岁以上的男女，每人都可分到一份同等数量的土地，15 岁以下减半。这种土地制度纲领有一定的历史进步性，但它超越了当时历史条件所许可的范围，要求立即废除一切财产的私有，实行公有制，是一种根本无法实现的幻想。

梁启超是一个以维护资产阶级土地私有权为己任的有限土地国有论者。他在《饮冰室文集之十八·驳某报之土地国有论》一文中将土地分为邑地和野地。所谓邑地，就是城市土地，包括铁路沿线及具有独占性质森林、矿山等的土地应收归国有，本部新垦及淤增土地应归国有，地广人稀之边疆未经垦辟之自由地应归国有。至于广大农村野地、有主地不应归国有。特别不应将耕农的土地收归国有，"就一般农民心理论之"，"不希望土地私有制之废止"。他还说，"善谋国者，一面当保护小农，全其独立；一面仍当奖励大农，助其进步"，所谓"大农"，即指大农场。可见，他所主张的农业是资本主义模式的，其所主张的土地制度是资本主义所有制的。在这里，梁启超提出了个人对土地的权利问题，也就是要抛弃过去那种封建的土地所有制，代之以土地的私有制，而且，他还从土地经营制度上主张建立近代式的大农场，实行资本主义的经营方式，实质上是对封建土地所有制的否定。

章太炎则把改善农民处境的根本出路放在田制改革上。他特别强调均田："田不均，虽衰定赋税，民不乐其生，终之发难，有藏而不足以养民也"，并写出《定版籍》一文，明确提出了与孙中山相似的土地见解。首先，他认为应该根据不同土质确定土地税率，以此作为均田的前提和方法。其次，他还设计了一套均田方案，"凡土，民有者无得旷，其非岁月所能就者，程以三年。岁输其税什二，视其物色而衰征之"。由此可见，章太炎是以农民的利益为出发点思考问题的，其理论已不同于古之均田制，他的《定版籍》的实质是要改变封建土地占有关系。

资产阶级革命的先行者孙中山先生，从关怀劳动者的痛苦生活和同情农民被剥削的悲惨命运出发，吸收了农民阶级的某些朴素的经济平等思想，并借取了西方资产阶级"单一税"和"土地国有"的主张，从而提出了"平均地权"的纲领。

我国古代某些经济制度和思想，对孙中山的土地思想也产生过影响。在他早期的著作中曾论述过"地尽其利"的思想。他说："所谓地尽其利者，在农政有官，农务有学，耕耨其器也。"在同盟会宣言中，较完整地表述了"平均地权"的内容。其办法如下：一是规定地价，他认为，地主不会多报或少报，多报则照价收税，少报则照价收买；二是照价收税，"贵地收税多，贱地收税少"；三是照价收买，"土地涨价归公"。

孙中山说他的平均地权论"即井田之遗意也"，因为"井田之法，既板滞而不可复用，则唯有师其意而已"。但其更深的理论渊源却是亨利·乔治的学说。孙中山曾明确表示："亨氏之土地公有，麦氏之资本公有，其学说得社会主义之真髓。"这里的麦氏指马克思，亨氏即亨利·乔治。

但孙中山平均地权的思想主要着眼于"土地涨价归公"，而缺少使农民真正实行"耕者有其田"的实际内容，没有满足广大农民最迫切的土地要求。这也是辛亥革命失败的原因之一。晚年的孙中山在十月革命的影响下和中国共产党的帮助下，1924 年终于公开提出了"耕者有其田"的主张。他说："我们现在革命，要仿效俄国这种公平办法，也要耕者有其田，才算是彻底的革命。"从"平均地权"到"耕者有其田"的提出，反映了孙中山在理论上的重大飞跃。

(四)中国共产党的农地制度思想

中国共产党深刻地认识到中国封建土地产权制度严重地束缚了农业生产力，只有彻底废除封建土地产权制度，才能解放生产力，中国农民才有出路。民主革命的纲领就是通过对农村土地所有权、占有权、支配权和使用权的重新安排，变革封建土地所有制关系，消灭以封建土地所有制为基础的剥削制度，实行"耕者有其田"。

最初，中国共产党实行对地主的土地无偿没收的政策。抗战时，为了争取国民党和地主阶级抗日，将"耕者有其田"的政策改为减租减息，并实行大规模的土地改革运动。土地改革不仅是一场政治运动，同时也是生产关系领域的伟大革命，它彻底消灭了封建的土地制度，使农业生产力获得解放。

土地改革后，广大农民变成了"耕者有其田"的自耕农，但并没有消灭农村土地私有制，农业经济体制是农民小块土地的私有制和实行自由调节下的农业家庭经营体制。实行土地改革之后，如何防止历史上土地兼并、大多数农民因失去土地而破产现象的发生显然是新生的人民政权必须认真对待的一个现实问题。基于这一考虑，中国共产党决定开展互助合作。

十一届三中全会以后，家庭承包制的实施虽然并未改变农村土地的集体所有制性质，但是从土地的集体统一经营向农户分散经营的转化，是符合农村实际的最佳选择，较好地克服了人民公社体制的种种弊端。家庭联产承包制对促进中国农业的增长功不可没，但也逐渐暴露了许多问题，产权残缺即是最明显的表现，如何进一步改革农地制度，在我国学术界出现了几种有代表性的观点：

一是土地私有论，主张者认为土地私有制是最有效率的土地制度形式，私有制能保证农民在土地上的近期和远期收益权，解决农民用地中的激励问题。二是土地国有论，主张者认为家庭联产承包责任制的土地所有权归村民委员会所有，使用权归农户所有，土地管理权归政府所有，这种"三权分立"弊病很多，所有权"无名无实"，作用权"变动不均"，管理权"无所不包"。由于没有所有权支撑，国家对土地"无所不包"的管理就无法律基础；同时，使用权的不稳定，也诱发了农户经营的短期行为，不利于农业的持续发展。在中国，私有化不会促进有效率的土地流动；相反，将加剧农业的兼业化。兼业化将导致农田荒芜和经营粗放。资本主义国家造成农户兼业化的根本原因在于土地经营规模狭小，而其深层原因则是土地私有和地价上涨。三是多元所有论，即在国有与集体所有之外，还有个人所有。此外，还有一种观点，即坚持集体所有论。持此论者认为，农村土地集体所有，既有利于国家需要，又包含着部分私有的成分。

第二节　国外农地制度

一、国外农地制度的基本类型

从不同的角度，国外农地制度可以划分为不同的类型（胡长明，2005）。

按照农地所有制和经营形式可分为五种类型：一是封建半封建的租佃制度，以亚洲较多；二是封建半封建的农奴式耕作的"大庄园"制，在南欧和拉丁美洲流行；

三是具有资本主义雇佣关系的现代化农场及种植园制，广泛流行于北美、拉丁美洲、西欧、南亚等地；四是自营性质的自耕农或家庭农场，在亚洲、欧洲、美洲都较流行；五是社会主义集体农场、合作社，在社会主义公有制国家较普遍。

从所有权制度看，有三种类型：一是农地私有制，日本、英国等资本主义国家属于此类；二是农地国有为主，苏联、澳大利亚、加拿大等属于此类；三是农地集体所有，许多社会主义国家属于此类。

从经营制度看，有四种情况：一是按所有制结构分为自有自营、租佃经营、自有兼租佃、经理人农场；二是按生产者组织形式分为家庭经营、合伙经营、雇佣经营；三是按经营规模分为大、中、小农场；四是按经营内容分为单业经营、兼业经营、农工贸一体化经营。

从管理制度看，有三种类型：一是集中统一管理，如美国设土地管理局、日本设国土厅、新加坡设土地局等对土地集中宏观管理；二是分类管理，如英国根据土地权属、利用等分设部门管理；三是分散管理，如荷兰和联邦德国等依据土地职能分别由各部门管理。

二、国外农地制度的发展历程

从15世纪开始，主要的资本主义国家根据各国的实际情况对农地制度进行了改革。概括而言，这种改革主要沿着农地所有制改革、农地经营、农地集中等道路进行。（胡长明，2005）

农地所有制改革有四种情况：一是没收地主和殖民者土地分配给农民所有，彻底废除封建土地制度和殖民者的土地占有制，社会主义国家往往采取了这种方式；二是只没收殖民者占有土地为国有；三是政府赎买超限额土地出售或分配给农民所有，这是多数国家和地区采取的方式；四是实行土地国有，征收最高限额土地，如墨西哥、缅甸等。

从农地经营角度农地所有制变革有四条道路：一是废除封建土地制度，把土地交给农民经营，并在小农分化基础上发展资本主义农业经营，美国、日本、韩国等是这样，资本主义发展较快；二是废除封建土地制度，发展小农经营，限制农民分化，如缅甸、墨西哥等以小农经营为主；三是由地主经济、庄园经济长期和平演变为资本主义农业经营，这是许多发展中国家正在走的道路；四是土改后组织或引导小农合作经营，走社会主义道路，这是社会主义国家的做法。

改造农地集中面貌状况，走上现代农地制度的农地集中类型有五种：一是强行剥夺，英国“羊吃人”的圈地运动就是典型；二是土地买卖或分配，以美国为代表的农地资源丰富的国家通过买卖或分配完成了规模经营；三是收购出租，如西欧、日本等农地资源稀缺的国家，在工业化达到较高水平后，采取收购小农户农地出售、出租给大农场的办法集中农地；四是逐步演变，德国、拉丁美洲由封建土地所有制演变为现代农业经营的庄园制度过程中，一定程度上集中了农地；五是合作化集中农地，社会主义国家和一些资本主义国家采取了这种方式。

下面扼要选取英国、法国、美国、日本、苏联、东欧、俄罗斯等主要国家或地区农地制度变革的情况做一简要介绍。苏联和东欧国家虽然已经发生剧变，但它们毕竟作为主体存在了40～70年，对世界格局产生过重要影响，其农地制度也有着借鉴价值。

(一)英国式道路：英国的农地制度发展

圈地运动是世界土地制度变革史上最具有代表性意义的事件之一，它缓解了英国人多地少带来的沉重压力，通过资本主义大农场的建立，成功地发展为资本主义强国。中世纪英国的土地制度是在封君封臣制的基础上运作的庄园制。“一块土地可能是几个不同人的财产：农民、其采邑的领主、国王。但在采邑法庭，只有农民与地主之间就这一块土地存在权利问题，采邑法庭对这块土地拥有司法管辖权。”(密尔松，1999)土地产权呈现出残缺性。14世纪农奴制开始解体，黑死病的发生加剧了解体的过程。15世纪手工毛纺织业兴起，引发对羊毛的需求大增，直接促进了养羊业的兴盛。牧羊是对土地的粗放利用，需要大量土地，引发了圈地运动。圈地运动分为两个阶段。第一阶段主要是大地主向佃农收回耕地，将零碎分散的耕地改变成为整块的大牧场。第二阶段的圈地运动始于18世纪初，国家制定了圈地法，收买小农场土地，使土地化零为整，并收购未开垦的荒地，使农场面积扩大。这次圈地运动一直延续到19世纪末期，其结果使英国变成了土地私有制下的租地大农耕体制。

纵观圈地运动的历史背景，它的主要动力来源于当时工业的发展，导致农产品市场的扩大，对农业技术的进步提出了迫切的要求，从而需要明确界定土地的产权，为技术进步开辟道路。圈地运动的实施使英国的农地制度由农奴制演变为资本主义的典型形态，农村中出现了地主、农业资本家、农业工人三个完全分离的阶级，农村摆脱了半村社性质的经营方式，成为完全的私人企业，租佃经营的商业农场成为农业生产的主要组织形式。英格兰的农地约有87%是出租地，在苏格兰和威尔士，这一比例更是高达90%以上。对公有地的圈围，建立了资本主义的土地产权制度，将原来对公有地自由放牧、粗放式利用，变成了集约化经营的大牧场，促进了养羊业的发展，为毛纺织业提供了充足的原料。这一资本主义农业发展方式称为“英国式道路”，其特点是完全消灭农民小土地私有制，由农业资本家租佃大土地私有者的土地并雇佣农业工人耕作。

这种模式建立后的一段较长时期处于比较平稳的发展中，只是在“二战”后才发生了明显的变化，表现为：第一，农地所有权结构出现新变化。19世纪英国占统治地位的农地制度是所有权与使用权分离的租佃农场制度，但“二战”后，自营农场比重上升，而租佃农场比重下降。第二，地主的地位下降，农场主的地位上升。即农地所有权地位下降，而使用权地位上升。第三，政府大力扶持农场，其规模持续扩大。

英国现代土地所有制很特殊。英国的全部土地在法律上都归英王或国家所有，也就是说英王（国家）是唯一绝对的土地所有人，个人、企业和各种机构团体仅拥有土地的使用权（或占有权）。拥有土地使用权者在英国法律中常被称为土地持有人或租借人。在英国，主要有四种产业权：无条件继承的土地产业权；限定继承的土地产业权；终身保有的土地产业权；限期保有的土地产业权。其中，前三种属于永业权，最后一种属于租业权。英国的土地虽然在法律上属于英王（国家）所有，但完全拥有土地权益（即拥有永业权）的土地持有人实际上是该土地的所有者，只要他不违反土地法、土地规划，不侵犯私人利益，就可以自主地利用和处分土地。因此，在实际生活中这类租借人也往往被称作地主。在英国，土地的卖者不必证明自己是土地的绝对所有人，而买者则要求土地占有权的长期无争议的存在；这种土地买卖与西方多数国家的土地买卖在实际上并无多大区别。

（二）美国式道路：美国的农地制度改革

美国是一个在英国殖民地基础上由外来移民建立起来的没有封建历史的国家，没有改革封建土地制度的任务。独立战争的胜利消除了国内的封建制度，为资本主义生产方式的确立和迅速发展开辟了道路。农业的发展走上了列宁称之为“美国式”的资本主义发展道路①。从其独立直至20世纪初，执行的土地政策就是以一定方式将公有土地变为私有土地。在殖民地时期，小规模农户经营是其农业经济的组织形式，到1776年美国独立时，其农业仍然处于传统农业阶段。1820年土地法的通过，掀起了以小单位（面积）和低价（1.25美元/英亩）（1英亩＝0.4公顷）出售公有土地的高潮，促成了美国家庭农场的建立。但当时的商品经济极不发达，多数拓荒者无力购买土地，购买者主要是来自东部的银行家和商人，土地投机

① 所谓资本主义农业发展的“美国式道路”是指通过小农经济两极分化，使农民小土地私有制演变为资本主义大土地私有制，小农经营逐渐演变为农场主雇佣工人经营的大农场，从而在农业中确立资本主义制度。因这一道路以美国为典型，故称为“美国式道路”。法国也是这种道路，但不同的是法国首先摧毁了封建地主所有制，把土地分给农民，成为小块的土地所有者，使小农经营成为农村中占优势的经营方式，然后使小农经济分化成资本主义农业经济。这种道路比较彻底地消灭了封建地主经济，使资本主义能够在农业中没有阻碍地较快发展起来。（丁泽霁，2002年，第238页）

严重。虽然不断有人要求免费分配土地给农民耕种，但由于南方蓄奴州的反对，在国会中未获通过；南北战争爆发后，随着南方各州退出联邦，1862 年，《宅地法》得以通过，使美国家庭农场制度得到广泛确立和巩固，并且日渐成熟，为美国农业经济组织及经营制度奠定了基础[①]。据统计，美国的农场数目 1860 年为 204.4 万个，1914 年增加到 644.7 万个，1935 年增加到 681.4 万个。直到最近半个世纪以来，美国才出现农场总数减少、平均农场规模扩大的现象。

无论美国的经济、政治发生如何的变迁，除了农场的规模、数量发生了适应农业生产力发展水平和农业政策调整的需要而进行的变化之外，家庭农场这种基本农业经营形式一直保持到今天。从美国农业生产发展的历程来看，美国农地经营制度经历了一个由小规模分散粗放型家庭经营到家庭适度规模经营阶段，最后发展到现代化、专业化、综合性的家庭大规模经营阶段，形成了美国农地经营制度的新格局。

美国农地制度的特征是：以家庭农场制为基础，农地产权边界清晰，土地私有权稳定而有保障；市场调节流转，买卖出租都有很大的自由度，农场土地规模能够不断扩张。

（三）法国模式：法国的农地制度改革

法国是一个有着传统的小农经济结构、土地分散、人地矛盾较为突出的国家。法国农地使用制度的改革与演变，都是围绕着解决这一问题展开。1789 年大革命前，法国处于封建领地制时期，等级制度森严。国王拥有全国土地的 20%，教会占有 40%，农民只占有 30%～40%。农民负担沉重，要缴纳地租、耕地税、什一税、王室捐、人头税等名目繁多的租税。租税和贡金占到全国总收入的 75%。18 世纪后期，随着法国对外贸易的发展，封建领主制逐渐发生变化。封建领主不断侵夺农村土地，进行圈地和驱逐佃农的活动，建立英国式的资本主义农场。不过直到产业革命前，法国的小农土地并没有演变成英国那样的大农场。但要求改变封建土地制度已成为资产阶级和广大农民最迫切的政治诉求。

1789 年法国资产阶级大革命的爆发彻底摧毁了旧的封建土地关系，执政的雅各宾派将贵族和教会的土地通过拍卖等手段分给农民，在农业中建立了以小块私

① 《宅地法》规定，凡一家之长或年满 21 岁、从未参加叛乱之合众国公民，在宣誓获得土地是为了垦殖目的并缴纳 10 美元费用后，均可登记领取总数不超过 160 英亩（64 公顷）宅地，登记人在宅地上居住并耕种满 5 年，就可获得土地执照而成为该项宅地的所有者。《宅地法》还规定了一项折偿条款，即如果登记人提出优先购买的申请，可于 6 个月后，以每英亩 1.25 美元的价格购买之。这一条款后来被土地投机者所利用。据统计，依据《宅地法》及其补充法令，联邦政府到 1950 年有 2.5 亿英亩（1 亿公顷）土地授予移民。

有土地为基础的小农经济，从这一角度看，法国大革命不失为资产阶级革命的典范，它比较彻底地消灭了封建土地制度。但革命后的农村高利贷活动猖獗，高利贷者为了长期剥削小农，总是想方设法把小农紧紧束缚在小块土地上。这就延缓了小农与土地的分离过程，使小土地所有制得以长期保存，农村土地占有极为分散。这一零碎分散的小农经济，阻碍了法国农业生产的增长。为了解决这一问题，法国政府改革了土地继承制，以保证土地不再继续细碎化以及支持中等规模的农场发展，促进小规模农场转移，稳定大农场等措施。

(四)日本的农地制度改革

明治维新后，日本走上了资本主义道路，但农业领域内的封建生产关系仍严重存在，广大农民无地或少地，被迫成为佃农，地主利用对土地的占有权收取高额地租。直到“二战”前，约 4 万户地主拥有 607 万公顷土地，占日本耕地面积的 46.4%，而占农户总数 48%的贫农只占有 7%的耕地，实物地租量却高达收获总量的 60%以上。这种土地制度阻碍了农业的发展，也给国家的工业化、现代化建设带来障碍。为解决此问题，日本逐步开始了一场自上而下进行的废除半封建农地制度的改革。改革的主要内容包括创设自耕农和改善租佃关系两个方面。创设自耕农就是将土地转移到实际耕作者手中，建立农民土地所有制，实现耕者有其田。改善租佃关系则是明确限定农地地租和租佃期限，保障佃耕权，改善租佃条件以扶持自耕农。1945—1950 年日本通过《农地调整法修正案》、《建立自耕农特别措施法》等农地改革法案的实施，确立了自耕农体制①。改革完成后，日本自耕农的耕地占到 90%，并且把农户拥有土地的规模限制在 3 町(1 町约合 0.991 7 公顷)以内。1952 年制定了《农地法》，把以上规定用法律形式固定下来，从此日本形成了以小规模家庭经营为特征的农业经营方式。据统计，经过 1947—1950 年的农地改革，佃耕率已由 1941 年的 46%减少到 9%，其后仍有下降，90%以上的耕地已经是自耕地，半封建的土地制度基本瓦解。日本农地改革取得了多方面效果，缓和了农村阶级对立，使资本主义制度得以保持稳定。地主阶级的消灭消除了原先社会中的对立状况；佃农自耕农化改善了农户的经济状况，农民阶层的小资产阶级意识大为增强。负担减轻的自耕农和佃农，提高了生产积极性，增加了对农业的投入，以

---

① 日本农地改革的主要内容：第一，政府强制收购不在村地主的全部土地。第二，在村地主 1 公顷以上的出租地被征收。第三，征收公司所管有而与该公司业务无直接关系的土地。第四，征收可供开垦的荒地。征收价格由政府按 1938 年的地租水平规定，以土地券支付，于 22 年内分期兑付，年利息 3.65%。第五，自耕农拥有土地不超过 3 公顷。第六，限制地租率，水田不超过产量的 25%，旱地不超过 15%。第七，佃农、小自耕农及无地的农业工人均可向政府申请购买耕地，价格与政府征收价格相同，地价可在 24 年内分期偿付，年利息 3.2%，每年偿付地价和地税的总额，不得超过土地年收获物的 1/3。

土地改良为中心的农业基本建设有了长足进步，大大提高了日本农业的现代化水平，为日本国民经济的高速发展准备了条件。

1952年日本政府制定了《农地法》。《农地法》奉行耕作者主义原则，严格限定农地所有权的获得资格，禁止农地的租借、买卖；经过农地产权制度改革和《农地法》的严格限定，农地产权被严格界定在实际耕作者手中。这样的农地产权制度安排在战后经济的恢复时期有助于农村经济的迅速恢复和发展，但是《农地法》在客观上限制了土地权利的自由流动，限制了经营规模的扩大，从而阻碍了农业投资的增加和农业技术、农业劳动生产率的提高。

从20世纪60年代初开始，日本政府逐步修改《农地法》，期望能够依靠市场机制推动农地产权的流动。1961年日本政府制定《农业基本法》，提出农业结构政策，以提高农业生产力，缩小乃至消除农业与其他产业间生产力的差距，提高农业从业人员的收入水平，使之获得与其他产业从业人员同等的生活水平，推动农地产权的流动。经过10年左右的时间，全国农户数量从600万户下降到300万户，在耕地面积不变的情况下，农户的规模可以扩大1倍，“自立经营农户”发展到120万户，占总农户的40%左右。可是，这项政策实施的效果并不明显，它没有从根本上触动自耕农个人土地私有制的基础，土地所有、经营和耕种三位一体的模式并未改变，对农地的出租等仍然有许多限制。农地价格的不断上涨，使得农户不愿轻易放弃土地，而把土地作为资产长期拥有，以达到保值与增值的目的。20世纪60～70年代，政府农地改革的重点开始由鼓励农地集中占有转向分散占有、集中经营和作业的新战略上来。20世纪70年代开始，政府连续出台了几个有关农地改革与调整的法律法规，鼓励农田的租赁和作业委托等形式的协作生产，以避开土地集中的困难和分散的土地占有给农业发展带来的障碍因素。1970年修改《农地法》，解除了对农户拥有的土地面积和农产之间租借、买卖土地的种种限制，允许农地产权通过市场进行租借、买卖；1975年启动了农地利用增进事业，农地租让部分地走向了市场化；1980年制定了《农地利用增进事业法》，设置了专门的机构组织管理农地产权的租借、买卖，使出租农地的农户能够放心的出租农地。至此，作为1952年《农地法》核心的“农地归耕者所有最为恰当”的原则已不复存在，土地制度的核心已转向了通过土地所有权与经营权、耕种权的分离来扩大经营规模，有效利用土地。通过以上一系列的农地改革，日本农地的流转率提高了，全国农地出租面积的比例由1970年的7.6%上升到1985年的20.5%；大规模经营农户的比例也提高了，经营面积在2公顷以上的农户占的比例由1970年5.9%提高到1980年的7.3%。

进入20世纪80年代中期以后，特别是“乌拉圭回合谈判”后，农业的国际化与市场化程度不断提高，日本农业面临国际农产品的竞争压力不断加大的困境，如何提高农产品的竞争力成了日本农业发展的主要问题。为此，日本提出了用"合意的农业生产经营体"替代20世纪60年代《农业基本法》提倡的"自立经营农户"的发展思路。所谓"合意的农业生产经营体"是指通过其经营可以确保主要从业人员在相同的年劳动时间内，获得与本地区内其他产业就业者同等水平的终生收入。终生收入包括工资收入、退职金和养老金。1992年制定了《农业经营基础强化法》、《农业者年金基金法》、《租税特别措制法》，从财政、税制等方面为农地产权的流动创造适宜的社会环境，促进农地产权市场化流动。1993年，政府又修订了《农地法》和《农地利用增进事业法》，在修改法律的过程中，把《农地利用增进事业法》改名为《农业经营基础强化促进法》。1999年制定了新农业基本法，在以往农地产权制度的基础上继续推进农地产权的市场化流动，鼓励农地产权向大规模经营农户集中，允许股份公司取得农地产权，参与农业经营。政府通过实施新政策，促使日本农业保持活力和竞争力，以促进农业的发展。

日本农地制度的基本特征主要有：政府发挥积极作用，不断完善农地制度，消除农民疑虑，促进农地流转；建立促进农地流转的民间中介组织；政府对中介组织大力培育与支持；认定农业者制度，保证农地流转的方向，使农地的流转方向不是随意的。

(五)俄罗斯(含苏联)的农地制度改革

1.沙俄的普鲁士式改良道路

在欧洲，沙俄的土地制度改革不同于西欧，它走的是一条普鲁士式道路[①]。中世纪初始，沙俄奉行封建农奴土地制度，土地禁止买卖，直到1801年，沙俄才颁布了允许在一定条件下买卖土地的法令，商人、市民和富农的土地所有制有所发展。随着资本主义工商业和农业中资本主义生产关系的发展，农奴制逐渐成为俄国经

① 在农业中逐渐用资本主义经营方式代替封建主义经营方式的改良道路，同"美国式道路"相对，以普鲁士资本主义农业发展最为典型，故称普鲁士式道路。19世纪初，普鲁士还是个封建君主制的国家，政权和土地仍都把握在容克地主手中。为了缓和农民的斗争，普鲁士政府开始自上而下地改革农业中的封建制度，颁布了一系列法令，规定富裕农民可以交纳赎金免除封建义务，成为自己份地的所有者。经过1848年资产阶级革命的冲击，1850年3月颁布新法令，在继续保持容克地主土地所有权的基础上，无偿取消农民的一些次要的封建义务。由于赎买的条件苛刻，广大农民陷入了高利贷的罗网，结果又丧失了以高价赎买回来的土地，而地主阶级不仅占有了更多的土地，同时也攫取了巨额的赎金。在此基础上，容克地主大量采用机器和化肥，加紧压榨雇农，用资本主义经营方式改造庄园，逐步走上资本主义道路。这一改革使广大农民长期受到资本主义和封建主义的双重剥削和奴役。它是一条既要适应资本主义发展，又要最大限度保存封建残余的改良道路。但是地主经济向资本主义经济转化仍然是一项进步，在一定程度上促进了德国农业的发展。

济和社会发展的严重障碍,沙皇于1861年起废除各种农奴制。但是地主仍保留了一些对农民的封建特权。农村中封建的土地关系大量存在,村社土地制度基本没有瓦解。虽然这场延续了近半个世纪的以废除农奴制为特点的土地改革只是一种改良措施,但它动摇和消灭了封建农奴制的根基。农民不断分化,约20%的农民成为富农,拥有土地的34%～50%;另有约20%的农民变为农业工人。

2.苏联的农地制度改革

1917年十月革命开辟了历史的新纪元,同年11月8日苏维埃政府颁布《土地法令》及《农民的土地问题委托书》,开始土地改革。前者宣告立即废除地主土地所有制,把地主、皇族、寺院和教堂的土地交给农民使用;后者提出永远废除土地私有权,一切归全民所有,交给一切耕种土地的劳动者使用。土地按劳动力或人口平均分配。具有高度农业技术的农场的土地不得分割,而应改为示范农场,并视其规模和作用,交给国家或村舍使用。土地改革使农民获得了1.5亿公顷土地的使用权,并免除了一切与土地有关的债务和租税。许多无地少地的农民上升到中农地位,中农成为农村的核心,形成了土地国有化基础上的、以小农经济为主体的农民占有农地制度。

苏联土地改革的最重要特征是农业土地合作化的实施。1919年颁布的有关法令明确了农村集体经济的三种形式,即农业公社、农业劳动组合和共耕社。1918—1929年全国性粮食采购危机的出现大大加快了农业集体化的步伐。1929年,苏联政府决定加快农业集体化的速度,将全国分为三类地区,向各州强制性提出了全盘集体化的任务。但这次运动只是改变了农民的土地使用权和经营形式,并且违背了自愿的原则,触犯了中农的利益,使农业生产遭受严重破坏。1930年,苏联政府纠正了错误行为,解散了勉强组合的集体农庄。经过短暂的调整和巩固,从1930年起掀起了建立集体农庄的新高潮。1934年,苏联的全盘集体化基本完成,集体化农户率达到71.4%,1937年更是达到99.1%。集体农庄成为苏联农业中主要的所有制和生产组织形式,原属劳动组合各成员和个体农户使用的农地均归集体农庄使用,全部役畜、大型农具、生产资料也公有化。国家对集体农庄实行高度集中的计划领导,劳动成果实行按劳分配。

从1954年起,苏联又把落后的集体农庄改组为国营农场。十月革命后,苏维埃政权曾经在没收地主庄园和其他剥削阶级土地的基础上,建立过一批国营农场,但其数目不多,经过改革,到20世纪70年代后期,约有50%的集体农庄改组为国营农场。到1982年国营农场拥有的土地总数约占到62.1%。国营农场成为苏联最大的农地使用者和最重要的农业生产组织形式。

苏联在20世纪30年代进行的农业集体化改革,是在农民基本没有小土地私有制的历史传统和不改变土地国有制的条件下进行的，它不是改变土地所有制而只是变革农业经营形式，把农民个体经营演变为集体经营。

3.俄罗斯的土地私有化之路

1989 年，随着苏联的解体，俄罗斯联邦继承了它的绝大部分遗产。俄罗斯随之进行土地私有化的改革。作为激进改革模式的典范，土地的私有化成为俄罗斯一个非常鲜明的标签。1991 年，俄罗斯颁布的《俄罗斯联邦土地法典》，取消了单一的土地国有制。集体农庄和国营农场也随之取消或改组为农产联合体、股份公司、财产股份生产合作社等。2001 年 10 月 25 日，俄罗斯颁布《俄罗斯土地法典》，为土地私有化、市场化铺平了道路。2002 年 6 月 26 日，俄罗斯杜马又通过了俄罗斯联邦《农用土地流通法》。十年来围绕土地私有化和自由流通的种种纷扰终于告一段落。

但是，与预期的形势不符，俄罗斯的农地改革并未发挥土地资源的最大效益，土地关系的变革并未扭转农业经济困境。私有化进程中出现的农业经济组织形式也往往流于表面，缺乏实质内涵与发展动力，各级劳动者对自己拥有的权利模糊，导致他们缺乏劳动热情。此外，私有化步伐满足政治家欲望的加快，没有顾及广大农民的心理承受力，难以在意识形态中达到统一，无法形成与私有化配套的社会结构，且由于金融寡头的垄断，资本缺乏，使土地流转所需要的金融信贷支持严重缺乏，私有化改革举步维艰。

(六)东欧国家的农地制度变革

1.剧变前的农地改革之路

“二战”前，东欧大部分国家是传统的农业国，农业在国民经济中具有重要的地位。但经济普遍落后，封建农奴制根深蒂固，资本主义生产关系出现较晚，资本主义性质的土地改革是在农奴制封建土地关系的基础上，通过改良缓慢向资产阶级地主经济演化的，是长期的和不彻底的，走的也是一条普鲁士式道路。

“二战”后，东欧社会主义国家进行了土地改革。其目标是：废除封建的和资本主义的土地制度，建立“耕者有其田”的农地所有制。基本政策是：没收大地主、大资本家、官僚的土地，征收或赎买富裕农户超过土改法令允许拥有的多余土地，无偿分配给贫苦农民。南斯拉夫将属于德国人、大土地所有者、农业资本家、教堂寺院以及银行等等拥有的土地实行无偿没收。但对某些具有历史意义的教堂和寺院准予适当保留。法令允许每个农户可拥有的土地最高限额为可耕地 25 公顷，对于超过者在给予相当于这部分土地一年总收入作为补偿的基础上予以没收。

通过农业集体化使土地的农民所有制向合作社所有制转变是几乎所有东欧国家现代农地制度发展过程中共同经历的阶段。保加利亚从 1948 年开始按照苏联模式建设社会主义，政府将分给农民的小块土地集中起来，建立集体农庄，当时保加利亚96%的耕地都归国家和集体农庄所有。到20世纪60年代，保加利亚全国的农庄合并成932个大型农业生产合作社。70年代将农业合作社组建成更大型、更现代化、更专业化的国营农场——农工综合体。但保加利亚小型、低产出的个体农业始终与大型现代化农场并存。从事个体经营的农民同时也是农场员工，国家允许农民拥有半公顷土地作为自留地并可以饲养少量家畜；农场向自留地提供种子、化肥、农机，收购农民个人生产的农产品。1982年后，农场将土地分包给承包小组或单个家庭，并向承包者提供投资和生产技术。

2.剧变后的农地私有化之路

苏联解体、东欧剧变后，东欧国家再一次推行了土地改革（表3-1），土地私有化是其最典型的内涵。综合来看，大体上可以将中东欧和独联体的22个国家分为三种类型：第一种类型是允许土地全盘私有化的国家，这些国家有中东欧国家、俄罗斯、乌克兰、摩尔多瓦、吉尔吉斯斯坦、亚美尼亚、格鲁吉亚和阿塞拜疆等，共17国。在这些国家，私有权原则上意味着土地所有权可以自由转让，只是在实际操作中，转让的自由性要受到限制。第二种类型是实行单一的土地国有形式，几乎所有土地都归国家所有，个人土地使用权只能继承，而不允许转让。这些国家有白俄罗斯、乌兹别克斯坦和土库曼斯坦。第三种类型介于上述两种类型之间，这些国家有哈萨克斯坦和塔吉克斯坦，它们既保留了单一的土地国有形式，同时又允许土地使用权可以像市场经济条件下的产权一样自由转让。

独联体国家和东欧国家的土地私有化做法不尽相同。大多数东欧国家是将土地归还给了原所有者；独联体国家和阿尔巴尼亚则采取了“耕者有其田”的方法，即在公平的原则下将土地无偿分配给劳动者；匈牙利和罗马尼亚采取了一种折中的办法，即将土地归还给原所有者的同时，也无偿分配给农业劳动者，以体现社会公平。

罗马尼亚改革与一些东欧国家有所不同，其农地制度改革虽然是国家强制性变迁的产物，但具有一定的农民需求诱致型和内生型制度变迁的特性。改革前，农业生产结构单一，家庭经济被严格禁止，农产品实行低价收购制，以产品而不是现金支付农民的报酬，从事种植业的农民只能得到其作物产量的10%。这些严厉苛刻的政策造成农业萎缩，使农民生活水平不断恶化，农民对集体农业的低效率和低水平感到厌恶，渴望解散集体农业、实行家庭生产。当政治体制发生变更时，农民自发地开始大规模的农业变革，在政治制度容忍的限度内，对集体农业的产权关系进行调整和变革。

罗马尼亚农地制度改革的中心内容是土地私有化，包括土地归还与赔偿、集体农业解体和国营农场公司化三个步骤。在土地分配政策上，罗马尼亚将土地实质性地分给农户，而不是只赋予农户名义上的土地所有权；在农场组织形式方面，罗马尼亚鼓励采取个体农场的形式，但也不排斥集体与合作社形式的重新建立。罗马尼亚农地制度改革从经济角度来看，遵循的是一种平均主义的路径，借助法

表 3-1　转型国家的土地政策对比

国家	私有化程度	私有化方式	土地分配方式	土地可流动性
波兰	所有土地	归还＋分配	无	可买卖、出租
罗马尼亚	所有土地	归还	地块落实到个人	可买卖、出租
保加利亚	所有土地	归还	地块落实到个人	可买卖、出租
爱沙尼亚	所有土地	归还	地块落实到个人	可买卖、出租
拉脱维亚	所有土地	归还	地块落实到个人	可买卖、出租
立陶宛	所有土地	归还	地块落实到个人	可买卖、出租
捷克共和国	所有土地	归还	地块落实到个人	可买卖、出租
斯洛文尼亚	所有土地	归还	地块落实到个人	可买卖、出租
匈牙利	所有土地	归还＋分配	地块落实到个人	可买卖、出租
阿尔巴尼亚	所有土地	归还	地块落实到个人	可买卖、出租
亚美尼亚	所有土地	归还	地块落实到个人	可买卖、出租
格鲁吉亚	所有土地	归还	地块落实到个人	可买卖、出租
摩尔多瓦	所有土地	归还	先明确所有权，后将地块落实到个人	可买卖、出租
阿塞拜疆	所有土地	归还	先明确所有权，后将地块落实到个人	可买卖、出租
俄罗斯	所有土地	归还	个人有所有权，但不落实地块	可出租，未明确交易权
乌克兰	所有土地	归还	个人有所有权，但不落实地块	可出租，未明确交易权
吉尔吉斯斯坦	所有土地	归还（原使用权转变成所有权）	个人有所有权，但不落实地块	5 年后可进行交易
哈萨克斯坦	所有土地	无	个人有所有权，但不落实地块	可转让使用权，未明确交易权
塔吉克斯坦	无	无	个人有所有权，但不落实地块	可转让使用权
土库曼斯坦	所有土地	无；农民最多可得到 50 公顷土地	农场内部租赁	禁止转让使用权
乌兹别克斯坦	无	无	农场内部租赁	禁止转让使用权
白俄罗斯	仅限于家庭经营地块	无	无	禁止转让使用权，未明确交易权

资料来源：Csaba Csaki Zvi Lerman，“中东欧及前苏联国家农村土地改革的对比分析”，农业部农村经济研究中心主编，《中国农村研究》2001 年第 17 期。

律确认私人土地所有权，改变土地的集体经营形式。罗马尼亚农地制度改革从动机上讲是对传统土地制度的超越，它着眼于私有化为目标的产权制度改造，目标在于通过土地的重新分配实现土地的产权私有化和经营方式的私有化，建立以私有制为基础和生产效率较高的个体农场，最终确立农村土地的私人所有权。作为实现农业转轨的开端，创立土地私人所有权有两项紧密相关的任务：一是创立私人拥有土地的法律框架；二是实现真正的土地私有化，将土地转移到私人手中。

第三节　农地所有制结构和使用制度

一、农地所有制结构

农地所有制结构是指不同的农地所有制在一个国家或地区的存在状态与相互比例关系，世界上主要存在公有和私有制度两种形式（唐忠，1999）。

一般而言，社会主义国家实行的是以生产资料公有制为主体的经济制度基础上的土地公有制，其中，剧变前的东欧、中亚的一些国家和仍旧奉行社会主义制度的国家，如越南、苏联和蒙古，农地和其他土地全部属于国家所有，只有国家拥有土地所有权，而朝鲜、剧变前的阿尔巴尼亚实行两种公有制，农地分别由国家和农业合作经济组织所有——国营农场占有的农地的所有权属于国家，农业合作组织和农民家庭占用的土地由农民集体所有；剧变前的东欧社会主义国家保留农民土地私有制，存在农地的国家所有制、农业经济合作组织集体所有制和农民小私有制几种形式。

资本主义国家的农地大多数以私有制为主。如日本目前土地所有制共分为三种主要形式——国家所有、公共所有、个人与法人所有。其中，公共所有是指都、道、府、县、市、町、村等地方公共团体所有，土地的个人所有与法人所有都属于私人所有并构成私有制的主体。美国有三种土地所有制形式——私人土地、联邦政府土地、州政府土地。其中，私人土地占美国国土面积的58%，主要分布在东部和中部；联邦政府土地占32%，主要分布在西部地区；州政府土地占10%。私有土地和公有土地的所有权不受侵犯；允许土地买卖和出租。中国台湾将土地分为公有和私有两种。公有土地具体是指国有土地、省有土地、市（县）有土地或乡（镇）有土地；私有土地是指人民已依法取得所有权的土地。中国台湾实行“农地农有”的土地政策，农地的所有权大多属于私人拥有。以上事例反映出，资本主义国家和地区虽然农地以私有制为主，但由于土地资源的特殊性，各国均有部分公有地。

二、农地使用制度

(一)苏联和东欧国家

(1)国营农场的农地使用。国营农场是共产党掌权后建立起来的农业生产组织,基本特征是:土地和其他主要生产资料属国家所有,主要产品也属国家所有,职工的劳动报酬实行按劳分配。但在高度集中的计划经济体制下,国营农场没有太多自主权,对其占有的国有土地也不拥有完全的土地使用权,按照自上而下的指令进行生产。20 世纪 60 年代后,政府放松了这种严格的控制,农场主可根据需求安排部分生产,农场的土地使用权有所扩大。但这种使用权仍是残缺的,土地资源配置仍主要由政府计划调节。

苏联解体后,俄罗斯仍旧允许国营农场存在,并允许有盈利的农场重新登记。东欧一些国家则将其解散,并允许私人购买,但由于其所有资本过于庞大,国营农场的私有化进展缓慢。

(2)农业集体生产组织的农地使用。这种组织,苏联称之为集体农庄,而东欧国家称之为农业生产合作社。苏联的农庄农地所有权归属国家,农地绝大部分由农庄集体经营,按劳分配,小部分作为自留地由农庄庄员家庭分散经营。合作社农地归社员集体所有,绝大部分由合作社统一经营,按劳分配,小部分作为自留地。在匈牙利、保加利亚、民主德国、捷克斯洛伐克、罗马尼亚等国,合作社是最主要的农地使用单位。

无论农庄或是合作社,其生产主要由国家计划调节,它们拥有的土地使用权也是不完整的,不能完全自主地配置土地资源。20 世纪 80 年代中后期,这些国家开始推行各种生产责任制,包括将土地租给农户以家庭为单位使用。但未发生效益时,即因政治变故夭折。

(3)个体农户的分散经营。主要在波兰和南斯拉夫体现的较为明显。这两国的农地使用制度的特征体现在:农民私有农地以农户为单位经营;私有农地可自由买卖、出租;私有土地主要以自耕方式经营,也存在租佃经营和雇工经营;政府限制农地持有的数量,农地规模都不大。

(二)资本主义国家的农地使用制度

资本主义国家的农地基本都属于私人拥有,其使用制度从经营土地的农场组织看,主要有家庭经营、合伙经营和公司经营三种;从所有权和使用权的关系看,主要分为自耕制和租佃制两种。

美国按农场主是否拥有所使用土地的所有权,可将其农场分为三类:土地完全自由的农场(full-owner)、土地自有部分租入的农场(part-owner)、土地全部租入的农场(tenant)。从美国的农地现状看,土地自耕经营和租佃经营相结合的农场已发展成农业生产的主导农场类型;纯自耕经营的农场数量很多,但大多是中小农场,纯租佃经营的农场地位明显下降。农地的自耕制与租佃制并存。

法国在"二战"后,一方面随着工业化的发展,农业人口转向城市;另一方面采取鼓励租佃的政策,使一部分自耕农被淘汰或放弃农业,从而导致自耕经营土地不断减少,租佃经营土地增加。目前,自耕地和出租地大致各占一半。其租佃形式主要有分成租佃和普通租佃两种。法国自耕农大多属于中小农户,规模较大的农场往往都是自耕与租佃经营结合的混合农场。

(三)农地利用与保护制度

各国对于农地利用与保护都有着严格的法律规定,以充分利用土地资源,挖掘最多的经济收益。

日本1941年制定的《临时农地管理令》开始限制农地非农化,促进农地的保护。该制度在1952年的《农地法》中加以完善,对农业公共投资产生的农地、集团化的农地、生产性高的农地最大限度地抑制转用。对因公共事业用所需农地、有利于地区开发并不给周边农地带来危害的农地转用,省长可以允许其转用。1969年的《农地法》改变了以限制农地转用的方式来保护农地的方法。将原有的规定改为指定农业用途地域、分区域保护农地,这是为防止城市化导致的土地利用无序化。《农地法》中的"农业振兴地域"不是单纯的农业用土地的集合,而是由市、町、村制定农业振兴计划,按其计划用途指定农地用途的农地。对这些农地,必须按指定的用途使用,并采取措施对不合规定的使用者加以劝告、调整。

德国目前的土地利用是按用途计划严格限制,始于1960年制定的《联邦建设法》。在该法之前,是建筑自由化时期,没有土地利用的规定,结果导致城市用地无序开发。"二战"之后才开始引入城市计划制度,到1960年联邦政府制定有关土地利用的《联邦建设法》。1965年进一步制定《国土整备法》,规范了土地的利用。1975年又制定了《建筑基准线法》,该法指定了公共用地所必需的部分受政府管理。德国的农地转用制度完全靠《城市法》实施,没有像日本、韩国按《农业法》限制农地转用或设置农地保护区域,而是在《城市法》中充分考虑了农地保护与保存,并取得了很好的结果。城市建设时,《城市法》充分考虑不给周边农地产生影响的问题,因此农业法无须再对此有关注。《国土整备法》中规定"为了维持全体经济的重要生产部门的农林业的土地利用,优良农地在绝对必要的范围内,才可以转为他用",有效地保护了农业生产利益。

法国在"没有计划、也没有原则"的原则下,规范全国的土地利用。具体说就是在制定广义的土地利用方针的重点计划下,制定限制个别土地利用的"土地占有计划”。按“土地占有计划”,把市郡全体划分为城市区域与自然区域,自然区域再划分为城市化预定区域、建筑行为限制区域、保护优良农地的抑制开发区域、景观或自然保护禁止开发区域等。由地方政府全面委托进行土地占有计划的制定与修正。结果也有用途指定不合理的情况,出现了指定为非农业用地区的地价急剧上升的副作用。法国对农地的保护与保存不同于日本、韩国,而是像德国一样靠一般土地法实行,但农村地区要制订农村整备计划。该计划包括农林水产业生产、加工、销售活动计划,非农林水产活动计划,自然资源保护计划,为长期利用而进行土地调查的方法等。该计划反映到土地占有计划中,因此农业方面的意图间接地由土地利用状况反映。

(四)农地租赁制度

日本保护佃农权利的首要措施是1938年的《农地调整法》,因农村中佃农要求保护佃权的意见全国普遍存在,为了社会稳定,同时通过保护佃农权利可以提高农业生产力,制定了该法。到1952年制定《农地法》时,进一步强化并系统化。主要内容有保障佃租者的优先购买权和对抗权,限制租赁契约的废除,保障租赁契约的更新,限制年租金等。1960年政府开始认识到维持自耕农制度与保护佃农权利的制度阻碍农地流转,难以有效地利用农地而增加产量。到20世纪70年代,以农地所有权为中心的农地流转逐渐转为租赁方式为中心的流转。1970年修正的《农地法》废除了6个月前没有通知佃农,租赁契约自动延期的规定;地主与佃农之间有协议时,不通过县长的许可,可以终止契约;10年以上的长期租赁时,租赁期结束时,租赁关系自动终止。为了促进租赁关系的农地流转,1975年开始促进“农用地高度利用促进事业”,各市、町、村积极推行农地租赁制。

德国传统维持自耕农体制,其农地租赁比率较其他欧洲国家低。有关农业租赁制的近代制度始于1906年制定的《民法》。《民法》中规定尊重当事者自由签约,尽量减少政府的控制,保护出租者的所有权。为了给战争提供资本,1918年的《联邦参议员命令》中规定农地租赁必须取得政府的许可。“二战”之后,有人主张应废除战时强化的对农地租赁制的政府控制,于是1952年制定了《农地租赁法》。与原《民法》尊重自由签约,排除政府干涉不同,《农地租赁法》对租赁进行相当多的政府干涉,规定所有的农地租赁合同除直系亲属以外,必须书面签署,并提交给政府。政府审查合同,对不合理的部分可以提出意见。但以上租赁法规定的内容实际几乎没有实行,政府规定成为一纸空文,因为有人怀疑政府对租赁制控制的必要性。20世纪60年代后期随着农地流转与结构改革为主的农业改革法案的确立,主张废除政府对租赁制的控制。但是由于当时的租赁费上升、失业人口增加等农业条件的变化,租赁自由化的提案没有通过。之后,农地的租赁面积增加到总农地的

30%,并成为农地流转的主要方式。为了促进农地流转,提高租赁农地的企业自律性,1985年修正了有关农地租赁法规,继续维持政府控制,只是扩大了用于申报的范围,逐渐实现了租赁自由化。

法国的农地租赁制在《拿破仑法典》(1804)下处于自由合同化,“二战”之后,1945年的《农地租赁关系法》极大地保护了佃农权。租赁合同为书面签订。只要出租者不自耕,合同到期之后,自动延续。出租者要求自耕时,可以收回农地。出租者卖出农地时,租赁者有优先购买权。对租赁费也有规定,以保护佃农。

第四节 中国农地制度的历史嬗变

中国拥有5 000年的辉煌历史,农地制度的发展同样历史悠久,在不同时期呈现出不同的特点。

一、古代社会的演变情况

(1)原始社会时期。最早的农地制度是原始社会土地公有制,伴随生产力的发展及人们对土地重要性的逐步认识,产生了最初集体对土地排他性的独占观念,逐步形成了原始社会土地部落共有制。原始社会最初的土地经营主体是氏族公社和氏族成员家庭,土地制度的运行格局可以概括为:①土地产权制度——土地氏族公社公有制。氏族公社成员共同占有土地,任何个人、群体、部落都无权私有土地。②土地经营制度——共有共耕与共有私耕共存。在土地共同占有的前提下,前者是共同劳动、统一耕作;后者是分散劳动,家庭耕作。③土地配置制度——在氏族公社内部或氏族成员家庭内部,进行粗放性、分散性土地配置,配置规模狭小。④土地收益分配实行平均分配,共享成果,即所谓的“原始共产主义分配制度”。

(2)奴隶社会时期。①奴隶社会的农村土地产权制度——国王“王有”的土地国有制。国王除留部分土地归自己直接占有与支配管理外,其余的与奴隶一起层层分封给各级贵族使用,但各级奴隶主对所分得的土地与奴隶,只有使用权,无所有权,不过可以世代继承,从而成为贵族私有财产,即“普天之下,莫非王土”。②奴隶社会的农村土地经营制度——井田制经营。井田制指将一定范围的土地按“井”字形划分为若干等量的方块进行分配使用。基本内容为:其一,土地占有权与所有权分割,即各级受封者对土地只享有占有权,无私有权,不能买卖土地;其二,平均分配土地;其三,份田固定化,即通过平均授田而形成的份地,逐步走向固定化,进而为私有化创造了条件。③井田制的分配制度——助耕公田。中国奴隶社会在井田制度下的土地收益分配形式主要表现为“助耕公田”,即农民在公田上为奴隶主贵族进行集体劳动,而公田上的劳动产品作为劳役地租被奴隶主贵族无偿占有,即孟子所言"方里而井,井九百亩,其中为公田,八家皆私百亩,同养公田,公事毕,然后敢治私事"。随着青铜工具的大量使用、农田水利建设的大规模进行、休耕制与连耕制的发展以及农作物优良品种的培育等,原始农业逐步过渡到传统农业。到了东周时期,奴隶社会农地制度已处于逐渐崩溃之中,而封建农村土地制度则产生并壮大起来。

(3)封建社会时期。封建社会的土地制度有三大特征:一是农村土地产权制度形成了以地主土地所有制为主导的多元化结构。一般认为,我国封建社会的土地所有制有三种形式,即封建国家土地所有制、地主土地私有制和自耕农土地小私有制,其中,地主土地私有制是封建土地所有制的主体,国有制和小私有制是长期存在的两种居次要地位的土地所有制形式。我国封建社会的土地经营使用制度,按照土地所有权与土地使用权的统分关系以及劳动者的身份来划分,大致可分为租佃经营(根据租期的长短又可分为定期租赁制和永佃制)、雇工经营、地主庄园经营、屯田经营、自耕农经营等多种形式,其中封建的租佃经营与自耕农经营占多数。二是农村土地的买卖、兼并、转让、出租、抵押等流转活动成为普遍现象。在中国封建社会,土地很早就被认作可以投入流通的商品。在土地自由买卖制度下货币所有者一经购买土地就可以成为地主,土地的所有权不固定,因此也就不存在按照政治身份等级分占土地的绝对原则。由此,土地自由买卖也就成为土地兼并、抵押、转让、出租的天然土壤。从本质上讲,土地买卖,既是土地私有制成熟的标志,也是促进土地私有制发展的动力。三是推行永佃制。在中国封建社会农村土地制度的演变过程中,曾出现过占田制、均田制、永佃制等多种典型的发展形式。其中永佃制起始于宋代,至明代中叶,在全国兴起,成为当时一种典型的农村土地制度。佃农享有永佃权,即永久的土地租种权,即使地主出卖转让土地,也不得任意更换佃农,从而有助于保持佃权的相对稳定性,有利于农业的发展。永佃制的形成与发展,表明佃农个体经济的发展以及封建人身依附关系的进一步松弛,对农民的生产有一定积极作用。

二、近现代农地制度

新中国成立以前,由于人地矛盾相当突出,农地资源的稀缺程度高于人力资源的稀缺程度,对农地的占有欲望超过了对劳动力的占有欲望。中国近代的土地所有制结构,主要包括地主土地所有制、富农土地所有制、自耕农土地所有制与国家土地所有制四种基本形态。其中地主所有制一直居于农村经济的主导地位,自耕农和依靠租佃地主农地进行经营的佃农则处于从属地位。

(1)农地所有权集中。从土地的所有关系来看,农地的所有权集中在封建地主、富农手中,据以往的资料统计,占农村人口约10%的地主、富农占有70%～

80%的土地，占农村人口约90%的贫农、中农只占有20%～30%的土地（许涤新，1993）。但最近的研究资料表明，过去对农地集中的数字估计过高，实际上地主、富农占有农地大致为50%～60%，自耕农占有农地40%左右（郭德宏，1993；张红宇，2002）。

(2)农地使用权分散。由于农地资源稀缺程度远高于劳动力，农地的使用费（租金）较高，大土地占有者出租农地比自己直接经营更合算。因此，从农地使用的实际看，占有农地的地主、富农一般并不经营土地，实行雇工经营或将农地出租给无地或少地的农民耕种，以雇农、佃农、自耕农为主体的小规模的家庭经营就成为农业生产的主要组织形式，形成了集中的农地所有权与分散的农地使用权、租佃关系并存的格局。地主、富农拥有所有权、佃农拥有使用权的两权分离，是近现代中国农村农地产权制度安排的主要特征。

(3)高额的地租。从农地的收益来看，佃农租种地主和富农的农地，用自己的生产工具从事生产和经营，要将农地收获物的一半左右或者更多一些作为地租交给地主和富农。不合理的农地所有制直接导致农业生产非常落后、农民生活极端贫困。新中国成立前夕，全国粮食生产最高年产量只有1 385亿千克，1949年下降为1 063亿千克，而当时全国人口是4.75亿，人均粮食只有223.9千克/年。

三、新中国成立后农地制度的沿革

一是土地改革。这一时期的土地改革是"耕者有其田"，农民拥有包括土地所有权在内的完整土地产权，农民和土地连为一体，极大地激发了农民的生产积极性，迅速地恢复了深受战争破坏的农业生产。

二是农业合作化。首先是互助组，是由农户自愿组织起来的生产协作组织，规模由几户到十几户不等，但土地和其他生产资料仍属个人私有，组员之间通过生产工具交换使用，实现生产的互助，充分发挥了协作的积极性。之后，在互助组基础上形成了初级农业合作社，规模为几十户，社员以土地入股，生产用牲畜和大型农机具归合作社有偿使用，统一经营，共同劳动，统一分配，农民仍有较高的生产积极性。随后，在初级社基础上组织起来高级农业合作社，规模为几百户，土地无偿归集体所有，生产用牲畜和大型农机具作价入社，集中劳动，共同经营，统一分配，农民生产积极性受到影响。

三是人民公社。受"左"的思想影响，多个高级农业合作社合并为一个"政社合一"的人民公社，土地等生产资料的权属完全集中，共同劳动，统一经营，统一分配，由于缺少有效的激励与监督，结果形成了吃"大锅饭"的局面。

四是家庭承包制。党的十一届三中全会后，农村开始实行家庭承包制，土地为集体所有，农民拥有经营使用权，实行"保证国家的、留足集体的、剩下都是自己的"

的分配制度，极大地调动了农民的积极性，迅速地恢复和发展了农业生产，很快地解决了农民的温饱问题。

四、中国台湾的农地改革

台湾土地制度与政策的形成始于明朝万历年间(1573—1620)的农地开垦。当时，大量汉人移民到台湾，实行同一氏族的人共耕共有农地制度，称为社团农耕制。17世纪中期荷兰人占领台湾后，虽鼓励农民开垦土地，但开垦者只有土地使用权，所有权归荷兰国王，土地被称为“王田”。农民使用自己开垦的“王田”还要交纳很高的实物地租，由此揭开了台湾土地租赁制的历史。1661年，郑成功率兵收复台湾，开始了台湾较大规模的土地开发，并形成了“官田”、“营盘田”与“文武官田”三种不同土地权利组合形态并存的土地制度与政策。清朝康熙二十二年(1683)，重新回归祖国的台湾实行土地制度改革。撤销、放领原官田和营盘田，实行土地私有政策，并规定凡申请开垦并已经垦成者，即为开垦地所有者。但由于众多来台移民缺乏资金，土地开垦权及此后的垦地所有权大都落入官僚与土豪劣绅之手，他们成为向政府纳税、向佃农收租的大地主，而众多的垦民沦为第一代租户。随着人口增长形成对耕种土地需求的增长，第一代租户又将其承租之部分土地转租给需要耕种土地者，并收取地租，成为小租户，由此形成了大租户、小租户和佃农的三级租制，土地关系错综复杂，佃农深受双重地租剥削，生活清苦。同时大租户与小租户的变迁也使政府对土地税赋的征收十分困难。有鉴于此，清末光绪十年(1884)，刘铭传曾致力改良这种三级租制，但成效甚微。

1895年，由于清政府在甲午战争中失利，台湾沦为日本的殖民地，直到1945年抗战胜利，历经50年之久。日本在台湾推行“工业日本-农业台湾”的殖民地政策，将台湾作为农业基地，使增加的人口只能转向耕地谋生，导致租佃条件由于竞争而日益恶劣，租率不断提高，平均高达正产物全年收获量的55%。抗战胜利初期，台湾农业人口占总人口的55%以上，总农户中佃农占36.1%，若包括半自耕农，那么农户总数中有60%以上与租佃制有关，总耕地中近半数为租耕地，可以说，租佃经营是台湾土地改革前主要的耕作形态。此时的租佃制度比较恶劣，表现为：租佃多是口头契约，佃权无法得到保障，地主可随时终止租约，租额很高，多为对半分成。

战后初期，经济萎缩严重，人口多集中于农业领域，地主乘机加租、改佃、撤约，租佃条件更加恶化，农民生活困苦不堪，缺乏生产积极性，农村经济难以发展，而且，高额租金刺激了土地投资，使资金冻结在土地中，不利于整体经济的发展。农地制度的改革已势在必行。台湾的农地制度改革分三个步骤进行，即三七五减租、公地放领、私地征收和放领。

“三七五减租”即政府规定农地的地租不得超过其正产物年收获量的37.5%，原先低于这个数额者不得增加。土地产量以1948年为标准，由政府根据各地情况确定标准产量，以此作为缴纳地租的依据。由此，地租形式由分成租转变为固定租。同时规定订立书面契约，租期最短为6年，以稳定生产。这项政策安排使占当年台湾总农户36.1%的佃农户直接受益。“三七五减租”于1949年底完成，约26万公顷的出租耕地几乎都订立了新租约。

“公地放领”即政府将公有耕地准许符合规定的农民购买，由公有变为私有。公有地的来源主要是接收日本人在台占据的土地及后来台湾政府开垦的土地，其中农耕地18万公顷。租率为产量的25%，租期为6～9年，期满还可以续租。放领的对象依次为承耕公地之现耕农、雇农，耕地不足之佃农、耕地不足之半自耕农、无土地耕作之原土地关系人。公地放领工作从1948年开始，到1961年总计放领公有耕地约9.6万公顷。

“私地征收和放领”即政府征收超过规定面积(3公顷)的私有出租耕地，放领给现耕农。征收及放领地价均为耕地主要作物正产品全年收获总量的25%。放领地价按年利率4%加收利息，于10年内分20期缴清。征收地价以七成实物三成债券形式偿还，本利合计，分10年平均清偿。这项改革将38%的地主出租耕地放领给佃农自耕，使其由佃农转为自耕农。承领农户共有194 823户，征收放领耕地面积约14万公顷。此项工作于1953年底完成。

经过农地制度的改革，台湾基本实现了“耕者有其田”的目标，在全部私有耕地中，自耕农拥有之田地占90%以上，地主的出租地已占不到私有耕地的10%。但是，台湾农地制度改革也存在不少弊端：僵化的“三七五减租”阻碍了规模经营的形成以及土地投机降低了资源配置效率等。从20世纪60年代以后，台湾当局开始对农地政策作出相应调整，使农地政策的目标由“耕者有其田”转向“地尽其利”(林卿等，2001)。例如，始于1960年的农地重划工作，以改善水利、增加产出，便利机械化、规模化为目的；1972年颁布的“平均地权条例”以抑制土地投机为目的；1973年颁布的“农业发展条例”以突破僵化的农地产权制度，促进规模经营为主要内容，鼓励共同经营、委托经营、建立合作农场等；1982年推出的第二阶段农地产权改革方案，以突破土地产权制度形成的瓶颈，使农业持续发展为改革目标。

五、我国农地制度的现状与问题

目前中国现行的农地制度是以1978年家庭联产承包责任制为核心，是对土地集体所有、集体使用为特征的人民公社制度的不彻底改革的产物。这种类似古代井田制的土地制度既保留集体对土地的所有权，又在一段时期之内允许农民拥有排他性的土地使用权，因而兼顾社区范围之内的公平和效率(文贯中，2003)。这种制度的特点是：

第一，农地所有权主体的特定性。《宪法》、《土地管理法》、《农业法》、《民法通则》等几部法律对农业土地权属虽有不同表述，但基本核心为农地归国家所有和农村集体经济组织所有。

第二，农地所有权、使用权分离。实行以家庭承包经营为基础，统分结合的双层经营体制。土地所有权不能进行交易，能够交易的只是土地使用权等权能。

第三，农地制度不断改革完善。许多地方出现租赁、转包等土地流转方式或产权制度，并开展了农地税费改革等工作。

我国农地制度在实际运行中还出现了一些问题：一是农地产权保护不力；二是农地承包关系稳定性不强；三是土地规模经营难以实现；四是农村税费制度不够完善。

参考文献

[1] 毕宝德. 土地经济学. 4 版. 北京：中国人民大学出版社，2001.

[2] 丁泽霁. 农业经济学基本理论探索. 北京：中国农业出版社，2000.

[3] 冯开文，李军. 中国农业经济史纲要. 北京：中国农业大学出版社，2008.

[4] 郭德宏. 中国近现代农民土地问题研究. 青岛：青岛出版社，1993.

[5] 雷原. 家庭土地承包制研究. 兰州：兰州大学出版社，1999.

[6] 曲福田. 土地行政管理学. 北京：中国农业出版社，2002.

[7] 钱忠好. 中国农村土地制度历史变迁的经济学分析. 江苏社会科学，2000(3).

[8] 沈守愚. 从物权理论析土地产权权利束的研究报告. 中国土地科学，1996(1).

[9] 唐忠. 农村土地制度比较研究. 北京：中国农业科技出版社，1999.

[10] 文贯中. 中国的农村土地制度、就业与城市化. 中评网. http://www.china-review.com/sao.asp? id=5306.

[11] 许涤新，吴承明. 中国资本主义发展史：3 卷. 北京：人民出版社，1993.

[12] 张瑞萍. 中国农地制度的历史嬗变. 社科纵横，2008(1).

[13] 张红宇. 中国农村的土地制度变迁. 北京：中国农业出版社，2002.

[14] 周诚. 土地经济学. 北京：农业出版社，1989.

[15] 钟祥财. 中国农业思想史. 上海：上海社会科学院出版社，1997.

[16] 朱有志，向国成. 中国农地制度变迁的历史启示. 中国农村经济，1997(9).

[17] 胡长明. 国外农地制度改革对我国农地制度创新的启示. 农业经济问题，2005(9).

[18] [英]S. F. C. 密尔松. 普通法历史基础. 北京：中国大百科全书出版社，1999.

[19] 道格拉斯·诺斯，罗伯特·托马斯. 西方世界的兴起. 厉以平，蔡磊，译. 北京：华夏出版社，1999.

第四章　农业劳动力

◆ 本章要点

在经济发展过程中，农业劳动力转移是一个必然出现的现象，也是社会福利提高的必然趋势。本章阐述技术进步、农业劳动生产率的提高与农业劳动力转移的关系，介绍主要的农业劳动力转移的理论模型，考察一些发达国家和包括中国在内的发展中国家中农业劳动力转移的基本过程和条件，最后总结世界农业劳动力转移的共性和差异。

第一节　经济发展与农业劳动力

一、技术进步与农业劳动生产率

(一)工业革命前的技术进步与农业劳动生产率

原始农业的耕作是“刀耕火种”，这一时期主要使用石斧、石铲和石镰等简单工具进行农业生产劳动，原始人的生产经验很少，劳动技能和知识水平很低，整个社会劳动生产率极低，没有剩余产品，人类为维持自身的生存，有劳动能力的人都必须参加农业劳动，没有剩余劳动力。后来随着生产工具的改进和经验的积累，犁耕农业取代锄耕农业。起初是木犁或石犁，然后是金属犁。犁的使用不仅提高了生产效率，更为扩大耕地面积提供了工具条件，使农业生产在最适宜原始农业的平原、河谷地带占有重要地位，形成主要从事农耕的农业部落。生产的专门化提高了劳动效率，增加了剩余产品。随着青铜器和铁器的应用，开始出现大面积的农田耕作和伐林垦荒。农业在规模上扩大，劳动生产率进一步提高，导致经营种类的增多。除了谷物种植以外，还经营园艺，栽培各种经济作物，把经济作物加工成油、酒等。

到了奴隶社会，人类在社会生产的各个领域都取得了长足的进步，特别是冶金技术大大提高，金属工具得到了广泛应用。各种手工操作，如金属加工、纺织、制陶、酿酒、榨油、造船、皮革加工等活动逐渐增多，操作者经验日益丰富，制作技术不断改进。又农耕,又畜牧,又进行各种手工制作的人越来越难以胜任,于是使得部分从事农业的人脱离农业或畜牧业生产而转入手工业的专门化发展。同时,由于奴隶主占有大量生产资料和大量奴隶,集中在自己的庄园和作坊中,就有可能组织较大规模的生产,从而提高生产效率,完成巨大的工程。大量的奴隶在大规模的生产劳动中,进行简单的分工协作,使不同部门之间、同一部门内部的分工越来越细密,劳动者的劳动技能和熟练程度不断提高,劳动生产率也迅速提高。这都促进了社会生产力水平的进一步提高。此外,随着手工业的发展,商品交换也日益频繁,终于,在奴隶社会出现了专门从事商品买卖以从中牟利的商人,他们的出现推动了生产的发展。

到了封建社会,耕作制度的变化和技术进步进一步提高了土地利用率和土地产出率,为农村人口增加提供了物质条件。以英国为例,英国从 12 世纪开始逐渐采用三圃制,使单位耕地产量比两圃制时增加了 50%,因一季作物歉收而招致饥荒的机会也大大减少。三圃制的出现是农业技术的一种变革,是生产者耕作能力提高在耕作制度上的反映。扩大豆科作物种植面积来保持土壤肥力,抵消了由于休耕地减少而带来的地力下降的负面后果。在豆科作物种植面积较大的汉沃尔特、布兰德斯顿、南威尔斯哈姆、玛尔塔姆等地区,土地产出率一般都超出平均水平。除种植豆科作物外,当时农民们还用牲畜圈养积肥,尽可能多地将麦秸留在田间并深翻到土壤里去作底肥,以及采挖泥灰肥、收集人粪和草木灰等。肥源的开拓和施肥技术的进步在一定程度上正是农业耕作技术水平提高的标志之一。后来,英格兰又出现了带轮的重犁,便于移动,适于深耕。挽具的改进使马更多地用于田间耕地,许多地区出现了马牛混合编组的犁队,尽管大部分地区挽畜中仍以公牛为主。此外,水力磨广泛地用于谷物加工和纺织业,所有这些集合起来构成了农业所利用的总体系,它势必带来农业产量的稳步增长,13～14 世纪时,各地庄园的谷物产量为种子的 5 倍以上,甚至超过 9 倍。经济史家佩因特教授考察了 270 个男爵地产,发现 13 世纪中叶那些地产上的庄园平均收入比一个多世纪以前增长了 60%,1250—1350 年又增长 28%～32%。地产收入当然与谷物产量不完全相同,但粮食收入在地产收入中占有主要份额。因此,地产收入的大幅增长必然包含着粮食产量相当比例的增长,这是农业粮食生产率提高的间接证据,我们从中亦可窥见中古时期英格兰全国范围内缓慢的农业生产率提高。从农业发展的长期趋势来看,这种估算误差应不致太大。15～16 世纪以后农业生产进步的步伐明显加快,16 世纪英格兰平均每英亩小麦产量大概可达 16 蒲式耳(435.52 千克),与 13～14 世纪相比,土地生产率提高了 1 倍以上。商品经济发展程度也是农业生产力进步的标尺之一。随着劳动生产率提高,农产品剩余日渐增多。虽然当时的城市人口和从事非农产业的人员在相当一段时期内不是完全脱离了农业生产，许多市民仍然在城市边耕种一小块地，还要向领主交纳继承税和承担一定的劳役。即使规模较大的中世纪城镇也具有乡村气息，这是非常普遍的。像剑桥、考文垂、诺丁汉、沃里克、莱斯特等周围均被耕地、草地和牧场包围，城市公社成员还拥有使用公共牧场的权利，虽然他们并不是农业佃户。因使用公共牧场造成的冲突，在一些地方成为城市政治的关注焦点。甚至在中世纪晚期，许多小城镇本身仍是农村社会的一部分，有的才几百人，规模很小，与附近村庄难以相区别，有的甚至主要从事农业。因而，相当一部分生活资料是由他们自己提供的。这表明了由农业生产转化为非农生产的艰难与缓慢，也表明城市及其工商业的发展始终要以农业的发展为基础，两者的发展和存在还在很大程度上依赖于农业地区生产力的提高。

农村劳动力的供给增加也是缓慢的。当时，即使是从事非农产业的人们也同时进行着农业耕作，农忙时期全力投入农业耕种、生产和收割，大多在农闲时节方进行家庭副业生产。因此，农业劳动力需求主要来自农业本身。无论是欧洲，还是亚洲这一时期农业对劳动力的需求均占据主导地位。这一时期，农业劳动力的转移除少数转移至商业、手工业等行业外，主要在农业内部移动。

正是农业生产力缓慢而稳定的增长，才使得越来越多的农村人口从农业部门转移出来，非农产业生存和发展才具有相当程度的稳定性，最后成长壮大。正是广大农民这种“静悄悄的劳动”，破坏着整个西欧的封建制度，为农村劳动力的转移奠定了牢固而坚实的基础。

(二)工业化时期的技术进步与农业劳动生产率

在资本主义时期，以蒸汽机发明、电力技术和内燃机技术的应用为标志的第二次工业革命、以微电子和计算机技术的应用为标志的第三次工业革命，极大地促进了工业化发展，工业化又带动了农业生产力迅速发展。以美国为例，南北战争后，先进农业机械在农业部门得到广泛应用和推广。一是推广播种机和中耕机。1865年起各地都广泛采用了拖挂式撒肥机，1870年前后玉米种植机获得广泛应用，1877年又发明了移动挡板式撒肥车，用来撒施基肥，1880年左右发明了翻耕播种联合机。二是广泛应用收割机械。1879年有10万台收割机奔驰在美国的田野上，而脱粒和簸扬的机械也有了很大的改进，包括进料、脱粒、簸扬等功能，而且在1900年以后改为汽油机做动力。三是出现了拖拉机。可供实际运用的汽油拖拉机在1892年投入生产，1900年总共有50台汽油拖拉机，1914年剧增至1.7万台，标志着农业机械化的真正开始。美国农机和农具的总值(按当年美元计算)，1860年为2.46亿美元，半个世纪后增加到12.65亿美元。美国农业广泛地应用机械，提高了生产效率，从而迅速降低了绝大多数农活所需要的工时数。1896年一个使用最新型农机的小麦生产设备的劳动者的劳动生产率比1830年提高了17倍。1855年，生产40蒲式耳(1 016千克)玉米的全过程(从播种到收割)约需39个劳动小时，而到1894年15个劳动小时就够了。甚至在机械化的速度比谷物生产快得多的棉花生产方面，劳动力的需要量在1841—1895年期间约减少了1/3。

农业机械化的发展一方面减少了农业对劳动力的需求，另一方面由于农业机械化提高了农场主的成本，加之这个时期农机价格持续上涨，使得成年的农家子弟更加难以建立自己的农场，不得不迁往城市。在农业机械化快速推进的同时，各州政府和联邦政府在战后的年代里也积极鼓励农业发展，提高耕作技术，使用更多的肥料，改良粮食作物、纤维作物以及牲畜的品种。1873年美国首次修建了贮藏青饲料的密封地窖，到19世纪末就已经遍及全国。19世纪末20世纪初，发明了各种孵化小鸡的器具，培育了诊断牛结核病的结核菌苗，制成了防治猪霍乱的疫苗，从而加速了家禽家畜专业化生产的步伐，促进了农畜产品生产效率的提高。1859年，美国玉米产量为8.38亿蒲式耳(212.9亿千克)，达到历史上从未有过的高水平。50年后，玉米产量翻了两番，高达25亿蒲式耳(635亿千克)。小麦是产量居第二位的最重要的粮食作物。1859—1909年小麦产量从1.73亿蒲式耳(47.1亿千克)增至6.57亿蒲式耳(178.8亿千克)，按人口平均计算，增长率高于玉米。燕麦、大麦和其他粮食作物产量也有大幅度增长。南部各种主要商品农作物的生产有很大发展。1859年棉花产量约为450万包(每包500磅，227克)，南北战争和战后的混乱局面曾使棉花产量锐减，但到1879年棉花产量超过了战前水平，到1909年全年收获1 060万包以上。稻米产量在同一时期内从670多万蒲式耳(13.7多万吨)增为2 100多万蒲式耳(42.9多万吨)。1860—1920年，牛从2 500万头左右增为6 600多万头，羊从南北战争前夕的2 200万头增为1920年的3 500万头，猪从3 300万头增为5 900万头，马、骡在同一时期内增加了2倍多，从740万匹一跃而为2 500多万匹。这一时期美国农畜产品产量的大幅度增长，有助于保证高蛋白质食物的供应，增加了食用的畜产品总量，满足了日益增长的城市人口的需要，从而为农业劳动力向城市转移提供了前提条件。

美国农业机械化的快速发展和农业劳动生产率水平的大幅度提高，一方面使得现代化大农业排挤小农业的进程加快，导致大批小农破产；另一方面使大批农业劳动力有条件从农业中分离出来进入城市从事工业和其他行业，农业劳动力在社会总劳动力中比重迅速下降。如果以1870年农业劳动力指数为100，则此后逐年增加，1910年达到历史最高点192，农业劳动力人数从1870年的644万上升为1 239万，增加了92%。虽然农业劳动力的绝对数量在增加，但他们在社会总劳动力中所占的比例却在迅速下降，1870年占51.5%，到1910年下降为40.6%，1920

年仅占 25.6%。

美国在 20 世纪 40 年代就已实现了从耕地、播种、施肥、除草到收获以及加工全过程的机械化。目前美国农机的生产、科研部门正在研究推广把卫星通讯、遥感技术、电子计算机等高尖技术应用到拖拉机等农机具上，实现拖拉机等农机的无人驾驶、自动操作、自动监控等，使各种农业机械能更准确、迅速地实现耕地、播种、施肥、除草、除病虫害等作业，农业出现了向精准农业方向发展的趋势。这些技术进步大大提高了农业劳动生产率水平。农业劳动生产率快速提高所产生的一个直接后果，便是释放出大批农村剩余劳动力，成为城市第二、三产业劳动力的来源。

19 世纪 70 年代，日本政府开始从欧美各国引进农业机械，并为普及欧美技术而设立了农具制造厂、试验厂，还设立了农业学校，聘请外国农业教师传播欧美的农业技术。“二战”后，日本非常重视在农业领域进行科技创新，充分利用科技革命的成果发展了本国的农业。1955 年，以 0.25～5 马力(0.18～3.7 千瓦)的小型动力耕作机取代畜耕犁为标志，日本农业拉开了机械化的序幕，在接下来的 10 年内，日本普及了 40 马力(29.42 千瓦)的四轮拖拉机。后来随着工业的发展，小型化、功能强的拖拉机、插秧机、收割机得到全面普及，日本彻底实现了农业机械化。技术进步和工业的快速增长提高了农业的机械化水平，提高了农业劳动生产率。据统计，1960—1975 年日本的动力耕耘机和农用拖拉机从 51.4 万台增加到 392.1 万台，增长了 7.6 倍，动力喷雾机从 2.32 万台增加到 131.01 万台，增长了 56 倍，农用汽车(包括三轮汽车)由 10.3 万辆增加到 110.6 万辆，增长了 10.7 倍。农机拥有量的成倍增长使农业生产的机械化作业程度大大提高。1967 年水稻的机耕面积达 96%，机械收割面积达 80%，机械脱粒面积达 98%。随着农业劳动的机械化和农业技术的进步，到 70 年代中期日本农村就已基本实现了从耕作、插秧到收获的全面机械化。除了农业机械化以外，日本在品种改良、栽培技术、农药和肥料的合理使用以及水和灌溉等各方面都达到了世界先进水平，使日本的农业劳动生产率得到了提高。从主要农产品单位面积产量看，1960—1986 年，水稻平均由 4 010 千克/公顷提高到 5 260 千克/公顷，小麦由 2 540 千克/公顷提高到 3 570 千克/公顷，分别提高了 31.2% 和 40.6%。1985 年，日本每公顷谷物的单产高达 5 790 千克，远远高于发达国家的平均水平 2 960 千克。日本的劳动生产率，在 1952—1972 年的 20 年间，提高了 3.2 倍。农业劳动生产率迅速增长节省了大量劳力，加速了农村劳动力向其他产业转移的步伐。

二、不同经济发展阶段的农业劳动力供给、需求与转移

(一)前工业化时期的农业劳动力供给、需求与转移

在奴隶社会，奴隶人身依附于奴隶主，没有自由迁移和转业的权利，农村人口

自然增长率极低，农村劳动力供给十分有限，对农村劳动力的需求集中于种植业以及为满足奴隶主需要的畜牧业和酿造业等行业。

在封建社会，对农村劳动力的需求除了种植业和畜牧业外，还有手工业、商业等。到封建社会后期，农村纺织业出现较大发展，家庭纺织作坊由副业变成主业，对农村劳动力产生了一定需求。但是，由于农业生产率提高较为缓慢，粮食产量少、灾荒多，同时还由于瘟疫、战争等原因，使得人口增长速度极为缓慢。据统计，在1830年以前的300万年内，世界总人口才增加到10亿（表4-1），因此，农村劳动力的供给增加是十分缓慢的。当时，即使是从事非农产业的人们也同时进行着农业耕作，农忙时期全力投入农业耕种、生产和收割，大多在农闲时节方进行家庭副业生产，农业劳动力需求主要来自农业本身。从表4-2和表4-3可以看出，无论是

表4-1　世界人口变化情况

世界人口/亿	年份	经历时间/年
10	1830	300万
20	1930	100
30	1960	30
40	1974	14
50	1987	13
60	1999	12

资料来源：根据《世界历史》第135页中图2-3数据整理而得，中国教育出版社，2000年。

表4-2　1700—1840年欧洲男性劳动力就业分布情况　　%

部门	1700年	1760年	1840年
农业部门	72.0	66.2	54.9
工业部门	12.6	16.9	25.3
其他	15.4	17.7	19.8

资料来源：Anne Digby and Charles Feinstein，*New Direction in Economic and Social History*，pp. 70-71.

表4-3　日本劳动力在各产业间分布情况　　%

年份	农业	工业	其他
1871—1877	83.2	4.8	12.0
1878—1882	82.2	5.6	12.2
1888—1892	76.1	8.9	15.0
1898—1902	71.0	11.8	18.2
1908—1912	63.1	14.8	22.2

资料来源：根据中村农英的“战前日本经济成长分析”一文中表4的数据整理得到，《日本经济学刊》，1980年第1期。

欧洲，还是亚洲的日本这一时期农业对劳动力的需求均占据主导地位。这一时期，农业劳动力的转移除少数转移至商业、手工业等行业外，农业劳动力主要在农业内部移动。

(二)工业化进程中的农业劳动力供给、需求与转移

在前工业化时期，农村人口占社会总人口的绝大多数且数量不断增加，不少国家面临农业劳动力负担面积不足的局面，但总体上说，农业劳动力需求仍然是产业部门最大的。法国在1826年的总人口为3 200万，其中农村人口占2 200万。德国在19世纪初全国人口为2 000万，农民就占1 700万，到19世纪中期，总人口上升为3 550万，其中还有70%左右为农民。美国1790年人口为390多万，8 000以上人口的城市只有6个，占全国人口的3.3%；到19世纪前10年，人口增加到720万，其中80%以上为农民；到19世纪40年代，美国工业化开始初期，90%以上的人住在农村；到1850年，全国人口达到2 300万，其中有84.7%为农民。

始于英国的第一次工业革命是人类历史上一场巨大的经济革命。其主要特征是以机器代替人力，由此大大节约了劳动力，提高了劳动生产率，使社会生产关系以至整个社会制度由此发生了根本的变化。伴随着工业革命以及随之开始的工业化进程，技术要素开始替代劳动要素，在生产扩张过程中发挥着越来越重要的作用。制造业的迅速发展带来了采矿业和其他原料部门、煤炭等动力工业、建筑业及建筑材料工业、沟通各产业及其与消费者关系的商品流通领域和其他服务业的大发展。传统的农业生产方式开始向蒸汽机和内燃机为动力的农业机械化过渡，人们开始注重对农具的改良，广泛运用机械工程，推广播种、中耕、施肥和收割机械技术，重视生物技术等生物科技的作用。随着农业科技的进步、运输业的发展、农产品市场的扩展，农业生产效率开始逐步提高，生产方式开始转换，其结果自然引起了对农业劳动力需求的相对减少，甚至其数量的绝对下降。相对过剩的农村劳动力供给和日益减少的农村劳动力需求产生了劳动力供求的结构性矛盾，大量农民因此失业。而新兴工业蓬勃发展，需要大批劳动力满足日益扩大的生产规模，为农村剩余劳动力提供了新的就业机会(表4-4)。同时，农民从事农业的收入又明显低于其非农就业的收入，因此，非农产业成为吸引农村剩余劳动力加入到工人队伍的重要诱因。例如，1840年美国农业劳动力人均年收入为173美元，非农业劳动力人均收入为437美元，到1900年，农业劳动力人均年收入增至260美元，而非农业劳动力人均收入已增至622美元。加上交通运输业的革命使运输方式变得快速、安全、廉价，人员和货物的运载能力大幅度上升，缩短了农村和城市的距离，开阔了农民的视野，便利了农村人口向城镇和工矿区的流动，为农村剩余劳动力转移至工业提供了有利条件，促使大量农村劳动力向外转移。

表 4-4　美国 1850—1910 年劳动力和就业结构变化

年份	就业总数	农林渔业		非农产业	
	万人	万人	%	万人	%
1850	777	557.7	71.8	219.0	28.2
1860	1 053	626.0	59.4	427.0	40.6
1870	1 292	691.0	53.5	601.0	46.5
1880	1 739	870.5	50.1	868.5	49.9
1890	2 374	1 017.0	42.8	1 357.0	57.2
1900	2 907	1 092.0	37.5	1 815.0	62.5
1910	3 673	1 159.0	31.5	2 514.0	68.5

资料来源：陈华山，《当代美国农业研究》，武汉大学出版社，1996 年，第 82 页。

（三）后工业化时代的农业劳动力供给、需求与转移

后工业化时代是以高新技术产业为支撑的时代。进入后工业化阶段表示城市的工业化进程已经完成，今后将主要发展第三产业。在这一时期，生产力飞速发展，新产业层出不穷，科学创新和技术发明快速转化为生产力。各种生产要素包括资本、技术、劳动力在内都从农业、工业向第三产业集中。

随着 20 世纪 50～70 年代以技术群体化、科技社会化和发展进程高速化为特点的新科技革命的到来，第三产业在国民经济中的比重不断提高，而第一、二产业的比重持续降低，发达国家开始逐步迈入后工业时代。

20 世纪 80 年代，发达国家的农业在 GDP 中所占的份额平均已经下降到 5%以下，并且有进一步下降的趋势，到 1998 年大致下降到 3%以下。农业就业比重

表 4-5　西欧、北美等发达国家的产业结构

国家	1980 年		1998 年	
	产值结构	就业结构	产值结构	就业结构
美国	2.5∶33.4∶64.1	3.6∶30.8∶65.6	1.7∶26.2∶72.1	2.7∶23.9∶73.4
日本	3.7∶41.9∶54.4	10.5∶35.3∶54.2	1.7∶37.2∶61.1	5.3∶32.0∶62.7
英国	2.2∶42.6∶55.2	2.5∶21.2∶76.3	1.8∶31.5∶66.7	1.7∶26.6∶71.7
法国	4.2∶33.7∶62.1	8.6∶35.4∶56.0	2.3∶26.2∶71.5	5.6∶29.6∶64.8
德国				2.9∶33.8∶63.3
意大利	5.8∶39.3∶54.9	14.1∶37.2∶48.7	2.6∶30.5∶66.9	8.8∶31.9∶59.3
加拿大	4.1∶38.2∶57.7	4.1∶24.0∶71.9	2.8∶32.8∶64.4	3.7∶22.4∶73.9
澳大利亚	5.3∶36.4∶58.3	5.6∶25.1∶69.3	3.2∶26.2∶70.6	4.9∶21.8∶73.3

资料来源：《国际统计年鉴 2000》。

注：产值结构（第一产业∶第二产业∶第三产业）根据行业分类计算得到，其中，第一产业包括农林牧渔，第二产业包括采掘、制造、电力煤气及水的供应、建筑业，其余为第三产业。

所占份额也下降到5%以下，略高于产值比重。第二产业的主导地位已经让位于第三产业，无论在产值还是在就业方面，第三产业的比重还在继续上升，产值与就业比重高达60%以上，并且就业比重要高于产值比重，第三产业对劳动的吸纳能力很强（表4-5）。

（四）后工业化时代影响劳动力转移的因素

在工业化时代，工业化带来的技术进步，经济部门间的收入差距被认定为是影响农村劳动力转移的最主要因素。

首先，工业化从根本上改变了社会的经济结构，尤其是深刻地改变了发达国家的农村经济结构。工业化是以大机器生产取代手工劳动，以工厂取代手工工场和家庭作坊的管理手段和管理观念的极大变革。它极大地提高了工业劳动生产率和工业产量，使工业规模不断扩大，门类不断增多。产业结构的巨大变革带动农村劳动力向第二、第三产业转移，使得包括劳动力在内的各种资源的配置逐渐发生转移，从资源报酬低的部门转向高的部门，从农村转到城市。而农业技术进步通过提高劳动生产率，可以弥补劳动力向非农部门转移带来的影响，保证农村剩余劳动力的持续转移和工业部门的持续发展。

其次，农业受自然因素制约较大，自然风险与经营风险并存，农业比较效益相对较低是普遍现象。为追求较高的经济收益，尽管存在失业等社会风险，但只要预期收益高于务农收益，农业劳动力仍由农业向工业、从农村向城市转移。传统观点认为农村存在大量的绝对剩余劳动力、相对剩余劳动力和假性剩余劳动力，只要工业部门的工资高出农业部门的30%～50%，农村剩余劳动力就会源源不断地流向工业部门。

而在20世纪70年代前后开始的后工业化时代中，农业劳动力转移的影响因素正悄然发生变化。这一时期农村劳动力转移除受来自于农业和农村的推力、非农产业和城市的拉力外，还受到转移过程中摩擦力及农产品消费支出、农业资源压力、农业劳动力素质等的影响。

第一，相对收入开始决定农村劳动力的迁移行为。后工业化时代农村劳动力的迁移，不仅取决于他们与城市劳动力之间的预期收入差距，还取决于他们在农村感受到的相对经济地位变化，以及迁移后按照期望生活标准感受到的相对经济地位变化。农民已不愿意为了收入而忍受歧视，相对剥夺感的降低，城镇生活的便利、繁华的生活条件给农村人口带来的满足或福利感受成为农民迁移的新动机；而生活习惯文化差异和身份转换的困难、城镇务工的艰辛、远离农村的社会关系网络而导致的精神感受、城镇生活的快节奏等使农民往往难以适应城镇的生活环境，对农村劳动力的迁移产生负面效应。

第二，农业资源压力加重也成为影响后工业化时代剩余劳动力转移的重要因素。农业耕地资源为非再生资源，在工业化加速发展过程中，特别是在人口城市化率激增，生产力迅猛发展的后工业化时代，耕地不可避免被大量占用，这必然导致有限的农业资源负荷劳动力的压力日趋加重，从而产生排斥劳动力的推力。由于人增地减的趋势难以逆转，人口压力日益沉重，向耕地外转移剩余劳动力的诉求日益迫切。

第三，农业劳动力的素质开始制约剩余劳动力的转移。在后工业化时代，农业依然起着劳动力"蓄水池"作用，但各产业对复合型、经验型、高技能操作型的人才需求逐渐增多，而对简单劳动的需求日趋饱和，有的产业甚至出现劳动力过剩的局面，农业劳动力的素质、人力资本存量，以及其创收能力已成为影响后工业化时代农业劳动力转移的又一因素。

第二节　农业剩余劳动力转移理论

英国古典政治经济学的创始人威廉·配第在其著作《政治算术》中第一次比较明确地表述了在社会经济发展过程中劳动力比重在产业之间变动的看法。他认为随着时间的推移，社会经济的发展，从事农业的人数比起从事工业的人数将相对地减少，从事工业的人数比起从事服务业的人数又将相对地减少。这一命题后来得到了费希尔(I. Fisher)的肯定，20 世纪 40 年代又得到克拉克(Colin Clark)的进一步肯定，所以后人把这一命题称为"配第-克拉克定理"。该定理很好地概述了经济发展不仅是国民财富的增长问题，而且是产业结构的不断变化过程，产业结构的动态变化过程又是一个资源的动态转移过程。后来，诺贝尔经济学奖得主西蒙·库兹涅茨用世界各国的经济数据，实证了随着经济发展和人均收入水平的提高，劳动力和资源的转移过程与各产业创造的国民收入转移过程的一致性问题。关于农业劳动力转移的理论模型，目前主要有以下几种。

一、刘易斯的劳动力转移模型

1954 年，美国经济学家刘易斯在其《劳动无限供给条件下的经济发展》论文中，将一国经济分为两个部门：一个是与外部世界相联系的现代城市部门，另一个是与自给自足相联系的传统农业部门。在自给性农业部门中，存在隐蔽性失业，即劳动力相对于资本和土地过于丰富，以至于把一部分劳动力转移出去，农业产量不会减少，这部分劳动力构成农业部门中的"零值"劳动力。农业部门中"零值"劳动力的存在必然降低农村劳动力的工资水平，这是因为，农业部门中的工资水平不是由劳动者的边际生产力决定，而是取决于制度的安排。更直接地说，农业部门的工资水平取决于农业部门所有劳动者平均分享的农业产量所决定的平均收入。在劳动力可以自由流动的条件下，只要现代部门劳动力的工资水平高于农业部门劳动力的平均收入水平，对于现代部门所提供的就业机会来说，来自农业部门的劳动力供给具有无限性。由于在竞争性劳动力市场中，自给农业部门的平均收入决定现代部门工资的下限，所以只要传统农业部门存在“零值”劳动力，现代部门就能够在维持低工资水平下获得源源不断的劳动力供给，这样现代部门具有了不断增大资本积累和实现规模扩张的内在机制。因此，只要现代部门能够不断扩张，农村剩余劳动力转移就会持续下去，一旦农村剩余劳动力消除，劳动力就会像其他生产要素一样变得稀缺起来。这时，现代部门对劳动力的进一步需求就会引起劳动力价格的上升（图 4-1）。

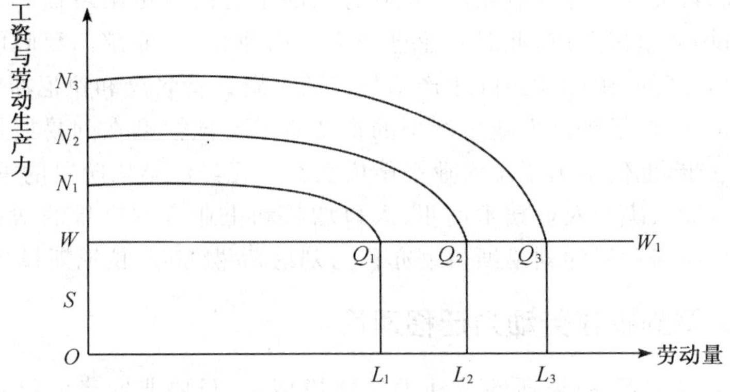

图 4-1　刘易斯劳动力转移模型

注：OS—自给农业部门的平均收入，OW—现代部门的工资，WW_1—具有无限弹性的劳动供给曲线，N_1Q_1—边际生产力曲线；OL_1—由 N_1Q_1 决定的雇用劳动量，$N_1Q_1L_1O$—总产量，其中 N_1Q_1W 为资本家剩余，WQ_1L_1O 为工人所得工资。当资本家把剩余的一部分用于投资，固定资本增加，N_1Q_1 上升到 N_2Q_2……这样以不变的工资吸收越来越多的农村剩余劳动力，这个过程一直持续到资本积累赶上劳动力的过度供给，剩余劳动力被吸收完毕。

二、费景汉和拉尼斯的农业劳动力转移模型

1961 年，费景汉和拉尼斯在刘易斯两部门结构发展模型基础上，进一步修正和发展了劳动力转移模型。他们认为，刘易斯模型存在两个不足：一是对农业生产在推动工业发展中的作用重视不够；二是忽视了农业劳动生产率提高是农村剩余劳动力转移的重要前提条件。为此，他们提出了以分析农村剩余劳动力转移为核

心、重视技术变化的费景汉-拉尼斯模型。在该模型中，他们把农村劳动力向非农业部门转移和工农业的发展联系起来，划分出三个阶段。第一阶段，传统农业部门中存在大量的显性失业，农业部门的劳动边际生产率为零。他们认为在这一阶段，从农业部门转移出一部分剩余劳动力并不会减少农业生产总量。在仅能维持农业人口生存下去、由习惯和道德因素决定的不变制度工资下，工业部门不断吸收农业部门的剩余劳动力。第二阶段，由于农村劳动力持续不断地减少，农业部门的劳动边际生产率升高，变为大于零，但是，仍然低于不变的制度工资。这时，显性的劳动力失业不复存在，但隐性的劳动力失业仍然存在，劳动力继续流向城镇工业部门。由于这一阶段农村劳动边际生产率为正数，因此，农村劳动力的流失会引起农业总产量的减少，粮食短缺引起价格上涨，从而带动工业部门工资水平的上涨，工业部门吸收农村剩余劳动力的速度由于工资水平不断上升而减慢。第三阶段，农村剩余劳动力即隐蔽失业者已吸收殆尽，农业劳动的工资已不再由习惯和道德力量决定，而是由市场力量来形成，此时农业已经完全商业化，工业部门要吸收农业劳动力，必须付出较高的、由劳动边际生产率决定的工资。费景汉和拉尼斯对刘易斯模型进行了修正，强调了提高农业生产率的重要意义。该模型在刘易斯模型的基础上又前进了一步，他们指出了工农业平衡增长在二元经济结构阶段的重要性，提出农村劳动力转移取决于农业技术进步、人口增长和工业资本存量的增长等。经过费景汉和拉尼斯修正后的刘易斯模型亦称为刘易斯-费景汉-拉尼斯模型。

三、托达罗的农村劳动力迁移理论

在刘易斯-费景汉-拉尼斯的劳动力迁移模型中，只要非农产业能够支付一个高于农业的实际工资，只要两者工资差额能够补偿城市的较高生活费用以及与迁移相联系的心理成本，农村剩余劳动力就会源源不断地流入城市非农产业。经济发展是一个不断淘干农村过剩劳动力“蓄水池”的过程。但是，这种假设与现实中发展中国家的实际情况相距甚远。发展中国家的实际状况是，不仅农村存在着失业或就业不足，城市也存在失业或就业不足。托达罗认为，刘易斯模型所暗含的假定——传统部门的劳动力能够直接进入现代部门是不现实的。在对刘易斯二元经济模型提出批评的基础上，托达罗构建并阐述了自己更加接近于发展中国家现实的思想与模型，回答了为什么农村向城市的移民过程会不顾城市失业的存在而继续进行的原因。托达罗认为，发展中国家的经济中存在分割现象：产业上主要体现为工业和农业的分割，地域上主要体现为城市和农村的分割。劳动力会从低边际用途向高边际用途，或者说从传统部门向现代部门、从农业向工商业、从农村向城市转移。在此基础上，托达罗提出，发展中国家的城市内部结构也有二元结构，即城市正规部门和非正规部门的分割。城市正规部门是指那些正规的、现代化的工商企业。这些企业的主要特点是，按照现代企业制度组建，通常有较大的经营规模，较高的国际化程度，受到政府的保护，工资较高，有比较完善的社会保障，就业竞争非常激烈，从业者一般受过正规教育，文化素质较高等。城市非正规部门是指正规部门之外的城市落后部门——生产技术和管理方法十分落后，从业者很少受过专门训练，受教育程度普遍较低，非正规部门的经营者常常不遵守最低工资法等保护劳动者权益的法律。那些在正规部门找不到工作的劳动者，不愿意回到农村，只好涌入非正规部门，从事小规模生产和服务活动，成为个体商贩、搬运工、保姆、勤杂工等。托达罗人口流动模型认为，农村劳动力迁移到城市以后的预期收入(WU)与留在农村的收入(WR)之间的距离是农村劳动力向城市迁移的决定因素。农村劳动力迁移到城市后的预期收入可以表示为：

$$WU=W_F\times(1-u)+W_I\times u$$

式中：W_F 和 W_I 分别代表城市正规部门和非正规部门的工资；u 代表失业率；$1-u$ 代表能在正规部门找到工作的概率。

假设信息是完全的，即农村劳动者可以对各种情况下的收入和获得各种收入的概率作出准确的估计。在这个前提下，如果 $WU>WR$，农村劳动力就会向城市迁移。当 $WU=WR$ 时，对农村劳动者来说，到城市去和留在农村预期收入没有差别。这就意味着城乡劳动力达到了均衡状态，从农村向城市的劳动力迁移将停止。不过这只是对尚未迁移的劳动者而言的事前均衡。对于已经迁移到城市的劳动者而言，在正规部门就业与在非正规部门谋生，处境截然不同。城市非正规部门的劳动者有可能抱着将来在正规部门找到工作的希望继续留在城市，也有可能失望地回到农村。如果是后一种情况，城市失业率将降低，上面的均衡将被打破，从而引起新的劳动力迁移，直至达到新的均衡。

由于城市正规部门的工资(W_F)远远高于农村收入水平(WR)，所以，即使失业率(u)很高，即使在正规部门找不到工作，城市的预期收入 WU 仍有可能高于 WR，吸引着农村劳动者源源不断地流入城市。这就是发展中国家城市失业率居高不下的根本原因所在。

托达罗人口流动模型把劳动力流动仅仅归因于城乡预期收益的简单比较，而没有考虑迁移成本，因而缺乏从微观层次上对农村剩余劳动力的流动机制的深入分析，存在着一定的不足。但是，托达罗人口流动模型较好地解释了发展中国家城市失业问题的根源，给发展中国家农村剩余劳动力的转移问题提供了重要的启示。

四、斯塔克的新迁移经济学理论

近些年来,在劳动力迁移研究领域,一个被称作"新迁移经济学"的流派崭露头角。这一新流派的一个关键观点是它认为迁移决策不是由相互孤立的个人行为主体单独作出的,而是由相互关联的人所构成的较大的单位——比较典型的就是家庭作出的。在这种单位里,人们集体行动以求不仅最大化其预期收入,而且最小化其风险,缓解与除劳动力市场之外的各种各样的市场失败相关联的各种约束。新迁移经济学认为,与个人不同,家庭处于通过将家庭资源(比如家庭内部的劳动力)分配多样化以求控制危及其家庭福利的风险的位置。当一些家庭成员被分配去从事农村或农业部门的劳动时,另外一些成员可能被送出去从事城市或非农部门的劳动。如果一旦农村或农业部门的经济状况恶化,在那里的劳动难以带来足够的收入,家庭还可以靠在城市或非农部门劳动的迁移者的汇款维持。在发达国家,家庭收入的风险通常是通过私人保险市场或政府的相关计划(如社会保障计划等)得以最小化。但是,在发展中国家,这种制度机制却往往是不完善的、缺损的或者对于贫穷家庭来说是无法获得的。这就促使他们通过迁移来分散风险。而且,发达国家的信贷市场发展相对较好,使得家庭能够为其要从事的新项目(诸如新的生产技术的采用等)筹集到资本。而在大多数发展中国家里,情况恰好相反,信贷通常很难获得,或者只能在很高的成本上才可以获得。在难以获得公共保险和信贷项目,同时又难以承担得起私人保险和信贷的情况下,市场失败产生了驱使农村劳动力流动的极强推动力。

第三节　农业劳动力转移实践

一、发达国家农业劳动力转移历程和特点

从世界各国的发展史看,不同国家的农村劳动力转移经过了不同的阶段,展现了不同的特点。发达国家农村劳动力转移是伴随着工业化的进程而产生和发展的,是随着经济的发展而逐步进行的。从整体上看,这些国家非农化与城镇化的进程是同步的。但由于不同国家的国情和发展历史背景的不同,这些国家受本国经济、历史、文化、制度环境等因素的影响,其农村(剩余)劳动力转移的具体模式和阶段仍各具特色。目前,发达国家农业劳动力在社会总劳动力中的比重很小,一般在10%以下,有的国家不到3%。

(一)英国农业劳动力转移历程和特点

英国的农业劳动力转移可分为三个阶段:第一阶段是工业革命前劳动力转移的萌芽时期,在此期间,工业化尚处于初步阶段,主要是农村内部通过兼营农业和手工业的方式消化农村劳动力;第二阶段是工业革命期间农村劳动力转移的启动时期,工业化的发展带动着劳动力转移,农村劳动力向机器大工业部门进行"分离型"转移;第三阶段是工业革命后至 20 世纪初,农村劳动力大举向城市非农产业快速转移。

英国农业劳动力开始向非农业部门转移的历史可以追溯到工业革命前的 16 世纪。这时由于工场手工业的发展,出现了一批新兴的工商业城市,从而形成了最初的农业劳动力向城市的转移。但此时农业劳动力转移是在农村以内部家庭为纽带,通过兼营农业和手工业方式实现的,因而转移过程缓慢。英国农村剩余劳动力在经历了资本积累初期的困苦后,其转移逐渐步入正轨。特别是在 20 世纪初期以后,农村剩余劳动力持续、缓慢地向工业、第三产业转移。1901—1975 年,英国农业劳动人口在全部就业人口中的比重由 8.9%下降到 2.7%。减少的劳动力在 20 世纪 50 年代前主要转入工业,50 年代后主要转入第三产业(表 4-6)。1955—1978 年,农业劳动力减少了 42 万人,工业劳动力减少了 50 万人,而第三产业劳动力增加了 360 万人,农业部门转移出来的劳动力主要进入了第三产业。值得一提的是,自 20 世纪 60 年代以后,英国的农工综合体发展迅速。农工综合体的部门分为三类:第一类是农业前导部门,包括制造和提供各种农业生产资料、技术、信贷、咨询服务等部门;第二类是直接从事农业生产的部门;第三类是农业后续部门,包括农产品加工、包装、储运、销售等部门。英国的农村剩余劳动力除了失业和进入城市、工业部门外,有相当一部分转移到了农工综合体的前导和后续部门。

表 4-6 英国各产业劳动力就业比重情况 %

产业	20 世纪 40 年代	20 世纪 50 年代	20 世纪 60 年代
农业	6	5	3
工业	46	47	45
服务业	48	48	52

资料来源:安良雄,《近代英国经济史要览》,南京大学出版社,2001 年,第 25 页。

英国农业剩余劳动力转移的历程体现出以下特点:第一,转移背景的独特性。英国在农业劳动力转移过程中,具有独特的背景条件,如早期机器大工业的空前发展;始于 15 世纪末至 19 世纪中叶的"圈地运动",是英国所特有的条件。此外,英国历年向海外净移民 1 000 多万人。无疑这些对英国农村剩余劳动力转移会产生巨大的影响。第二,转移过程的漫长性。英国是工业化最早的国家,但农业劳动力转移却经历了长达四个世纪的时期,即使只考察机器大工业出现以后的阶段,其转移的速度与其他发达国家相比也并不快。第三,转移方式的递进性。在英国,工业部门一直是容纳劳动力最多的部门,直到20世纪50年代后,服务业才逐渐成为容纳劳动力最多的部门,但其劳动力来源主要不是农业部门,而是传统工业部门所释放出的劳动力和新增劳动力,劳动力的转移呈现出由农业—工业—服务业的递进结构。

(二)美国农业劳动力转移历程和特点

美国农业劳动力转移可以分为五个阶段:第一阶段是1820—1850年的启动阶段;第二阶段是1850—1880年向西部大规模迁移阶段;第三阶段是1880—1910年第一次转移高潮,农业劳动力在总劳动力中所占比重开始下降的重要转折阶段;第四阶段是1910—1950年农业劳动力第二次转移高潮,并且农业劳动力的绝对数开始下降的阶段;第五阶段是1950年到20世纪70年代中期第三次转移高潮,劳动力快速转移的阶段。在工业化初期,美国农业劳动力占社会总劳动力的比重为63%,19世纪20年代,第二次工业革命使美国的工业获得了快速发展,带动了劳动力转移初步发展,19世纪末工业化实现之后也出现了第一次劳动力转移的高潮。

美国农业劳动力转移有以下几个特点:第一,从转移时间看,美国从19世纪20年代到20世纪70年代,大约用了一个半世纪的时间完成了农业(剩余)劳动力的转移。第二,从整体来看,美国在劳动力短缺的经济历史背景下,以大规模的工业化为后盾,走出了一条工业化、城市化和非农化基本同步的自由迁移道路。第三,从转移方向看,吸收农村劳动力的部门基本为大城市的工业部门和包括商业和服务业在内的第三产业部门。

美国农村剩余劳动力由农村向城市的流动具有地域转换先于职业转换的特点。出现这种情况,主要是由美国特有的经济社会背景所决定的:一是美国地多人少,工业的快速增长提高了农业的机械化水平,提高了农业劳动生产率,解决了地多人少的矛盾;此外,由于机械化而分离出来的部分农村剩余劳动力也被快速的工业化所消化。二是美国在工业化的同时实现了农业现代化。三是交通运输业的繁荣不仅吸纳了大量劳动力,而且降低了农村劳动力的迁移成本,使农村剩余劳动力的自由迁移更为方便。在美国农业劳动力迅速转移的进程中,农业不但未衰落下去,而是继续飞速发展,与工业化相互促进,使美国经济得以走上良性发展的轨道。总体来说,由于美国在农业劳动力转移上特有的良好社会经济背景,美国农业劳动力转移得到了有效的解决。在美国农业劳动力进入良性转移轨道后,美国农业劳动力所占的比重随之锐减。“二战”前，美国农业劳动力占社会劳动力总数的22%，1950年下降到12%，1960年下降到6.6%，1971年降到3.1%，目前只有2%。

从美国农业劳动力的转移历程可以看出，美国工业的发展是解决农村剩余劳动力的拉力，交通业的繁荣和农业劳动力的无阻碍流动是解决农村剩余劳动力的润滑剂。从政府的角度看，在工业化的同时实现了农业现代化解决了农村剩余劳动力流动的后顾之忧。从中也可以看出，美国农业劳动力的转移在身份、社会保障、权益等方面都发生了实质性的转移，也无农民或城镇居民之分。19世纪初，美国在新英格兰地区已出现简单的机器和工厂。1812—1814年第二次反英战争取胜后，广大北部（包括东北部和中西部）全面进入了工业化时期，新兴工业城市不断涌现，使东北部地区逐渐成为制造业的中心。新开发的大湖沿岸和俄亥俄河流域，由于自然资源丰富，采矿、炼铁、石油等重工业后来居上，使居民点、矿区等地发展为工业城市。工业化风起云涌的形势自然影响着一部分农民的去向。多数人为改变收入状况，单身青年更向往美好前途而弃农进城，也有农民因家乡土质不好，生活难以维持，被迫另谋生路。就全国而言，当时除南方黑人外，人口流动是自由的，不受法律限制，除了交通不便、资金不足这一类困难外，几乎没有人为的障碍。

美国农村的“推力”比较明显。首先，由于农民中的很大一部分由移民构成，他们来美国的目的正是为改善经济状况和社会地位，所以，普遍存在着求“变”、好“动”的要求，他们会抓住每一个改变自我的机遇，甚至甘冒风险。而且，就发展前途而言，移民来到美国后几乎站在一条起跑线上，只有奋斗、竞争，才能出人头地。其次，工业化带动了农业机械化，使农业生产率不断上升。以每位农业劳动者所能供养的人数为例：1820年为4.1人，1900年上升为7人，到1920年达到8.3人，比100年前提高了1倍。1950年又比1920年增加1倍，达到15.5人，再到1964年，一个农民则能养活33人。值得注意的是，这3次翻番所用的时间越来越短，第一次花去一个世纪，第二次用了30年，第三次仅仅经过13年。而且，从1964年到1970年，一个农民所供养的人数又提高到47人。农业劳动生产力快速提高所产生的一个直接后果，便是释放出大批农村剩余劳动力，成为城市第二、第三产业劳动力的来源。再次，农业的“推力”还取决于农民收入低于城市居民的状况。其实，这是一个普遍规律，并非美国所独有。但是，与众不同的是，美国南部落后的农业是长期存在的奴隶制造成的后果。美国建国后，两种经济制度并存竟长达80多年。南方存在的是“赤裸裸的奴隶制”，而不是“欧洲的隐蔽的雇佣工人奴隶制”。美国的“直接奴隶制是资产阶级工业的基础。没有奴隶制就没有棉花；没有棉花现代工业就不可设想”。而欧洲首先进行工业革命的英国，其“最重要工业部门的基础是美洲联邦的南部诸州所存在的奴隶制度”。南部的种植园经济为英国和美国本身的工业化起步提供了不可或缺的原料，但却在南部农村留下了极度的贫困。被30万奴隶主统治的400万黑人奴隶从未进行过自由流动，无选择自己命运的权利。因此，当他们在内战中获得解放后，从19世纪80年代开始便掀起了大规模的迁移。当时，南北方的人均收入可谓天壤之别。东北部工业发达地区年平均收入为1 353美元，而南方只有376美元。南方的人均财富只相当于北方纽约、新泽西、宾夕法尼亚等州人均财富的27%。所以，经济上的贫困和政治上的白人种族主义迫使黑人大批出走，一部分农民只做异地流动，不改变农民身份；一部分转入南方城市；大部分黑人则涌入北部和西部的工业城市，转移到第二、第三产业。仅在1916—1917年，进入北方城市的南方黑人就达35万之多，他们主要来自黑人集中的阿拉巴马、密西西比和佐治亚等州。到20世纪20年代，全国城市中的黑人增长46%，而白人只增长24%。这时期，美国工业已在世界位居榜首，而且基本实现了城市化，可是农民收入仍旧落后于其他职业。以1928年农业部的抽样调查为例，农业人口的平均年收入为273美元，而全国的平均收入则为750美元。农民转移的“推力”仍在起作用。直到第二次世界大战后，农业已高度现代化时，农业人口的收入还低于非农业人口的收入。1960—1963年，农业人口人均收入(扣除所得税)相当于非农业人口人均收入水平的60%，1967—1970年，上升为75%。1970年以后，农业人口在全国人口中所占的比重已经很小，收入差别作为一种“推力”的历史使命才算基本完成。

(三)日本农业劳动力转移历程和特点

日本的农业劳动力转移进程可分为三个阶段：第一阶段是明治维新后开始发展工业到“一战”前的初步发展阶段，第二阶段是“一战”和“二战”期间的停滞阶段，第三阶段是“二战”后工业开始迅速发展阶段，也是日本历史上农业劳动力转移速度最快的阶段。日本农业剩余劳动力转移用了近一个世纪的时间，从20世纪初开始到20世纪末基本完成。战前几十年，日本经济增长缓慢，农村一直存在剩余劳动力。而真正实现农业剩余劳动力大规模转移是在“二战”以后。日本政府针对本国人多地少、资源短缺的特点，对农村剩余劳动力转移进行了有效干预，走出了一条“跳跃式转移”和“农村非农化转移”相结合的道路。

1.日本农业劳动力转移历程

(1)恢复性转移时期(1945—1955)。日本战后复兴期的10年中，前期为占领时期，主要任务是战后改革，在农村是进行农地改革；后期是真正的复兴期，农业劳动力的转移实际上是在后期才开始启动的。据1944年的《人口调查》和历年的《国情调查》统计，1944—1950年期间，农业劳动力急剧增加了530万人。其中，1947—1950年期间，农业劳动力虽已开始减少，但减幅很小，仅仅减少了49万人。

而到 1950—1955 年期间，农业劳动力减少了 128 万人。农业劳动力之所以出现如此剧烈的社会性减少，其原因在于经济复兴，工业迅速发展对劳动力产生巨大需求，同时，战争期间被迫停业的零售业和商社等服务业由于社会消费的增加而迅速恢复，也对农业劳动力产生了很大需求。

(2)快速转移时期(1955—1970)。战后初期，日本虽然出现了一时的农业劳动力倒流现象，但经济复兴后，很快就转入高速增长时期，因此也就进入了农业劳动力转移最快的时期。1955—1970 年的 15 年中，农业劳动力从 1 600 万人减少到 1 000 万人，下降了 37.5%。农业劳动力的比重从 41.0%降为 19.3%，下降了 21.7%(表 4-7)。根据《农户就业动向调查》统计，在 1961 年制定的《农业基本法》颁布之前，农业劳动力向其他非农产业的转移数据是 1958 年 54 万人，1960 年 75 万人。在《国民收入倍增计划》的“农业劳动力动员计划”中，确定在未来的 10 年期间，除新毕业生之外，还将从农村吸收 243 万劳动力从事第二产业和第三产业工作，即计划平均每年吸收 24 万人。而实际上，这一时期，农业劳动力平均每年流出 30 多万人。这一时期农业劳动力向其他产业转移有以下三种形态，即异地转移型、通勤兼业型、外出打工型(外出不足 1 年)。从进行农业劳动力转移统计的 1958 年起，到石油危机前的 1971 年为止的高速增长时期，年平均以第一、二种两种形态转移 80 万人。但由于每年从其他产业离职返回农村者接近 20 万人，纯流出应为 60 万人。总体来看，以第三种形态流出人口不太稳定，在高峰期(1963—1964 年的东京奥运会工程时期)大约有 30 万人。1955—1960 年期间，高速增长迅速波及农村地区，人口流动方向也发生巨大变化。即以 1963 年为界限，农业劳动力流出的主体形态由异地转移型转变为通勤兼业型。当年在农户收入中，农业收入和兼业收入的地位也发生逆转。日本农村进入了“总通勤兼业化”的时代。

表 4-7　战后日本就业结构变化情况

%

年份	第一产业	第二产业	第三产业
1946	53.5	22.3	24.4
1954	43.4	21.6	34.9
1960	32.6	29.2	38.2
1970	19.3	34.1	46.5
1975	13.8	34.1	51.8
1980	10.6	33.5	55.4
1985	9.0	33.0	58.0
2000	5.1	30.6	64.3

资料来源：根据《日本调查统计资料》(2002)第 218 页表 3 中的数据计算而得。

(3)低速转移时期(1971—1980)。20世纪70年代初石油危机后，日本经济开始进入低速增长阶段。产业发展停滞，劳动力市场趋于稳定。1970—1980年期间的农业劳动力转移速度开始下降，从50年代和60年代的年均60万人下降为年均40万人。农业劳动力比重从19.3%下降到10.6%，这意味着日本已经完成了农村剩余劳动力的转移任务。进入70年代以来，新毕业生向城市的流动开始逐渐减少，取而代之的是农业在业人员的转移量的增加。最高年份转移高达25万人。从年龄段来看，60年代，19岁以下的农业劳动力的转移占绝大多数，而到70年代前期，随着人口自然增长率的下降和大学升学率的上升，年轻人的转移出现有规律递减，而青年年龄段人员的转移出现增加，而且重点是“通勤兼业”就业人员进一步增加。到1972年，“通勤兼业”就业人员已经占到农村转移劳动力总数的70%以上。70年代中期以后，由于过去的经济增长方式开始失灵，经济陷入萧条，吸收劳动力的主要行业建筑业和夕阳产业的纺织业自不必说，就连机械行业也各自比70年代初少吸收农业劳动力40%左右。不过，向第三产业的劳动力的转移速度减幅却很小，这说明“第三产业正在取代第一产业成为过剩劳动人口的蓄水池”。从劳动力向农村回流的情况看，农家出身的职工回流量自1960年以来，每年几乎都停留在20万人左右，但进入70年代后，增加到25万人。农村外出就业人员在1974年和1975年明显减少，而回流人员却大幅度增加，这一时期出现了中老年职工回归农村的所谓“U字回流”和“J字回流”现象，其结果导致农村流出人数减少。60年代的回流率(回流人数/外出人数)为25%左右，70年代不断上升，1975年已经上升到40%。之所以出现这种现象，一是在经济萧条时，单纯工种和简单劳动力的中老年人容易被排除出来；二是农村与城市的差距已基本消除，人到中年特别是到老年开始厌烦喧闹拥挤、生活环境相对较差的城市生活，回归自然和返回故里的心理增强。

2.日本农业劳动力转移的特点

与国际上其他完成劳动力转移的发达国家相比较，日本农业剩余劳动力转移的速度是最快的。从国际比较上看，法国农业就业人口从51.7%降到10.0%大约用了120年的时间，美国农业就业人口从51.3%减至9.5%大约用了80年的时间，而联邦德国也用了84年的时间才将农业人口从48.4%减少到10.2%。然而，“二战”后，日本农业就业人口从1946年的53.3%降到了1980年的10.9%，只用了30多年的时间。可以说，日本是目前为止农业劳动力转移速度最快的国家(表4-8)。

虽然与美国、英国相似，日本农村剩余劳动力转移的方向主要是大城市，但是，日本农业剩余劳动力转移仍有自己鲜明的特点：

表 4-8 日本与其他发达国家农业劳动力转移速度比较

国家	期间	时间/年	农业劳动力比重变化/%	年平均下降/%
日本	1950—1980 年	30	48.3—10.9	4.8
美国	1880—1960 年	80	51.3—9.5	2.1
法国	1856—1975 年	119	51.7—10.0	1.4
联邦德国	1882—1966 年	84	48.4—10.2	1.8

资料来源：根据韩俊的《跨世界难题——中国劳动力转移》第 57 页中数据计算而得，山西经济出版社，1994 年。

第一，政府行为。日本政府在农村剩余劳动力转移过程中发挥了重要作用。在 20 世纪 60 年代，日本政府重点扶持规模较大的自立经营农户，鼓励小农户脱离农业，转向非农产业。1971 年，日本通过了一项法案，要求在政府指导下，促进工业和农业、城市和农村协调发展，并制定了一项国家和地区相结合的指导性的发展计划，规定从 1971—1975 年，在城市郊区建立销售总额为 9 万亿日元的各类工业区，吸纳 100 万人就业，其中 60%来自农村。到 1975 年 8 月，全国有 813 个城镇实施了这项计划，已建成机电、金属加工、运输机械等各类工厂 686 家，吸纳了大批劳动力，其中，半数左右是农村剩余劳动力。

第二，由于人多地少，日本农村剩余劳动力转移并没有伴随土地集中。战后，日本农村剩余劳动力转移速度加快。1950 年，日本农业劳动力占社会劳动力总数的 48.3%，1960 年，该比重下降到 32.9%，1971 年降到 19.7%，1977 年仅为 13.2%。但是，土地转移却极其缓慢，土地集中程度相对低于欧美发达国家，农业兼业经营普遍。

第三，日本注重发展劳动密集型工业，为农村剩余劳动力顺利转移创造条件。日本在战前的早期发展中，十分重视节约资本，充分利用劳动力丰富的优势，发展劳动密集型工业。在日本工业吸收的劳动力的总数中，由劳动替代资本的创新吸收的劳动力所占比重为 80%，而由资本积累吸收的劳动力所占的比重仅为 20%。例如，1889 年日本工业吸收的 19.50 万劳动力中，有 17.05 万是靠劳动替代资本的创新吸收的，其比重高达 87.44%；而且在 1880—1930 年的整个过程中，日本工业部门对农业劳动力的吸收率始终大于人口增长率，从而使经济能够迅速摆脱“马尔萨斯陷阱”，实现现代化。同时，因缺乏自然资源，日本将教育体系视为国家优先考虑的事项。日本农村剩余劳动力转移的成功在很大程度上取决于其国民素质的提高。

从上述的分析中可看出，日本对农村剩余劳动力的转移所采取的主要方式是：工业和农业、城市和农村协调发展，并充分运用政府行政干预的方式，在制度和政策上保障农村剩余劳动力的顺利转移。

第四,农业劳动力的转移方式以兼业为主。所谓兼业化转移,就是农户在从事非农业生产的同时,不放弃自己在农村的土地经营,以便减少失业风险,提高家庭收入。在日本,以农业为主,兼顾他业的农户称为第一兼业农户;以他业为主,农业为副的农户被称为第二兼业农户。日本劳动力由农业向非农业部门转移,主要是通过兼业方式实现的,这是日本农业劳动力转移的最明显特征。日本农业劳动力转移分两种类型:一是异地转移,即在经济高速增长初期农业劳动力主要是青年劳动力大量涌入城市,远离故土;二是就地转移,在经济高速增长期,随着地区开发,分散工业布局,大量企业进入农村,农村工业迅速发展起来,增加了对劳动力的需求,鼓励了农民的兼业行为。

日本是世界上农业兼业现象最突出的国家,兼业收入基本上成为农民收入的主体。1955—1975 年,在日本农户总数从 6 043 万户降至 495.3 万户的同时,兼业农户数却从 393.7 万户增至 433.7 万户,所占比重也从 65.1%上升至 87.6%。从 1953—1975 年平均看,日本农民的农业收入只占全部收入的 26.4%,非农业收入却占了 73.6%。1960—1985 年,以非农业收入为主的第二类兼业农户比重大约增加了 40 个百分点。其中 1979 年全国从事农业劳动的 1 264 万人中,有 846 万人是兼业者,在兼业农民中有 82%是雇佣工人。农村工业化进展迅速的富山地区以 94%的兼业率位居全国之首,那里只有 6%的专业农户。因此,兼业农户从过去以外出找活干来弥补农业收入,变成了以从事非农业活动为主,反而把农业作为补充收入的来源。也就是说,工业的发展已经把一半以上的农民变成了保留一点土地的工人。对许多农民来说,农业已经成为了家庭副业。日本兼业的地理分布呈现出了这样的特点:离大城市愈近,兼业农户愈多,第二兼业农户也愈多。现代化使众多农户的收入结构发生了根本性变化:非农业收入水平超过了农业收入。

日本的经验表明,兼业的转移方式不但为农村剩余劳动力的加速转移提供了物质保障,而且在缩小城乡收入差距方面起到了十分重要的作用;然而,其不利于农户扩大生产规模的负面影响也是显而易见的。农户的兼业化转移主要是由其资源状况(人多地少)决定的。农民兼业主要是由于经济高速增长造成土地需求激增,地价高涨,土地所有者不愿意轻易放弃土地,待价而沽。同时,日本的兼业农户规模很小,日本机械也适合小农生产,农民可以利用休息时间完成农业劳作,所以兼业生产并不困难。此外,战后日本政府对农业的扶植和保护,使日本农户可从农业中获得较有保障的收入。战后,日本农业现代化是在政府主导下完成的,政府的组织性大大克服了小农体制与现代化要求不适应之处。在这个过程中,政府努力采取措施保障农民的农业收入。这些措施的持续稳定,使日本农民从农业生产中可获得稳定的收入，因而不太愿意放弃小块土地，即使外出有了稳定的工作，也将耕种田地收入作为自己收入的补充，因为它与劳动的付出相比较是划算的。然而，农业劳动力转移以兼业为主，造成了很多没有效率的小农场，它们受到国家农业政策的保护，再加上日本政府对农业的巨额补贴，使得农业技术制度变迁不能适应要素相对价格的变化而发展，导致日本农业日益成为一种自立能力差、效率低的产业，使得日本农业的整体效率难以提高，从而削弱了日本农业的国际竞争力。

（四）发达国家农业劳动力转移的条件与影响因素

1. 农业自身发展是农业劳动力转移的基础

(1)农业机械化推动了发达国家的农业劳动力转移。以日本为例，1960—1975年日本的动力耕耘机和农用拖拉机从51.4万台增加到392.1万台，增长了7.6倍，动力喷雾机从2.32万台增加到131.01万台，增长了56倍，农用汽车(包括三轮汽车)从10.3万辆增加到110.6万辆，增长了10.7倍。农机拥有量的成倍增长使农业生产的机械化作业程度大大提高。1967年水稻的机耕面积达96%，机械收割面积达80%，机械脱粒达98%。农业劳动的机械化和农业技术的进步，使日本的农业劳动生产率得到了提高，也使农业劳动力投入量大幅度下降，从而导致农村产生大量过剩劳动力。此外，进入经济高速增长时期后，为使农户有时间在城市从事非农产业，日本政府也设法促进了农业机械化程度的提高。1960年日本用于农业机械的支出为841亿日元，1975年增加到9 685亿日元，增长10倍多。因此到20世纪70年代中期日本农村就已基本实现了从耕作、插秧到收获的全面机械化。而且在品种改良、栽培技术、农药和肥料的合理使用以及水和灌溉等各方面都达到了世界先进水平。农业机械的增多，生物化学技术的发展，极大地提高了日本农业劳动生产效率。其结果，不仅充分满足了从事其他产业的劳动力对农产品的日益需求，为农业劳动力的转移创造了前提条件，而且使广大的农业劳动力能够从简化了的农业生产中抽出身来，进入其他产业。从另一方面来看，农业劳动力的外移引起了农业工资水平的相对上升，使农民有能力购买农业机械进行生产，从而促进了日本农业机械化的普及。因此，农业机械化的普及与发达国家农村劳动力向非农产业转移是互为因果，相辅相成的。

(2)发达的农业是剩余劳动力顺利转移的保障。发达的农业在满足国民经济发展所需要的粮食等食物和工业原料的前提下减少了对劳动力的需求，使农村产生了剩余劳动力。农业的发展也为非农产业的发展奠定了资金、原料、劳动力等方面的基础。农业的发展是发达国家劳动力转移的坚强后盾。农业现代化压缩了对农业劳动力的需求，使得发达国家相对稀缺的劳动力在工业化后期能够大量流向城镇非农产业。在农业发展不充足的条件下进行劳动力转移也给社会带来了一定的问题。例如，韩国长期以来重视工业而忽视农业的发展战略使得农业生产长期处于落后状态。韩国主要靠大批进口粮食来支撑农业劳动力的转移。与此相应的结果是，韩国的中小城市以及农村非农产业不发达，农村剩余劳动力主要涌向工业发达的大城市，造成了交通拥挤、住房紧张、污染严重等“大城市病”。

(3)农工综合体的发展扩大了剩余劳动力的转移空间。农工综合体的部门分为三类：第一类是农业前导部门，包括制造和提供各种农业生产资料、信贷、技术、咨询服务等部门；第二类是直接从事农业生产的部门；第三类是农业后续部门，包括农产品加工、包装、储运、销售等部门。剩余劳动力不仅可以进入非农产业实现劳动力的转移，也可以进入农工综合体的前后衍生部门。美国把这个广义的农业称为“食品-纤维系统”。自20世纪60年代以后，英国的农工综合体发展迅速。英国的农村剩余劳动力除了进入城市、工业部门外，有相当一部分转移到了农工综合体的前导和后续部门。在美国，虽然从事农业生产的人口大大减少了，但如果把农业生产前部门以及农业生产后部门与农场生产一并考察，其占用的劳动力约占到20%以上。农工综合体的发展大大提升了劳动力的就业空间。

(4)农业的边际收益递减性促进了农业劳动力转移。农业生产的边际收益递减性使得农民不可能无限地投资于农业生产，必须向农业之外的行业投入剩余劳力、资金和技术等。因此，最终从事手工业或商业贸易来增加收入变成了庄园里农民们的选择。毫无疑问，农民家庭的经济地位主要取决于该农户所支配的土地数量和质量。现在以英国的情况来说明。据米勒估计，在两圃制下维持生活至少需要18英亩(7.2公顷)土地，在三圃制下需要13.5英亩(5.4公顷)土地，也就是说大约半份地的农民刚够维持生活。倘若土地贫瘠，则上述最低份地数量还需相应增加。如果我们承认科斯敏斯基和波斯坦对12—13世纪能够维持生活农户数量的估算正确，那么在正常年景下，13世纪英国的庄园里约有一半人口处于难以维持生活境地。因此，在土地产量微薄地区，农家必须获取额外收入，或者增加单位土地上的劳动力投入以获得更大效益，或者扩大份地面积，实行大农场式经营，以期取得规模效益。由于份地面积小，随着投入增加农业边际收益迅速递减，总产量不再提高的临界点很快就会到来。中世纪耕作制度的变化——从两圃制到三圃制，也是农业生产者为应付生产边际收益递减现象而采取的一种措施。三圃制最初出现在8世纪后期塞纳河和莱茵河之间的地区，但并没有随着垦荒、拓疆传播开来，在多数垦区实行的依然是两圃制。地力的严重消耗使得不少地区放弃三圃制而恢复两圃制。直到12世纪左右三圃制才逐渐为英格兰多数地区所接受。经济史家诺斯认为，三圃制之所以取代了两圃制，正是农业生产边际报酬递减的结果。它的实行部分缓解了劳动力生产率下降、边际报酬递减的恶果。三圃制的出现是农业生产者向非农产业转移前在农业领域进行的一项增加收入的努力，是农业劳动力转移过程中的一种应变措施。16世纪资本主义大农场的出现可视为农场主针对农业生产边际收益递减采取的一种通过扩大耕作面积来降低成本、提高收益的措施。而在中古时期这同封建庄园生产关系发生严重冲突，难为后者所包容。最后，农民只剩下从事家庭副业这一条现实出路。农业生产存在的边际收益递减现象迫使劳动力向非农领域转移。欧洲乡村工业大多集中在贫瘠的山区并不是偶然现象。这是封建社会晚期农业劳动力向乡村工业转移的重要原因之一。因此，布罗代尔认为“贫困往往是前工业的向导”，是农民摆脱困境的“救世主”。

2. 工业化快速发展是促进农业劳动力转移的原动力

工业革命极大地促进了生产力发展，引起了社会经济结构发生重大变化。工业革命的发展和近代工业城市的兴起，使得人口城市化趋势日渐明显。农业劳动力转移是工业化和城市化的产物。

工业化促动了劳动力转移的变革。19世纪50年代至20世纪初，由电动机和内燃机带动的“电工技术革命”使工业化由欧洲核心地区向周围地区扩散，西欧、北美从事农业劳动的人口降到了40%以下。20世纪下半叶出现的新技术革命，引起了全球结构大调整，日本在1947—1975年间农业人口从72%降低到25%。法国第一次工业革命带来了钢铁、纺织和煤炭等工业的发展，这些新兴工业部门工资高，吸引了大量劳动力，使法国农业劳动力由原来占全国总劳动力的80%下降到40%；第二次工业革命带来石油、内燃机、汽车、飞机、人造纺织、有机化学等行业的发展，使法国农业劳动力的比重下降到20%。各国劳动力转移的突破性变革均是在工业化的促动下进行的。工业的发展，特别是农业机械的大幅度增长，既为劳动力转移提供了物质前提，又为农业劳动力的转移提供了就业机会，促进了劳动力的深层次转移。

工业化进程决定了农业劳动力转移的速度和规模。劳动力转移是在工业化的推动下进行的，每个转移阶段都和工业化程度密不可分。工业化在各国劳动力转移的进程中发挥了至关重要的作用，劳动力转移的关键阶段都是以工业化的重大突破为基础。

3. 政府的积极支持政策是农业劳动力转移的助推器

发达国家政府采取了多种措施，鼓励农业劳动力转移，为农业劳动力转移创造良好环境。这些措施主要包括：建立相应的土地制度、实行财政支持政策、建立相应法律制度和农业劳动力教育培训制度等。

(1)土地制度对农业劳动力转移的影响。公平的土地制度对于农业劳动力转移会产生积极的影响。为激励东部地区农民向西部地区转移，1781年美国联邦政府制定“西北准州条例”，担保移民的生命安全和人身财产的自由，奠定了移民的基本权利，从而鼓励人们向西迁移。1790—1880年间美国政府制定了许多土地法令，通过降低土地价格、保护占地居民的土地优先购买权、允许赊购等方式促进了农业劳动力转移。尤其是1862年美国颁布了《宅地法》。它规定年满21岁的美国公民，不反对政府或不与政府敌对者，可以取得1/4平方英里(0.65公顷)的土地，交纳10美元手续费，耕种5年，归其所有。这些法令的颁布，吸引了大批移民，加速了西部开发，推动了农业的发展和农业机械化的发明和应用，从而加速了农业人口的转移。20世纪80年代以后，日本通过租赁和“农业委托”等形式实现土地的流动和规模经营的扩大。波兰于1956年开始允许土地自由买卖，对新农户新购买的土地实行3年免税，并降低对大农户的征收额。统一前的联邦德国为了鼓励转移出去的农民转让土地以扩大农场规模，不但为农民提供“改业基金”，还颁布了《土地出租奖金法》。结合本国国情，通过政府行为对土地等生产要素的分配进行导向，可以有效引导和促进农业劳动力向非农产业转移。

(2)实行财政支持政策，促进农业劳动力转移。农业作为弱势产业，在市场条件下很难得到充足资金。通过对农村基础设施、农业科学技术、教育培训提供资金支持，政府在财政上的各项措施能够增加就业机会，给经济发展和农村剩余劳动力转移提供保证。长期以来，美国、日本、欧盟等发达国家和地区纷纷采用农业收入财政补贴、信贷财政补贴和保险财政补贴等措施对农业发展予以财税政策支持，在推动农业发展上起到了至关重要的作用。从20世纪50年代以来，美国、日本、欧盟等发达国家和地区就先后在农业生产及加工等领域全面推行机械化，对农场主和个体农民在购买农业机械时，都给予信贷财政补贴。日本政府对农田基本建设费用的补贴高达90%以上。欧共体为促进成员国农业现代化，曾明确规定凡购置大型农业机械、交通运输工具、兴修水利工程等，欧共体提供25%的补贴，另外75%则由各成员国政府解决。

(3)建立和完善相应法律制度，促进农业劳动力转移。这些法律制度主要包括：一是清除各种劳动力转移的障碍。例如，英国17世纪制定的《济贫法》和《定居法》曾经是人口长期流动的主要障碍，这些法律规定当贫民由一个教区迁移到另外的教区时，如果该教区认为他增加了济贫税的负担，就要将其遣返原地。18世纪和19世纪，英国政府逐步放宽了对居民迁移的限制，特别是在1846年颁布的《贫民迁移法(修正案)》和1865年颁布的《联盟负担法》，使对贫民的居住地限制事实上成为不可能。与英国类似，德国19世纪初有著名的“十月敕令”，为普鲁士农民获得人身自由、农民自由转换职业、农村人口自由进入城市提供了法律依据。后来普鲁士还颁布了《职业自由法》和《迁徙自由法》，进一步为劳动力自由流动提供了法律保证。法国1962年的《修正农业指导法》和1980年的《农业指导法》通过提供利息损失补贴鼓励农业信贷银行向农民提供较长期贷款和低息贷款,对扩大农场规模和鼓励青年农民务农起了重要作用,改善了农业劳动力结构层次。二是采取措施促进转移。如日本政府有意识地把人口从劳动生产率低的第一产业转移到劳动生产率高的第二、第三产业。1961年日本颁布了《农业基本法》和《农业现代化资金筹措法》,规定在10年内要将农村中农户总数的60%转移到非农领域。同时由国家贴息向农户提供长期贷款,促使农业现代化,改变原有的农业结构。此后,日本政府又利用“农协”组织,引导农业生产形式向“龙头企业+基地”、“农协(市场)+基地”转变,使农业逐步融入工业循环的大体系之中。这一系列政策的实施有力地推动了农业劳动力的转移,农业人口占全国人口的比例也由1960年的37.1%降到1970年的25.6%,10年间农业人口减少了823万。

(4)大力提高劳动力素质,为农业劳动力转移创造有利条件。农业劳动力的顺利转移,取决于劳动力素质是否适合经济社会发展的需要。劳动力的素质和科技水平是就业竞争的重要条件,提高劳动力素质是农村剩余劳动力顺利转移的内在条件。发达国家较高的劳动力素质加快了农业劳动力的转移。日本从明治时代开始,就非常重视教育事业的发展。政府的大量拨款使得日本的教育事业特别是初等教育和职业教育迅速发展。20世纪70年代中期,日本已基本普及高中教育。教育事业的发展提高了人力资本投资的加大和劳动力素质,使日本农业劳动力对于非农就业机会具有良好的适应性,这也是日本战后农村剩余劳动力得以迅速转移的内在条件。同样,美国、英国等发达国家也非常重视劳动力素质在劳动力转移中的重要作用。美国从19世纪末到1945年完成了由使用畜力到使用机械力转变的农业机械革命,农业劳动力的比重在90年代已经下降到3%以下,在此过程中,高质量的教育水平和劳动力素质起着不可替代的重要作用。

二、发展中国家和地区的农业剩余劳动力转移

发展中国家和地区的农业剩余劳动力转移具有显著的差异性。就转移速度来看,转移较快的和转移极慢的均为数不多,其中,以韩国和印度的情况比较具有代表性。

(一)韩国的农业剩余劳动力转移

1.韩国农业剩余劳动力的特点

1960年,韩国农业人口占其总人口比重的66.0%(表4-9),韩国完成农业剩余劳动力从乡村到城市的转移只用了约30年的时间,速度非常惊人。在20世纪60～90年代,每年都有大批农业剩余劳动力离开农村到城市谋求职业,城市劳动

力调整性流动的规模以及失业人口再就业的压力都很大，但韩国当时不仅没有出现严重失业和社会动荡，失业率反而有所下降，保持了社会的相对稳定。韩国的农业剩余劳动力主要是由劳动密集型为主的第三产业吸收的。在1965—1970年，第三产业吸纳了当时新增就业劳动力的77.8%。韩国当时采取的是跨梯度发展，靠第三产业直接吸纳转移的农业剩余劳动力，收到了双重的积极经济效果。一是有力地促进了当时第一、第二产业的现代化，既减轻了农业剩余劳动力转移带来的压力，促进了农业劳动生产率的提高，又减轻了城市失业压力并支持了工业的技术革新与现代化。二是以较低的代价和较高的社会效益日益扩大地吸收了新增转移到城市的农村剩余劳动力，满足了第三产业劳动力的需求。

表 4-9 韩国各产业就业情况

年份	农业		工业与服务业	
	万人	%	万人	%
1960	551.0	66.0	286.0	34.0
1965	522.0	58.0	378.0	42.0
1970	490.0	50.4	485.0	49.6
1977	539.8	41.8	753.1	58.2
1981	481.1	34.2	925.6	65.8
1985	373.0	24.9	1 125.0	75.1
1989	342.0	19.5	1 411.8	80.5

资料来源：根据国家统计局《国际统计数据》整理而得。

2.影响韩国农村剩余劳动力转移的因素

(1)经济政治体制改革为农村剩余劳动力转移创造了有利条件。韩国当时之所以能够使企业快速地发展起来，一个重要的原因是首先成功地进行了经济政治体制改革，破除了财阀垄断和国家对经济的僵化体制，使企业特别是中小企业得到了自由创业与发展的充分空间。再加上政府先后采取了经济优先、企业第一的新政策，更大大促进了企业的新发展。据统计，韩国从1960年开始到1980年平均每年至少有1万家新的法人企业诞生，即使按照最保守的估计，每家新企业平均吸纳40人就业，每年至少也会因此而多吸纳40万人就业，这就为农村剩余劳动力从农村转移到城市提供了一种可能性。按当时已有450万农村剩余劳动力，在1年内有1/4～1/3转移到城市，那么从新创业的中小企业那里获得职业的可能性就超过20%，而事实上，每年从农村转移到城市的农村剩余劳动力远远低于这个数目，实际上每年20万～30万人。

(2)城市化的发展政策为农村剩余劳动力转移创造了有利条件。韩国的城市化有两个最基本的特征：一是城市化的高速性；二是城市化的空间不均衡性。从韩国城市人口增长率来源看，由于城市人口自然增长率低于全国平均水平，而城市人口增长率高于全国人口增长率，说明农村人口迁移是城市人口增长的主要来源。韩国的城市发展政策是为重化工业的发展服务的。就单个城市类型而言，人口集中的部分城市尽管不充分但还是得到持续的城市开发投资，而人口增长慢的城市成为投资疏漏地区。这种情况持续下去，经过连续的循环，使农村剩余劳动力大面积涌入工业发达、收入较高的城市成为可能。

(3)韩国教育合理的超前发展，为农村剩余劳动力从农村转移到城市提供了主观条件。教育合理的超前发展，有效地提高了农村剩余劳动力的平等化技术素质，为其顺畅地向非农产业、向城市转移创造了决定性的主观前提。这是韩国农村剩余劳动力得以快速转移的根本条件。韩国在战后的多次教育改革之后，教育投入大幅度增加，在 1966—1976 年期间，教育经费平均每年占 GNP 的比重高达 8.8%，而且多数年份教育经费的增长率超过同期经济增长率，其中 1969 年教育经费比上年增长 18.4%，比同期已经高达 13.8%的年经济增长率仍高出 4.6 个百分点。作为政府部门的科技部与教育部协作，培养各类人才。1945 年韩国的文盲率为 78%，14 岁以上人口中只有 2%的人受过中等教育。由于韩国政府的扫盲工作，文盲率到 1960 年降为 27.9%，到 1970 年降到 11.6%，1990 年是 3.7%。这使农村剩余劳动力普遍具有一定的文化素质，使其得以顺利转移到非农产业，转移到城市。

(二)印度的农业剩余劳动力转移

印度是农业剩余劳动力转移速度最慢的发展中国家之一。目前农业劳动力的份额仍占 70%左右，几十年来农业剩余劳动力的转移几乎处于停滞状态。应该说，20 世纪 60 年代以来印度的工业化进程还是比较快的，但并没有相应地推动本国农业剩余劳动力向非农产业的快速转移。其主要原因是：第一，农业过于落后。长期以来印度农业生产一直沿用原始工具和手工劳动，劳动生产率低下。1991 年每公顷耕地谷物产量仅为 1 711 千克，比世界平均水平低 772 千克，是亚洲农业单产最低的国家之一。从 20 世纪 70 年代初到 90 年代初，印度农业发展速度一直徘徊在 3%左右。这种落后的农业状况根本无法支撑农业剩余劳动力的大规模转移。第二，偏重于资本技术密集型工业的发展。印度独立以来，工业发展较快，相继建立了一大批现代工业，但绝大部分是资本技术密集型的基础工业和重化工业，而劳动密集型的轻纺工业占的比重很小。因此，限制了农业剩余劳动力向工业部门的转移。1961—1981 年期间，现代工业部门的投资增加了 139%，产出增加了 161%，而就业仅增加了 71%，投资和产出的就业弹性分别下降了 34 个和 28 个百分点。1951—1988 年，工业部门劳动力的比重仅从 10.7%增至 12.9%。第三，人口迅速膨胀，农业劳动力大量增加。据统计，目前印度每年新增人口 1 500 万以上，而且 90%集中在农村。农业劳动力每年新增数量超过了转移数量。印度在剩余劳动力转移方式上，和韩国极为相似，都是直接转向大城市，只不过印度人口在大城市的集中程度更高些。有关资料表明，印度的大城市中集中了全国 20%左右的人口，而其城市化水平尚不足 30%。大量农业剩余劳动力的涌入，在这些大城市中形成了大量的失业人口，并伴随着严重的城市住房、交通、公共设施不足和城市贫困问题。

（三）影响发展中国家和地区农业剩余劳动力转移的因素

通过对韩国和印度等发展中国家农业剩余劳动力转移情况的分析，我们可以获得以下启示。

第一，发展农业对于保证农业剩余劳动力顺利转移起着至关重要的作用。韩国在经济发展之初便确立了优先发展农业的战略，并为农业发展进行了必要的制度改革和提供了必要的物质支持，促进了农业的迅速增长，从而成功地启动了农业剩余劳动力快速转移的进程。而印度由于长期忽视农业，农业增长相对于人口的增长基本处于停滞状态，从而使得印度农业剩余劳动力转移的速度异常缓慢；韩国虽然具有较高的转移速度，但却长期与通货膨胀相伴。以上比较说明，一个国家和地区只有首先成功地发展了农业，才能保证农业剩余劳动力向非农产业部门的转移顺利进行。

第二，工业化道路的选择是影响农业剩余劳动力转移进程的关键性因素之一。农业剩余劳动力转移是工业化的产物，工业化道路的不同选择对农业剩余劳动力的转移会产生截然不同的影响。韩国农业剩余劳动力能够得到较快转移的主要原因之一是，在工业化初期实施了以劳动密集型产品为核心的面向出口的工业化战略。而印度由于在工业化过程中没有经历劳动密集型产品的进口替代和出口替代阶段，直接起步于资本密集型重化工业产品的进口替代阶段，严重影响了工业部门对劳动力的吸收，进而导致了就业结构呈现“凝固”状态。

第三，农业剩余劳动力转移方式的选择直接影响着转移后果。韩国在农业剩余劳动力转移过程中采取了分散型转移方式，逐渐形成了以大城市为核心，以中等城市为骨干，以小城市为纽带和以中心镇为细胞的多层次的城镇空间构型，并通过发展农村非农产业吸收了大量农业剩余劳动力。避免了像印度那样，因农业剩余劳动力过量涌向大城市和不能有效地利用农村内部机制，而出现诸如大城市恶性膨胀、城乡差距过大，以及转移质量差，地域转移和产业转移无法同时实现等问题。由此可见，选择恰当的城市化道路和有效地发展农村非农产业，可以促进农业剩余劳动力转移与社会经济的协调发展。

第四节 中国农业剩余劳动力转移

作为最大的发展中国家，同时也是农业劳动力转移规模最大的国家，中国农业劳动力转移有着自身的历史背景和现实情境。中国独特的土地制度、劳动就业体制、户籍和福利保障制度以及各种产权和非产权制度在农业剩余劳动力的转移中发挥着不可忽视的作用。对中国农业劳动力转移的研究，无论是在理论，还是在模式和现实意义上都可能对劳动经济学和农业劳动力转移产生突破。本节从中国农业劳动力转移的理论意义、模式意义和现实意义三方面进行分析，全面剖析中国的农业剩余劳动力转移。

一、中国农业剩余劳动力转移进程

(一)改革开放前农业劳动力转移

新中国成立后，由于实施了重工业型赶超发展战略，我国不断强化二元经济社会结构，农业劳动力转移问题尤为突出，总体上可分为三个阶段。

(1)自发转移阶段(1949—1957)。这一阶段，农业劳动力转移基本上未受到政府超经济力量控制，是自发进行的。1952 年，我国国民经济恢复后，开始了大规模的经济建设，吸收了大批农业劳动力。1952—1957 年，全民所有制工业部门劳动力从 510 万增加到 2 316 万，增加部分大部分来自于农业劳动力。这一点从城镇人口变动情况也可以看出。这期间，城镇人口占总人口的比重由 10.6%上升到 15.4%，年均增长率达到 7.05%。而这期间的城镇人口自然增长率仅 2.3%，新增城镇人口主要来自农村，表明这期间人口转移是以异地转移为主。受此影响，农业劳动力占全部劳动力的比重由 83.5%降至 81.2%。

(2)大起大落阶段(1958—1965)。这期间农业劳动力的转移出现了大起大落的局面。在“大跃进”运动的误导下，经济建设规模急剧膨胀，从而造成对劳动力的过度需求。首先，农业劳动力异地转移大起大落。1958 年，国有工业和建筑业从农村招收 1 000 多万职工，导致该年第二产业从业人员猛增 2 倍，而农业劳动力锐减 3 800 多万人，农业劳动力占全部劳动力的比重也陡降至 58.2%。然而，盲目冒进使得这次农业剩余劳动力转移犹如昙花一现，三年自然灾害以及随后的三年经济调整中，几千万人从农业转移出来的劳动力又重新回到了农业。1965 年第一产业劳动者占全社会劳动力的比重又回升至 81.6%。其次，农业劳动力的就地转移也是大起大落。1958 年，农业劳动力就地转移规模达到 1 800 万人。后来大多数农村工业关闭，就地转移的劳动力大多都重新回到农业。在如此短暂的时期内，农业劳动力转移发生这样规模的大起大落在世界劳动力变迁史上是绝无仅有的。

(3)徘徊阶段(1966—1978)。在这一阶段,由于户籍制度以及住房制度、教育制度、就业制度的隔离实施,农业剩余劳动力的流动完全置于国家的严格控制中。同时,劳动力转移出现了反向流动,由于城市就业压力的加大,1 600 万城市知青被动员上山下乡,农村实际上担负着医治"城市病"、消除城市隐性失业的功能。此外,还有数百万知识分子和机关干部下放农村。虽然这主要是政治运动,但不能排除城市向农村转嫁就业危机的经济考虑。"文化大革命"严重地干扰了农业剩余劳动力转移的正常秩序。统购制度的推行,又使农副产品原料加工为主的社办企业和农村集市更加萎缩,广大的剩余劳动力被挤压在农业尤其是种植业的单一渠道上,就地转移模式未能得到发展。这一时期的农业剩余劳动力转移呈现出以下特征:①行政性强。工业对农业劳动力的吸收不是依据国家工业化进程的需要,而是根据计划部门主观臆断的招工指标进行。②波动大。"大跃进"运动使得 3 800 多万农民转向城镇,随后又迅速使他们返回农村。20 世纪 60 年代以来的上山下乡和下放运动,又使几千万城市劳动力逆向流动,违反了经济发展规律,加剧了农村隐性失业状况。③渠道单一。农业剩余劳动力主要是流向第二产业,向第三产业转移很少。这是与我国当时的工业化道路选择及传统经济体制密切相关的。重工业优先的工业化发展战略与中央集权的计划经济体制之间的相互依存,导致了我国农业剩余劳动力转移的壁垒机制。同时,由于"左"的影响,人们害怕流向社办企业,因此转移的流向也主要是城市国有部门,以异地转移为主,就地转移比重微乎其微。

(二)改革开放后农业劳动力转移

(1)起步阶段(1978—1983)。家庭联产承包责任制在农村的实施促进了农业发展,农产品价格的几次提价也暂时弱化了剩余劳动力转移的冲动,农村就业结构出现了逆向变动,农业劳动力占农村劳动力的比重由 1978 年的 89.7%上升到 1981 年的 90.7%,非农劳动力比重由 10.3%下降到 9.3%。1978—1983 年,累计转移 936 万农业劳动力,年均转移 187.2 万人。

(2)超常规转移阶段(1984—1988)。这一阶段累计转移 7 171 万农业劳动力,特别是 1984 年一年中,转移农业劳动力 3 909 万人。在这一阶段,农业劳动力转移的方向主要是农村非农产业,累计转移 5 542 万人,占转移总量的 77.28%。

(3)停滞阶段(1989—1991)。为了控制日益混乱的经济秩序和严重的通货膨胀,国家实施了为期 3 年的治理整顿,对经济进行"急刹车"式管理,乡镇企业发展受到了很大冲击,农村非农产业就业上升势头几近停滞。这一阶段累计转移农业劳动力 2 067 万人,平均每年增加 689 万人,转移劳动力总量平均每年增长 6.92%。

(4)快速转移阶段(1992—1996)。1993 年邓小平同志南巡讲话之后,各地以解放思想为契机,经济得到了很大发展,国内生产总值(GDP)年均增长 14%。农业劳动力转移开始打破停滞阶段的局面,呈现出加速转移的势头。在这期间,累计转移农业劳动力 5 804 万人,平均每年增长 967 万人,年均增长率 16.67%。

(5)低潮期(1997—)。1997 年以来,在"软着陆"式宏观调控下,乡镇企业发展一度停顿,导致出现"民工潮"。但由于调控力度适当,"农转非"人数仍呈现快速增长,加上农村个体及私营企业的较大发展,劳动力转移呈现出就地转移与异地转移并举的趋势,保持了一定的增长。1997—2000 年,农业劳动力累计转移 2 093 万人,年均转移 523 万人,年均增长率仅为 2.94%。

二、中国农业剩余劳动力转移模式

改革开放以来,中国农业剩余劳动力转移模式千姿百态,较为成功的模式大约可以概括为以下十种:

(一)苏南以集体经济为主的乡镇企业就地转移模式

苏南地区在农村改革时没有把集体资产分光,而是利用集体的优势,由社区组织经营管理,接受大城市的辐射,在过去农村"五小"工业[①]的基础上进一步发展了农村工业,让集体的资产不断壮大,乡镇企业的职工大部分是本地农民,他们大都住在乡下,在企业工作,开创了农业剩余劳动力离土不离乡的就地转移模式。目前该模式的内涵发生了变化,乡镇企业普遍进行了改制,集体企业基本都变成了个体私营企业,但就地转移的模式没有发生变化。

(二)温州以个体私营经济为主的乡镇企业综合转移模式

1986 年初,温州成为改革实验区后,采取措施,大力鼓励和支持个体、私营和股份经济发展。经过几年的发展,形成了以个体、私营经济为主,国营经济、集体经济、个体经济和私营经济并存的格局。个体、私营经济蓬勃发展,吸收了大量农业剩余劳动力,许多个体、私营经济走出温州,到全国各地寻求发展,带动了这些地区的经济发展,也促进了农业剩余劳动力的转移(李迪良等,1988)。

(三)珠江三角洲外向型经济为主的合资企业就地转移与吸纳模式

珠江三角洲地区充分发挥该地优越的区位条件,大力发展外向型经济,积极引进外资,成立了大量的外商独资、中外合资和合作企业。这些企业不但吸收了大量本地农业剩余劳动力,而且吸纳了大批全国各地的农业剩余劳动力。

① "五小"工业,是指我国县级及县以下单位兴办的地方小型厂矿的总称,包括小钢铁厂、小水泥厂、小农机厂、小化肥厂、小煤矿等。

(四)山东省以个体私营经济为主的农业产业化综合转移模式

山东省各地在发展蔬菜种植业中,形成了健全的蔬菜市场营销网络,配套的加工体系,四通八达的流通渠道。目前,山东省形成了以莱阳为主的鲁东蔬菜加工区,以安丘为主的鲁中蔬菜加工区,以苍山为主的鲁南蔬菜加工区,以菏泽为主的鲁西蔬菜加工区,吸纳了大量农业剩余劳动力。

(五)上海市郊区"三集中"转移模式

20 世纪 90 年代中期,上海市郊区开始推行"三集中"(工业向园区集中,耕地向规模经营集中,农民向集镇集中)模式,即通过乡镇企业向工业园区集聚,促进农业劳动力在职业和地域上(从村到镇)的转移,促进小城镇的发展。通过市场机制合理配置生产要素,使耕地资源流向适度规模经营的农户和合作农场,从而使农村地区经济发展的规模效益达到最佳状态,并真正体现可持续发展的精神,取得了很好的效果(刘惠芬,詹永富,1998)。

(六)强村带动就地转移模式

一些聚集比较集中、规模比较大、历史沿革也比较长久的村庄发挥社区内部人力资源、物力资源、文化资源的优势,实现农业资源的优化配置和生产要素的重新组合,以产出最佳的经济效益。社区农业实行规模经营,少数社区成员从事农业,剩余劳动力就地转移从事非农产业。河南省南街村就是这样的一个典型。1995 年该村 805 户 3 130 人,耕地 2 000 亩,年产值高达 12 亿元。全村 26 个工业企业,13 000 名职工,其中 12 000 多名是外村职工,而从事农业生产的只有 70 多人。从生活方式上看,他们与城市人一样,实行上下班制和公休假日。少数从事农业劳动的农业工人,业已向传统的农业劳动方式告别,完全是机械化操作的现代管理,而且一律实行工资制。单元式的居民住宅楼,已成为南街人生活方式由传统小农式向现代化转变的明显标志(宋金平等,1999)。

(七)小城镇发展综合转移模式

建设部 1994 年推出的"625 工程",以 6 个乡村城镇化试点县市(辽宁省海城市、山东省荣成市、江苏省锡山市、浙江省绍兴县、福建省福清市和广东省顺德市)、2 个试点地区(京津塘地区、襄樊-南阳地区)和 500 个小城镇为先行示范单位,成为全国小城镇建设的引路工程。小城镇基础设施的完善吸引了企业和人口的集聚,许多分散的乡镇企业往工业小区集中,大批农民进镇务工经商、开店办厂,一批农民城、农民镇蓬勃发展。往小城镇转移的农业剩余劳动力大量增加,小城镇成为中国农业剩余劳动力转移的"蓄水池"。

(八)中西部贫困地区外出打工转移模式

中西部地区农村经济发展相对比较落后,当地就业机会少,大批农业剩余劳动力异地转移，“民工潮”主要就是这些地区外出劳动力形成的。据四川、安徽、湖南、湖北、河南、江西等6省不完全统计，1982年农业劳动力外流不足100万人，到1993年上述6省劳动力外流增加到2 400万人，1992年上述6省劳务输出收入达到280亿元(中共中央政策研究室农村组，1994)。凭借外出就业，锻炼培养出一批经历了市场风雨、见识了工业化现代化世面的经营技术人才和有一技之长的农民工。他们回乡成为创办企业、发展开发农业和城镇的新生力量，给不发达地区催生出多方面的经济增长点。

(九)市场带动转移模式

依靠大型的专业市场、综合市场等批发市场，带动加工企业、商业流通业、交通运输业、餐饮服务业等一系列产业的发展，从而带动大批农业剩余劳动力的转移，比如浙江省绍兴柯桥的布匹市场、辽宁省海城西柳服装市场、山东省临沂商品批发市场等。

(十)村庄兼并转移模式

通过村庄兼并，使穷村、弱村的农业劳动力转移到强村、富村的企业工作，使双方的资金和中国农业剩余劳动力转移的模式与发展趋势力、劳动力和技术等优势互补，充分利用了土地、劳动力、资金、技术等生产要素，优化了资源配置，实现了规模发展，壮大了集体经济实力，推动了城镇化、工业化进程。村庄兼并主要有以下几种形式：①扩张式兼并。主要是指一些经济强村或强企业出于扩大规模、加快发展的需要而兼并其周边的弱村、穷村。②扶贫式兼并。即有组织地将一些地处边远山区、生活生产条件恶劣、脱贫致富无望的弱村、小村合并到城市郊区或本乡镇的富村、大村。③联合式兼并。即在村与村之间原有社区组织和管理体制暂时不变的条件下，在经济发展和村镇建设上采取合同契约或其他方式进行合作，使人口逐渐向中心村或强企业驻地集中。

以上模式对我国农业剩余劳动力转移和社会经济发展产生了积极作用，具体地说：

第一，中国农业剩余劳动力的转移主要是以“离土不离乡”为特征的，实现剩余劳动力在农村就地转移、就地“消化”，从而避免了其他发展中国家出现的由于农村人口涌入城市所产生的“城市病”。若目前在农村就业的近1亿劳动力加上其直接赡养的人口，都进入现有的大中城市，意味着城市人口增加约1.6亿，不仅会使现有城市人口急剧膨胀，而且加剧城市交通、住房、社会福利、财政补贴等矛盾的激化。而就地转移从短期看缓解了这方面的矛盾。第二，就地转移半径不大，区域狭小，有关劳动力的供求、工资等信息的传播速度较快，既节省了转移时间，也节省下流动费用。另外，就地转移具有较强的兼业性，降低了农业劳动力转移至非农产业的机会成本，从而降低了转移的风险。第三，据统计，乡镇企业吸收安置一个劳动力所需资金为 2 000～3 000 元，而在城市，由国家统包统配安置一个劳动力需 3 000～4 000 元。相同的资金量，乡镇企业可吸收较多的劳动力就业。并且乡镇企业由乡、镇及村自筹资金兴建起来，不依靠国家的投资，从而为国家节省了大量的资金。第四，实现了在较短时期内大规模的农业剩余劳动力有序转移，保证了社会的安定。就地转移使近 1 亿农业剩余劳动力在保持社会稳定的情况下，在小区域范围内分散地被非农产业所吸纳，实现了有序转移。

三、中国农业剩余劳动力转移的原因

(1)农业机械化水平的不断提高及技术的广泛采用，节省了无数人力，形成农业劳动力大量剩余。近些年来，由于我国对农村实行卓有成效的技术改造，即以机械动力和电力代替人力和畜力，使农业劳动力的劳动量大大减轻，相应地农业劳动生产率获得了很大的提高。以前需要很多人方能完成的工作量，机械化后只需很少人就可完成，因而大量节省了劳动力。应当说，这种结果是社会进步的必然趋势。但由于我们在农业技术政策上，长期以来实行的一直是以节约劳动力为主要目标的生产手段现代化，在采用先进技术设备的同时，没有全面考虑劳动者利益，忽视了既能充分利用劳动力，又能促进增产的技术的开发利用。这不能不说是形成我国农业剩余劳动力大量存在的因素之一。

(2)过去多年来严格的城乡隔离政策，使农业劳动力囿于农村，形成大量剩余农业劳动力。改革以前，我国城乡一直实行严格的封闭政策，对城乡人口实行严格的户籍管理，并采取许多行政手段保证其实施，致使城乡隔离日益严重，农业剩余劳动力被大量限制在农业内部，根本无法向城市企业转移。不仅如此，城市经济发展还把农村作为剩余人口的“蓄水池”，每当城市就业压力大或经济建设受阻时，就将大量城市人口送往农村安置。而在城镇建设上，也采取重大轻小的政策，小城镇建设受到一定的忽视。尽管经过改革，小城镇建设的数量显著增加，到目前已达 5 000 个，已成为当前和今后农村一个时期的新的热点和经济增长点，但从总的情况看，多年来积攒下来的农业剩余劳动力问题已变得十分突出和令人瞩目，沉淀在农业中的剩余农业劳动力仍占很大数量，据统计，目前有 1 亿人左右。

(3)长期以来单一经营的农业产业结构形成农业劳动力大批剩余。我国农村有两个特点，一是农业人口众多，二是农业资源相对不足，且由于农村人口不断增加，资源相对日趋减少。十一届三中全会以来，由于受“农村—农业—种植业—粮食”错误观点的影响，在农村产业政策上片面强调粮食生产，忽视多种经营生产，形成了基本上单一经营农业的产业结构，种植业在农业中占很大比重。而在农业就业政策上也单纯地强调务农，使农业劳动力主要集中于种植业中，结果，越来越多的农业劳动力挤在数量有限的耕地上（目前8亿多农民仍滞留在1亿公顷耕地的狭小天地里）。农业生产的路子越来越窄，生产的品种越来越单一。农业劳动力过剩问题也日益突出。近几年，虽然全国各地农村普遍调整了产业结构，农村经济正由封闭型的自然经济单一结构逐步向开放型的商品经济多元化结构转变，但由于多种因素的困扰，产业结构调整的步子很不平衡，一时还难以吸收种植业游离出来的众多剩余劳动力，使得我国大量农业剩余劳动力仍处于闲置状态。

（4）制度变迁提高了农业劳动生产率，形成农业劳动力大量剩余。十一届三中全会以来，我国农村普遍实行了联产承包责任制，广大农民的生产积极性和创造性获得了前所未有的发挥。随着农业劳动生产率的大大提高，农民的劳动时间大量被节省，农业劳动力的实际需要量明显减少，因而形成了农业劳动力大量剩余。据典型调查表明：实行联产承包制以后，每亩地生产较以前可减少10个工日。另外，由于农村联产承包制的实行，家庭的经营规模普遍较小，难以容纳大量劳动力，也使潜在的农业剩余劳动力明显地表现出来。

（5）农业与非农业的比较效益促进了农业劳动力外移。2000年京沪两地两行业职工年平均工资情况见表4-10；2000年豫、川、皖这三个流出劳动力数量最多的省份农村居民家庭年人均纯收入的状况见表4-11。比较结果可以发现，北京市两行业的年平均工资是三省农村居民家庭年人均收入的6.9～7.2倍，上海则分别是上述三省的8.0～8.4倍。如果农业劳动力在城市获得工作的可能性是16%，那么，我们可以推算出，他们的城乡预期收入差是0.1～0.3倍，这种差异足够吸引农业劳动力涌入城市。

表4-10　京沪两地区职工2000年的年平均工资　元

地区	A 建筑业	B 批发、零售、餐饮业	均值(A+B)/2
北京	12 899	14 396	13 648
上海	16 441	15 374	15 908

资料来源：《中国统计年鉴2003》，第89-127页。

表4-11　2000年豫、川、皖农村居民家庭年人均纯收入　元

省份	A 河南	B 四川	C 安徽	均值(A+B+C)/2
农村居民家庭纯收入	1 986	1 904	1 935	1 942

资料来源：《中国统计年鉴2003》，第89-127页。

四、中国农业剩余劳动力转移的贡献

(一)中国农业剩余劳动力转移的理论贡献

从前面国外迁移理论的各个主要流派、观点和模型,我们会发现,这些模型和理论大多来自于某个或某些发达国家农业劳动力迁移的历史,部分来自于某个发展中国家的农业劳动力迁移的现实,没有一个是以中国农业劳动力转移为蓝本的。虽然近几年有一些国外学者开始关注中国的劳动力流动问题,并相继有一些研究成果面世,但是,这些研究尚未形成系统的理论体系,其影响力也远不能与上述各个理论和模型相提并论。当然我们不能仅仅因为中国是农业劳动力转移规模最大的国家就苛求理论必须以中国为蓝本,但至少我们会很自然地产生这样的疑问:从发达国家的历史进程中总结出来的一系列迁移理论和模型对于社会、经济、政治条件与之迥然不同的广大发展中国家来说是否适用?从其他发展中国家总结出来的或适用于其他发展中国家的理论和模型对于世界上最大的、农业劳动力人数最多的发展中国家——中国来说是否适用?诚然,不同国家的农业劳动力乡城转移现象应该具有一些共同的规律性,但是各国的实践也早已告诉我们,不同国家的基本国情、发展阶段、社会经济条件等因素的差异决定了要利用某个特定的理论和模型对所有国家的农业劳动力转移问题作出具有普适性的解释并找出具有普适性的对策几乎是不可能的。这一点对于广大发展中国家来说更是如此。可以说,无论在理论上还是在实践上,都并不存在一个适用于一切国家的农业劳动力转移理论和模型。

目前在农业劳动力转移研究中以托达罗模型为代表的主流理论,将转移者个体作为农业劳动力转移的决策主体,将城乡间预期收入的差异作为导致农业劳动力乡城转移的主要原因,将“通过(缩小城乡间预期收入差距的)政策设计以控制农村转移者(向城市的)过量涌入”作为政策取向(托达罗,1997)。这虽然是主流观点,但却不一定是唯一正确的观点。而且国外主流农业劳动力转移理论观点还存在着明显分歧:其一,农业劳动力转移的决策主体是转移者个体还是转移者家庭?其二,农业劳动力乡城转移的动机是纯粹的(预期)收入考虑还是收入、风险、社会地位的综合考虑?其三,对发展中国家农业劳动力转移的政策态度应该是控制、是鼓励,还是自由放任?可以说,由此三项内容构成的转移理论基本框架的不同,决定了在不同框架下对制度因素的地位、作用的认知不同。而针对托达罗模型的主体、动机假设和政策含义,我们至少可以提出以下疑问:第一,给定中国农村家庭联产承包责任制强化了家庭作为农村经济活动决策主体的地位、重视家庭的传统观念(尤其是在农村)、转移到城市务工的农村劳动者与其在农村的家庭之间较强的汇款联系和其他生产生活联系等系列情况下，把转移者个人作为劳动力迁移的决策主体是否站得住脚？第二，考虑到中国在城市务工的农民向其农村家庭的高汇款率以及这些汇款的使用去向，考虑到相当一部分在城市地区务工的收入可能比其在农村从事非农行业的收入还要低，但却依然留在城市地区等这些情况，把农民转移的动机单一地假设为收入最大化考虑是否恰当？这里面是否还有除收入最大化考虑之外的其他动机？第三，给定中国如此庞大的农业剩余劳动力数量、如此低下的城市化水平，把"通过（缩小城乡间预期收入差距的）政策设计以控制农村转移者（向城市的）过量涌入"作为政策取向（托达罗，1997）是否适合中国国情？第四，制度因素不仅是导致农业劳动力向城市转移的原因之一，更重要的是，在发展中国家里，制度因素能够在很大程度上影响甚至改变农业劳动力转移的整个过程。但是托达罗模型并没有对制度因素在农业劳动力转移过程中的作用进行系统的分析和研究，更没有突出强调在中国农业劳动力转移过程中制度因素作用的重要性问题。缺少制度分析会对托达罗模型对中国农业劳动力转移的解释产生多大程度的影响？针对上述问题，我国学者对农业劳动力转移理论进行了广泛探讨，中国农业劳动力转移理论大都紧密结合中国农业劳动力转移（流动）的现实进程，具有鲜明的中国特色和很强的现实针对性，包含政策或对策导向特征，研究的出发点和角度较为全面，许多研究者还对诸如户籍制度、劳动制度等一些制度因素进行了分析与探讨，得到了具有现实意义和实践价值的研究结论，从总体上丰富了世界农业劳动力转移的理论探索和实例揭示。在众多的研究成果举几例如下：

蔡昉[①]（2001）认为，在农业劳动力转移的发生背景与原因方面，中国改革前推行重工业优先发展战略，一方面通过户籍和就业双重管制把大量农业劳动力堵截在农业中，另一方面通过产业压制减少了除重工业外的非农产业的劳动力需求；改革以后，政府放弃了对农民选择职业的限制，使滞留在农业中的剩余劳动力能够转化为廉价劳动力供给，政府赋予企业（包括国有企业）支配部分经济增量的权利和用工自主权，使原先受压抑产业的就业机会释放出来，形成廉价劳动力的需求；近20余年非农产业快速增长和资源配置向劳动密集型产业的倾斜，产生了快速扩大劳动力总需求的效应，巨大的推力和拉力结合在一起，引发了农业劳动力的大规模流动，经济改革过程本身也为这种流动提供了巨大的追加动力。在农业劳动力转移的区域特征方面具有如下特征：第一，由于每个省、直辖市和自治区内，在更小的

① 详参：蔡昉，《中国的二元经济与劳动力转移》，中国人民大学出版社，1990年；蔡昉，"劳动力迁移和流动的经济学分析"，《中国社会科学季刊》（春季卷），1996年；蔡昉，《中国人口流动的方式与途径》，社会科学文献出版社，2001年；蔡昉，"劳动力转移的两个过程及其制度障碍"，《社会学研究》2001年第4期。

地域(县)之内有着更大的地区差距,以及距离在迁移中所起的作用,所以省内迁移应该是最为重要的现象。第二,由于我国东部、中部和西部地区之间存在着显著的区域差距,在这三类地区之间的迁移应该是最具特征的现象。按照迁移产生的逻辑,流动的方向是从中西部地区向东部地区流动。第三,由于各地农村之间的发展和收入差异有较大的扩大趋势,除了农村到城市的迁移之外,从农村到农村的迁移也应该成为一种重要现象且也呈现出由中西部地区到东部地区流动的方向特征。第四,由于三类地区之间和城乡之间差距的同时存在,迁移会形成一种区域阶梯,即劳动力首先从相对不发达地区的农村向较发达地区的农村转移,随后再从较发达地区的农村向城市迁移。

另外,蔡昉(2001)还发现,目前所发生的农业劳动力迁移中,省内迁移所占比重最大。在关于农业劳动力转移的社会经济影响方面,乡城间的人口或劳动力流动,无论对于迁出地来说还是对于迁入地来说都具有正面效应。对于迁入地来说,乡城间的劳动力流动实实在在地推动着实际的城市化进程,广大农业劳动力在不具有城市居民身份的情况下,已经为城市发展作出了巨大的贡献,而且推动了城市地区的新兴部门、非公有制经济的发展;对于迁出地来说,劳动力转移出农业部门不仅不会造成农业的减产,相反,从外出劳动力往家庭汇款和带款的情况来看,这种以从事经济活动为目的的迁移和流动对农业的投资积累具有积极的作用。在目前产品市场和资本市场发育水平尚不足以缓解地区间收入差距的情况下,农业劳动力流动对于缩小地区间收入差距发挥着较大的作用。

在上述研究的基础上,蔡昉提出了相关的政策建议。他认为,在中国城市收入对于农业劳动力的拉力效果要远远强于改善农村收入所产生的反向拉力效果,加之乡镇企业吸收劳动力的能力已经开始减弱,因此,“离土不离乡”的农业劳动力转移模式已经处于强弩之末。由此得出的政策结论是:尽管我们不应该忽视努力发展农村经济对于稳定农业劳动力流动规模的作用,但更不能把需要城市方面解决的问题像球一样踢到农村了事。劳动力流动有序化的工作,重点应该放在城市地区。蔡昉对于农村人口(劳动力)流动的研究,涉及了这一现象或过程的人口学、经济学、社会学甚至政治学的各个侧面。无论就其研究的具体问题来说还是就其研究方法来说,其研究在国内独树一帜,引起了国内外这一领域学者的广泛关注。

韩俊认为,农业劳动力向非农产业转移是一个必然过程,也是一个长期的历史过程。对于发达国家来说,这一转移进程可以概括为“递进型”和“跳跃型”两种模式;农业的发展是农业劳动力转移能够顺利进行的必要条件,而农业劳动力的转移对于农业的发展也具有重要影响。对于发展中国家来说,由于不同国家间人口、国土面积、资源禀赋、发展政策等的不同,农业劳动力转移的道路也呈现出纷繁的类型;农业发展模式及发展速度的选择、资本形成能力的高低和工业化道路的选择,是影响农业劳动力转移过程最重要的宏观经济变量;选择恰当的城市化道路和有效地发展农村非农产业,是保证农业劳动力转移与社会经济发展相协调的重要问题;在人地比例比较高的国家和地区,在农业劳动力转移过程中,促进农业经营规模的扩大是保证农业健康发展的一个核心问题;农业劳动力转移作为一个长期的历史过程,其速度要与农业的支撑能力和非农部门的吸收能力相适应。在进行国际比较的基础上,韩俊进一步分析了中国农业劳动力转移的阶段性演变及现实特点,指出中国农业劳动力转移长期处于停滞状态的根源在于传统的发展战略及模式;农业劳动力转移的启动主要不是向城市现代非农业部门转移的结果,而是农村非农产业迅速扩张的产物;封闭性、兼业性、倾斜性、不平衡性是现阶段中国农业劳动力转移的基本特征。此外,韩俊还讨论了中国农业劳动力转移与农户兼业化、农村工业化、农村人口城市化之间的关系。在上述研究的基础上,韩俊认为农业劳动力向小城镇集聚,可以有效避免在传统城市化机制尚未变革的情况下,农民大量涌入城市所产生的种种社会经济问题,开辟了农村人口城市化的一条新通道,对于缓和中国当前面临的城市化滞后难题、矫正以往城市化过程中的偏差,都会产生积极的影响,因而具有长期而广泛的适应性。

王询①(1994)将农业劳动力转移放在工业化的大背景下加以研究,他认为,农业劳动力转移既有个体层次的动因,也有宏观层次的动因。从个体层次来看,劳动力的流动是由不同产业、不同地域及不同工作单位间利益势差推动的;从宏观层次来看,劳动力大规模结构性流动是由农业与非农业各自供给和需求两个方面发展变化的必然趋势决定的。工业化过程中的农业劳动力转移是个体动因和宏观动因两者共同作用的结果。农业劳动力的转移有两个逻辑环节:一是农业对劳动力的释放;二是非农业对劳动力的吸收。从农业方面来说,农产品供求状况固然对劳动力能否转移具有重要意义,但就中国目前情况来看,农产品供求对劳动力转移并不构成严重制约。农业中统计上的劳动生产率和技术上可能的劳动生产率之间的差距对于农业劳动力的转移更为重要。另外,农村土地制度、社会结构、农民的价值取向这些非经济因素对农业劳动力脱离农业的过程有一定的平衡经济性转移动力过大的作用,有一定的正面意义;但从总体上说,其长期影响可能是负面的。从非农业方面来说,在这些部门的资本积累既定的情况下,资本与劳动力之比决定着非农业对劳动力的吸收能力,而资本与劳动力之比决定于一个社会对技术的选择和结构取向。在过去的几十年里,中国在技术选择和结构取向上出现了偏差,大量的

① 王询,《工业化过程中的劳动力转移》,东北财经大学出版社,1994。

积累并没有创造出相应的非农就业机会。王询从劳动力转移的经济形式、专业转移与兼业转移、劳动力转移与城市化等三个角度讨论了劳动力转移的方式。关于劳动力转移的经济形式，他认为中国农业劳动力转移的几种主要的经济形式包括个体或家庭经济、私营经济、集体经济等，他们各有优势、各有劣势；非农业组织创立和扩大的制度性因素以及所有制结构对非农业的发展和农业劳动力的转移都有相当的影响。关于专业转移与兼业转移，他认为目前中国劳动力兼业转移占全部劳动力转移的比例过大，应该采取相应措施加以调整。关于劳动力转移与城市化问题，他认为在工业化进程中，农业劳动力的转移必然导致城市化的结果，而城市化必然带来一系列"城市病"。因此，政府在制定城市规模政策时需要全面考虑相关的因素。中国不同地域的社会群体间存在显著收入差别是造成中国目前收入分配不均等的重要原因，而这种地域间收入不均等可以通过劳动力的地域间转移消除。中国劳动力转移中的机会不均等存在于城乡之间、不同地区的农村之间和同一地域不同的农民之间三个层次上，消除转移机会不均等需要全方位的改革。

(二)中国农业剩余劳动力转移的实践贡献

从现实层面上讲，农业剩余劳动力的转移带来了以下几点影响。

(1)增加了产出总量，推进了经济增长。农业剩余劳动力实现转移后，其劳动边际生产率得到提高，从而能提高社会总产出水平。根据社会总劳动力在农业与非农业部门之间达到均衡配置时(即最后一个单位的增量劳动力无论是在农业还是在非农业中就业，其边际劳动生产率都是相等的)，社会总产出达到最大的经济学原理，我国农业中大量存在的绝对农业剩余劳动力(即劳动力在农业中边际产出为负值的农业劳动力)和相对农业剩余劳动力(即劳动力在农业中的边际产出水平低于其在非农业中的边际产出水平的农业劳动力)，转移到非农业中就业，将大大提高其劳动边际生产率水平，从而大大增加国内生产总值水平。根据潘文卿[①]对中国农业劳动力转移效益的测算，中国从1979—1999年全社会劳动生产率的提高中，由于劳动力由低效益的农业转向高效益的非农产业带来的贡献约为19.9%。而在GDP增长中，源于农业剩余劳动力向外转移的贡献率约为13.8%。对输出地来说，劳动力的流动有效地增加了农民的收入，改善了农民的生活条件和农业生产条件。尤其是对贫困地区来说，农民外出打工成为脱贫致富的一条重要途径，"输出一人，脱贫一户"的说法广泛存在。劳动力跨区域流动，不仅增加了农民收入，而且使土地资源逐渐集中，为发展农业规模经营创造了条件。对输入地来说，大量农民工的涌入，提供了数量充裕且价格低廉的劳动力要素，促进了当地第二、

① 参见：潘文卿，"中国农业剩余劳动力转移现状及转移效益分析"，《农业技术经济》，2001(3)。

第三产业的发展，弥补了经济发展中劳动力的不足。据调查，2007年深圳、海南、上海等地的楼宇、交通及其基础设施，有80%～90%是外地农民工兴建的，他们对当地城市建设的贡献有目共睹。尤其是农业劳动力填补了城市劳动力的结构性稀缺，诸如搬运、缝纫、环卫、修理、回收废旧物、贩蔬果、医院看护、家庭保姆、酒楼服务等行业，基本上由农民工承担，许多城市离开了这些农民工，很难保证正常性运转。

(2)提高了农民收入，促进了农业发展。由于大量劳动力从农业中释放出来，人地关系大大缓解，农民劳均可利用农业资源条件得到改善，使得农业劳动边际生产率上升，随之农民的劳动平均产出水平上升，农民的收入水平也就会得到提高。当前我国农业剩余劳动力主要采取"民工潮"的流动形式转移，外出就业劳动力与农户家庭经济联系紧密、大量向家里汇钱，不仅外出就业的民工个人收入得到了提高，而且留在农业中的家庭其他成员的收入也有了提高。

(3)扩大了产业利润，加快了工业化进程。农业剩余劳动力转移到非农业中就业，可以导致就业竞争加剧，降低非农业的工资支出水平，使得原有非农业部分的工人创造的产出中，工资支出下降，利润份额相应上升。同时，新转移到非农业中就业的农业剩余劳动力还会为非农业创造出一块新增利润。非农业利润的增加，将大大增强非农业部门追加投资、扩大再生产的能力，加快工业化的步伐。

(4)加快了城镇化进程，促进了城乡一体化。长期以来，在依靠市场机制和农村工业化力量来推动经济高速增长及农业剩余劳动力转移同时，我国城镇化滞后的问题日益突出。如果我国城镇化长期游离于工业化和农业剩余劳动力转移进程以外，那么农民增收难问题将永远无法从根本上加以解决。我国实施城镇化战略的过程，是全面建设小康社会的过程，是农村人口不断向城镇转移的过程，是农村经济、政治和文化向城镇转变的过程。通过合理转移农业剩余劳动力来改变农民的身份和生育的成本-收益结构，能够起到控制人口过快增长，提高农民素质的功效。由于在城市生育与培养子女所需成本高、投资大，城市妇女的生育欲望受到抑制，农民进城后，考虑到生育与培养子女所需成本与投资，会主动推迟婚龄即接受计划生育政策，从而更好地抑制农村人口增长的势头。另外，农村人口进城后，其后代会接受城市良好的教育。因此，农业剩余劳动力的合理转移对于抑制农村人口增长，提高人口素质有着重要的影响。

(5)促进全国统一开放的劳动力市场的发育，带动户籍、就业等方面的制度改革。劳动力通过市场来配置是市场经济的内在要求，而劳动力市场的运行又是以劳动者的自由流动为前提的。大批获得生产经营权的农民，逐步摆脱土地的束缚，离开家园，进入异地，利用市场信息，寻求就业机会，参与市场竞争，通过劳动者与用人单位供需双方的自主决策实现自主就业，这就使劳动力配置决策权由行政主体转移到市场主体，形成市场配置劳动力资源的新机制。劳动力市场的形成，也带动了其他要素市场的形成和发育，使劳动力要素和其他生产要素能够在较大的地域空间内实现有效流动和优化组合。农民跨区域的大流动，是对传统体制的又一次大冲击。可以说，农民工的流动是市场经济的改革大潮对建立社会主义市场经济体制作出的又一伟大贡献。

(6)促进转移农民素质的提高。农民告别世代繁衍生息的封闭乡野，卷入到现代社会生活的旋涡之中，所得到的不仅是收入和技术，更重要的是，在精神上受到了前所未有的现代化的洗礼。农民跨区域流动，对于农民摆脱千年来旧传统束缚，克服在自给自足的小农经济环境中养成的墨守成规、不思变革与进取的秉性，有着重要的作用。这种效应，并非理论上的推理，而是活生生的现实。对安徽省阜阳地区"民工潮"回流现象的调查表明，回归的农民在创办乡镇企业中，不仅自身体现出较为精通经营管理，业务技术娴熟，具有敏锐的市场洞察力、锐意进取的竞争意识和风险意识、自强不息的精神等素质，而且带回的外部文明冲击了旧有观念，对人们的生产生活方式产生了积极的影响，促进了传统村落文化的变异和新村落文化的重构，其影响的深度和广度远远超过了广播、报刊等大众传播方式。在这个意义上，我们把"流动大军"称作是一所培育人才的大学校是毫不过分的。

(7)对社会的稳定起了"减震"作用。影响社会稳定的基本因素是经济生活，影响经济生活的基本因素是就业状况。新中国成立以来，从局部来看，农业剩余劳动力的转移确实带来了一些不稳定的现象。但从总体而言，无论是改革前以行政手段为特征的计划转移，还是改革后以市场为导向的市场转移，都促进了社会的稳定。改革开放前，农村作为"蓄水池"的功能，吸纳了城镇众多的劳动力，其贡献有目共睹。改革开放后，其"减震"功能也较为明显。一是减轻了劳动者个人的压力。农民不论就地转移，还是异地转移，不论是兼业转移还是专业转移，不论是提供劳动转移，还是提供资本的转移和兼而有之的混合型转移，等等，对农民个人来说，都会不同程度地减轻他们思想上、心理上和经济上的压力和负担，对他们的精神是一个极大的慰藉。二是减轻了对城市的压力。农业剩余劳动力的转移或流动，除了一部分以城市为目标就业外，大部分仍是以就地转移的模式在农业内转移，这样，必然会减轻对城市的压力。如果农民转移或流动的目光都聚焦于大中城市，而拒绝在农业生产内部转移就业，那么对城市的冲击就可想而知了，这是问题的一个方面。另一方面，由于一些城市的飞速发展，工业产业的扩张，各种大型投资项目的兴起，当急需用工而找不到廉价劳动力时也可能造成一种压力，而农民流向城市正好弥补了劳动力不足的空缺，减轻了城市用工压力。三是减轻社会压力。农业劳动力过剩，城市就业紧张，无形之中就会加大社会就业压力、社会经济压力、社会安全压力等。

五、中国农业剩余劳动力转移面临的问题

（一）农业剩余劳动力总量巨大，农业剩余劳动力转移任务艰巨

2000年，中国劳动年龄人口为7.84亿人，其中农村劳动年龄人口为5.50亿人，农村劳动力占全国总劳动力的70.15%。农业部课题组运用劳动力合理负担耕地法来计算种植业所需劳动力数量，结论是中国现阶段农业部门需要的合理劳动力数量约为1.96亿人（农业部课题组，2000）。按1998年中国农业劳动力3.48亿人计算，剩余劳动力达1.52亿人。到“十一五”期末，考虑到农业生产投入的增加和生产技术进步引起的劳动生产率的提高，种植业劳动力人均负担耕地规模较目前还将有所增长，在维持现有耕地面积不变的情况下，种植业需要的劳动力会进一步降低到1.68亿人左右，农业剩余劳动力将增加到1.8亿人。

（二）中国小城镇规模小、就业机会少，影响农业劳动力转移

小城镇在农业剩余劳动力转移中发挥了很大的作用，但是，目前也存在一系列问题，影响了农业劳动力的转移。一是小城镇规模小，极化效应弱。镇区人口达不到一些经济活动要求的“门槛人口”，不利于小城镇第二、第三产业的发展，因此，就业机会比较少。全国建制镇镇区平均只有4 518.6人，镇区平均面积2.2平方公里（孔祥智，2000）。对吉林省、湖南省和江苏省8个乡镇的问卷调查显示，农民不愿迁移到小城镇的主要原因是就业机会少。二是小城镇腹地小，镇域人口与经济含量低，不利于小城镇人口与经济的集聚。三是小城镇投融资体制不健全，建设资金短缺，基础设施不够完善，对人口与经济的吸引力不够强。四是地价、房租费用过高，导致进镇“门槛”高，阻碍了农业劳动力的转移。另外，户籍制度、土地流转制度等政策体制不完善，对农业剩余劳动力转移也有影响。

（三）对农业劳动力转移的政策体制限制仍然较多

尽管隔绝城乡的各种制度有了很大变化，仍然有许多制度不利于农业剩余劳动力转移。首先是户籍制度，农民进入小城镇已不受户籍制度的限制，但还不能自由进入大中城市。其次是就业制度，国家禁止一些企业招收进城农民工，许多企业在招工时也有户口限制。再次是入学制度，进城农民的子女入学问题得不到解决，因此，进城农民的子女一般都在老家入学。其他制约因素还有医疗制度、养老保险制度、住房制度等，这些制度还在很大程度上影响着农业剩余劳动力转移。

（四）乡镇企业吸收农业剩余劳动力的能力下降

1984—1988年，乡镇企业每年平均吸收农业劳动力1 262万人，而1989年和

1990年却连续出现负增长，1990—1998年年平均吸纳就业仅409万人。农村非农产业在1977—1984年总产值每增长1%，就业人数就增长0.65%，但到1993年却下降为0.13%。1997年和1998年乡镇企业就业出现负增长，2年净减少从业人员971万人。乡镇企业吸收农业剩余劳动力能力下降的原因主要有以下几点：一是随着乡镇企业的发展，市场竞争加剧，迫使企业采用新技术新设备参与竞争，因而出现了资本替代劳动的“资本增密”现象，资本有机构成不断提高。二是为了提高效益，采用集约化经营，全员劳动生产率大幅度提高，导致劳动力需求减少。三是乡镇企业布局分散，不能产生集聚效应和辐射力，无法带动农村第三产业的发展，影响了劳动力的就业。四是乡镇企业工资提高，就业成本越来越高。五是乡镇企业普遍改制，精减人员，全国在改制中约裁员300万人。

（五）进城农民回流现象突出、兼业现象普遍

中国的农业剩余劳动力转移从一开始就和西方发达国家曾经经历过的农业劳动力向非农转移有很大不同。由于不利于转移的制度壁垒、高转移成本、价值观念、习俗以及自身素质等多方面的影响，中国农业剩余劳动力转移是不稳定的，转移劳动力回流多，兼业现象普遍。除了阻碍农民进城的制度壁垒外，高昂的转移成本是进城农民回流的另一重要原因。进入城镇的农民仅购置住房一项支出就须几万甚至几十万元的资金，再加上生活支出、子女教育和经营资本，没有三四十万元是无法在城镇定居的。安徽、四川、江西等外出民工较多的地区，都出现了民工回流现象。尤其是到大中城市打工的农民，除很少一部分事业有成或与城市人口结婚而在城市扎根外，大部分农民在外打工三五年后回流，即使在城市时间更长的打工者，其回流的比例也相当高。兼业在中国农村已是一种普遍现象，尤其是在土地少的农耕地区，几乎100%的农户兼业，因为如果不从事非农产业，他们就不可能获得必要的资金，甚至不能维持生存。本来在这类地区最有可能实现农业劳动力的彻底转移，但是，由于缺乏合理的土地流转制度，农民都不愿白白放弃土地，所以尽管许多农民已不再从事农业甚至已不居住在农村，却仍然拥有土地，仍然是农业户口。大多数农民依然是农忙时种田，农闲时外出打工。

（六）劳动力市场不够完善影响农业劳动力向外转移

1992年，中国开始了真正意义上的市场经济改革，发展市场经济成为中国改革开放的重要目标。在该宏观背景下，我国的农业劳动力转移必然要适应市场经济的发展并接受“看不见的手”的调控和作用。而完善的市场体系和流畅的市场信息是市场经济的重要组成部分和重要特征。对于劳动力市场来说，一个完善的城乡劳动力市场需要具有良好的规则和秩序以及流畅的信息和较低的交易成本。但目前，我国的劳动力市场发育很不充分，城乡市场分割，市场秩序混乱，市场规范程度低，市场信息不流畅。这些都严重制约了农业劳动力转移的进程。例如，在目前的劳动力市场条件下，农民工进城的途径并不是主要依靠市场机制的调控，而是主要依靠社会网络关系(亲戚朋友、同乡等的介绍或带动)。国内学者(边燕杰等，2001；李培林，2003；翟学伟，2003)的研究表明，依靠社会网络关系进城务工是我国农民工进城的主要途径，其比重为55%～65%，而依靠正式的市场组织(民间劳动力中介机构或政府相关服务机构)的比重不足40%，程名望、史清华、关星(2005)的研究也证明，社会网络对于农民进城务工有着重要的作用，其比例为33.99%，而依靠政府机构进城务工的比例仅仅为11.90%，这既表明了我国劳动力转移的一个特点，也表明了我国的劳动力市场发育还不够成熟。

(七)现行的户籍制度、土地制度和政策影响农业劳动力转移

对我国农业劳动力转移构成最大约束的制度是户籍制度和土地制度。我国现行的户口管理制度是20世纪50年代开始建立并在60年代和70年代逐步发展起来的。实行这种城乡分割的户籍制度曾在特定的历史时期起过重要作用，但是随着我国经济的持续发展，这种体制的弊端日益体现。其最大缺陷是限制了生产要素的合理流动与配置，制约了经济社会的发展。它既和基本的经济学规律相违背，也与社会公平和正义不谋和。户籍制度的存在，使得农民工进入城市后，无法获得合法的身份，带来了一系列必须解决却又难以解决的问题。例如：由于没有城镇户籍，农民工在子女教育、婚姻等方面的问题无法解决，也不能享受城镇的社会保障体系。这些因素使得农民工难以真正实现永久性迁移，只能像“候鸟”式的飞来飞去，这不但增加了农民工转移的成本，也给交通运输及其他方面造成了很大的压力。另外，由于农民工未被纳入现有城市管理系统之中，城市有关部门也无法对他们行使正常的管理职能，这样就易于产生不安定现象，给社会造成混乱。就土地制度来说，我国的土地制度对农民具有一定的人身约束，农民不会轻易放弃土地使用权，也难以合法转让其代表的相应权益，因此无法长期离开土地，彻底迁移到城市。

(八)农民文化素质与其就业的结构性失衡问题

朱农(2005)在《中国劳动力流动与“三农问题”》一书中的实证分析发现，正规的城镇工业部门并不是吸引农业劳动力的主要部门，农民进城一般是在城镇非正规部门就业，做城市人不愿做的苦、脏、累、险的工作，是迫不得已的一种低水平、低层次就业。他把这种现象发生的原因归结为城镇劳动力市场的分割性。而从微观角度看，其主要原因应该是农民工素质较低。我国农民由于历史和现实的种种社会经济原因，人力资本投入不足，使他们的文化技术素质大大低于城市居民水平。2004年，在中国4.8亿多农业劳动力中，高中及以上文化程度的只占12%，其中大专以上的只占到2.6%，初中及初中以下的仍占88%(中国统计年鉴，2005)。由于文化素质不高，他们从事非农产业的职业技能非常缺乏，进城务工只能局限于劳动强度大的、就业面窄的简单劳动。而随着经济的发展，科学技术的进步，城市的产业日益从劳动密集型向资金密集型、技术密集型发展，且门类也愈来愈多，于是对从业人员的素质要求也愈高。没有技术的农业劳动力，就业竞争力越来越弱，就业空间也越来越小。这种结构性失衡也是 2004 年我国开始出现“民工荒”的根本原因，不是我国没有农业劳动力供给，而是城镇需要的劳动力与现有的农民工在条件上不吻合，现有的农民工不能胜任这些岗位。可见，文化素质低已愈来愈成为决定农民转移的规模和速度的重要制约因素。因此，提高农民文化素质已成为势在必行、刻不容缓的重要任务。

第五节　农业剩余劳动力转移经验的国际比较

一、世界各国农业剩余劳动力转移的共性

第一，农业剩余劳动力向非农产业转移，是人类社会经济发展过程中一个不可逆转的长期的过程。纵观世界各国农业劳动力变动轨迹，我们不难发现：①农业剩余劳动力向非农产业转移具有不可逆转性。②转移的阶段性。各国农业劳动力转移大都是分阶段进行的，而且在所经历的阶段当中，一般来说，大致都有启动阶段、快速转移阶段、稳定阶段等。③转移的长期性。农业剩余劳动力大都需要比较长的周期，历经上百年的时间甚至至今仍在进行当中。

第二，农业劳动力向非农产业转移具有一定的规律性。①农业劳动力在产业部门间转移呈现出两种模式。一种模式是劳动力在产业部门间转移呈递进型产业转移。其特征是农业劳动力向第二、第三产业流动转移在时间上表现出明显的阶段性，在相当长时期内，农业劳动力首先主要流向第二产业，而且第二产业一直是吸收农业劳动力最多的部门，只是在工业化后期或在传统工业走向衰落时，才有越来越多的农业劳动力流向第三产业。这种情况英国、法国、意大利等国家表现得比较明显。另一种模式是农业劳动力在产业部门间转移呈跳跃型产业转移。其特征是农业劳动力向非农产业流动转移在时间上并不明显地表现出阶段性，从农业劳动力转移一开始就较多地流向第三产业，第三产业就业增长在经济发展较早阶段就呈现出与第二产业同步增长或比第二产业就业优先增长的趋势。这种情况在美国、日本等国家表现得比较明显。②农业劳动力就业结构的非农化趋势。随着越来越多农业劳动力就地向农村非农业部门转移，导致了农业劳动力的就业结构呈现出较普遍的非农化趋势。③农业劳动力兼业型转移是一种普遍现象。农业劳动

力转向非农业部门后,可以完全脱离农业去从事非农产业,也可以在从事非农产业的同时继续兼营农业,同农业生产经营活动保持某种形式和某种程度的联系。

第三,农业劳动力向非农产业转移必然导致城镇化水平的提高。农业劳动力持续向非农产业部门转移的过程,同时也是各国城市化水平不断提高的过程。就英国、美国、日本等发达国家农业劳动力转移而言,它们走出了一条以发展大城市为主的城市化道路。在发展中国家,除少数国家如巴西引起了过度城市化和城市人口过度集中外,农业劳动力转移过程同样也是城镇化水平提高的过程。

二、世界各国农业剩余劳动力转移的差异性

世界农业劳动力转移过程中的差异特征,主要是指各国农业劳动力在转移过程中所表现出来的,与其他国家形成鲜明差别的特殊性及个性特征。

第一,世界各国农业劳动力转移的历史背景千差万别,但就发展中国家来说有许多不利之处:①农业发展起点相对落后。就发达国家而言,大多数国家在工业化之前,其农业已经有了相当的发展,农业劳动生产率有了较大提高,农业发展对于经济发达国家工业发展和农业劳动力向非农产业转移,起到了重要的推动作用。而广大发展中国家在工业化初期农业的发展水平一般都落后于发达国家工业化初期的水平,而且在整个工业化过程中,许多发展中国家大都受到农产品供给不足的制约。这就制约了国内工业的扩张和对农业劳动力的吸引力,从而严重影响了发展中国家农业劳动力转移的进程。②面临较大的人口压力。劳动力的快速增长,特别是发展中国家劳动力的快速增长,不仅增加了粮食供给的负担,影响储蓄和投资,而且加重了发展中国家工业化进程中的就业压力,延缓了农业劳动力转移和就业结构调整的进程。③不再有向国外排放大量移民的历史机遇。④不利的历史条件和不平等的国际分工体系。

第二,世界各国和地区完成农业劳动力转移的时间长短不一。虽然少数国家如印度,在过去的几十年里,农业劳动力就业份额一直停滞在70%以上而很少变动,但就大多数国家和地区而言,完成农业劳动力转移在所需时间上有缩短的趋势。

第三,农业劳动力快速转移需要有特殊历史条件。探究与比较农业劳动力快速转移的成因,我们进一步发现,不同国家和地区农业劳动力快速转移有其特殊的历史因素。例如:在英国历史上曾经促进农业劳动力快速转移的特殊性因素主要是英国产业革命和圈地运动;美国则是农业和第三产业的发展;日本则是有利的人口因素和非农就业机会的迅速增加;巴西则是极不合理的土地占有制和农业发展模式;韩国则是外部资本输入和恰当的工业化战略等。

第四，世界各国和地区农业劳动力转移方式存在一定的差异。农业劳动力转移方式上的差异主要是指，有的国家和地区以城乡间转移为主，有的则以农村内部转移方式为主，还有的国家则是两种转移方式并存。这种转移方式的差别，不仅体现在国家之间，而且还体现在同一国家的不同历史时期。

三、中国农业剩余劳动力转移与发达国家的差异

因为历史、文化、体制等诸多方面的原因，我国与发达国家在农业劳动力转移问题上有着明显的差异，主要表现为以下几点：

一是农民非农化与工业化的同步性差异。在转移背景上，与英国、美国等工业化早的国家相比，我国农业劳动力大规模转移的起步时间却明显滞后于工业化，走了一条农民非农化与工业化脱节、不同步的道路。中国工业化进程始于20世纪50年代，而中国的农村剩余劳动力转移发生在改革开放以后。伴随着经济的高速增长，城乡经济发展日益不平衡，城市经济始终高速增长，对劳动力的需求日渐扩大。农村由于经济增长缓慢，大量的剩余劳动力被排挤出来，农业劳动力大规模转移才开始发生。

二是农民非农化内生机制的差异性。美国和日本是依靠城市工业化扩张的强大吸力完成农村人口城市化的典型国家。与此相比，我国农业劳动力非农化一方面吸力不足，另一方面大量农村富余劳动力寻求出路，从而造成了我国特有的挤压式的农业劳动力转移方式，也造就了具有多元性的农民工这一特殊的社会群体。

三是农民非农化进程的差异性。对于大多数欧美国家来讲，农村人口转化为城市人口时，一般不存在许多限制。而我国农业劳动力的转移却受到诸多限制，就目前来讲，转向非农业的1亿多农村人口，多半只是一种职业的转移，并没有实现地域性的迁徙和农民身份的彻底变更。

因此，针对我国现实国情，确立以政府为引导，以农民为主体，以市场为导向，以多元城镇化发展为依托，以土地制度改革、户籍制度改革和社会保障制度改革为制度保障，通过建立和完善统一开放、竞争有序、城乡一体化、平等竞争的劳动力市场，大力发展劳动密集型产业和第三产业等劳动力大容量转移的政策方针，是积极、稳妥、有序地实现农民市民化的战略保障。

四、国际农业剩余劳动力转移对中国的启示

第一，农业生产力的提高是实现劳动力转移的根本保证。农业的发展对于保证农业劳动力的顺利转移有着至关重要的影响。这种影响主要体现在：①农业的发展可以为农业劳动力转移提供更多的剩余产品。②农业的发展可以为工业发展

提供资本积累。③农业发展有利于增强农业劳动力的释放能力。④农业发展还间接创造大量非农就业机会。如上所述,发达国家在农业劳动力转移的过程中大都伴随着农业科学技术水平和农业生产的大幅度提升。改革开放以来,我国农业生产力取得了历史性进步和飞跃,但同世界发达国家相比仍存在相当差距。以英国为例,在19世纪中叶时,英国农业人口就已经降到总人口的1/4左右。而一个半世纪后,我国依然有70%的人口在土地上寻求生计,农业生产力水平较低,粮食产量的增加更多是依靠大量人力投入来实现,农业生产总体上呈现一种劳动密集型特征,这就严重制约着劳动力向城市转移。如果我国大面积推广农业机械化作业,发挥农业科技化、机械化和现代化的优势,就能够较为迅速地提高农业生产力水平,从而将一部分乃至大部分农业劳动力从土地上解放出来,就会推进我国城市化发展进程。因此,要实现劳动力向城市转移——城市化,就必须首先提高农业生产力,从而为劳动力转移奠定坚实的物质基础和前提条件,使农业变成劳动力转移过程中的推力,用科技手段推动经济发展,将剩余劳动力推出土地。

第二,工业化道路的选择直接制约着农业劳动力转移的进程。如果没有工业化的发展,那么进行劳动力转移如同无本之木。不管是发达国家还是发展中国家,劳动力的转移都离不开工业化的发展。在发展中国家,工业化与现代化道路的不同选择也会给农业劳动力转移带来截然不同的效果。印度在取得政治独立后,以牺牲劳动密集型轻工业发展为代价,实施优先发展重工业的工业化战略,严重地影响了工业部门对劳动力的吸收,这是导致印度农业劳动力转移长期处于停滞状态的重要原因。战后,韩国实施以劳动密集型产品为主体的出口导向工业化战略,对加速农业剩余劳动力转移起到了决定性作用。工业化的发展要达到提高竞争力和吸收剩余劳动力的双重目标。首先,要提高第三产业的就业容量。根据配第-克拉克定理:随着经济的发展,劳动力由第一产业向第二产业继而向第三产业转移,因此通过发展第三产业,扩大第三产业的就业数量来解决中国的劳动力转移问题是历史发展的必然选择。在工业化后期,许多发达国家也正是通过绕过第二产业直接向第三产业跨阶转移的方式来完成劳动力重新配置的。2006年中国第三产业的就业比重为39.4%,不仅远远小于发达国家72.4%的平均水平,也低于发展中国家54.6%的平均水平。中国的第三产业还有很大的就业空间有待挖掘。

第三,要发展农业前后部门,增加就业空间。中国的农业前部门(如一些信贷、咨询服务部门)和农业后部门(如农产品加工、运输、销售部门)还处在起步阶段。大力发展农业前后部门,既可以提升劳动力就业空间,又可以增强中国农业适应全球化的竞争力。

第四,要选择适当的农业劳动力转移方式。如前所述,世界农业劳动力在转移方式上一般分为三种：一是城乡间转移方式；二是农村内部转移方式；三是兼业型转移方式。就世界上绝大多数发达国家来讲，一方面，农业劳动力转移的主体是转向城市，农业劳动力转移过程同时就是城市化水平日益提高的过程。另一方面，这三种方式许多国家都相机或间断使用过，甚至有些国家同时存在。所以问题的关键在于：选择恰当的转移方式或组合方式，保证城乡社会经济协调发展，而不产生重大的社会经济问题。比如，在"二战"后的日本，在城乡间转移和农村内部转移的基础上，农户的兼业化不断深化，而且"外出打工型"兼业比重不断减小，"通勤型"兼业比重迅速增加。各种类型转移模式的综合作用使日本快速完成了劳动转移，实现了工业的现代化。在发展中国家和地区中，比较好地运用城乡间转移和农村内部转移方式的是我国台湾省，相反，像印度、巴西、韩国等国家，由于没有有效运用农村内部转移方式，使农业劳动力过度涌向大城市，带来了诸如人口过度集中于大城市，大城市恶性膨胀，城乡差距和地区差距扩大等社会经济问题。

第五，农业劳动力转移的速度要适当。从世界各国农业劳动力转移的进程可以看出，劳动力转移要把握一定的节奏，转移速度过慢不利于社会进步，过度转移又会产生一些极其严重的社会后果。对农业劳动力转移速度、规模、数量的决策，应遵循以下几个基本原则：一是要有利于农业持续发展；二是要与工业化水平和城市吸收能力相平衡；三是要有利于城乡社会经济协调均衡发展；四是服务部门的规模应与物质生产部门的规模成比例等。

发达国家农业劳动力转移大都伴随着经济的起飞，农业劳动力转移与国民经济增长间存在着相互促进和相互影响。虽然不同国家农业劳动力人口从50%下降到10%左右所用的时间存在巨大差距，但都与各国的经济发展状况基本保持步调上的统一(表4-12)。如日本仅用了大约50年时间，但其间经济发展很快，实现了对欧美等国家的赶超。据日本经济企业厅的资料，1956年起，日本经济出现了连续多年高速增长时期，国民生产总值平均每年增长率10%；进入70年代，经济转入稳定增长。在1970—1989年的20年间，经济增长率也有4.8%，这说明日本农业劳动力的转移速率与其经济发展速度是相适宜的。中国处于经济发展的平稳期，一方面，农业劳动力无限供给时代已经结束，农业劳动力回流甚至"民工荒"现象时有发生；另一方面，农业劳动力过快转移引发的城市化问题也值得关注。因此，只有实现农业劳动力的适度、适时转移，才能发挥对经济增长的最大贡献，实现我国农村人口城市化的远期目标。

第六，完善各项制度有助于农业劳动力的转移。在各国劳动力转移过程中，由于农业劳动力进入城市而带来的城市病的问题都在一定程度上出现过。为适应劳动力转移及社会经济发展的需要，对原来的制度进行完善很有必要。发达国家政府在农业劳动力转移过程中都给予了较多政策鼓励与扶持。

表 4-12 主要发达国家农业劳动力转移速度一览 %

国家	时期	农业劳动力比重变化	年平均下降率
日本	1950—1980 年	48.3—10.9	4.8
美国	1880—1960 年	51.3—9.5	2.09
法国	1856—1975 年	51.7—10.0	1.37
联邦德国	1882—1966 年	48.4—10.2	1.84
丹麦	1874—1970 年	51.1—10.6	1.63
加拿大	1871—1965 年	52.9—9.5	1.81

资料来源：韩俊，《跨世纪的难题——中国农业劳动力转移》，山西经济出版社，1994 年，第 57 页。

首先，在农业问题上，中国农业的弱质性不仅仅是由农业自身特征决定的，更与长期以来国家倾斜于工业的政策有关。中国农业发展的不均衡已经不能适应整体经济发展的需要，农业自身发展不足对劳动力转移有消极影响。因此农业需要国家给予积极的政策引导和扶持，如取消农业税、农村小额信贷、农业基础设施、农村基础教育、粮食生产补贴、农业科研、农村养老保障等。

其次，中国目前劳动力转移过程也带来了很多问题，如农民工维权、失地农民补偿、农民工子女教育、农村医疗养老保障等，很多问题的解决也需要法律制度的进一步完善。而目前的很多制度不能适应劳动力转移的需要甚至在一定程度上阻碍了劳动力的转移，如户籍制度、农村土地流转制度、劳动就业制度、城乡福利制度、产权制度、创投财税制度等等。虽然我国现在已经在加大立法力度（如新劳动法的生效），但是社会问题还是有一部分处于制度空白区域。为此，国家相关部门应该对旧的不合理制度进行改进，为农业劳动力的转移创造出制度条件。

第七，发展乡村工业和乡镇企业是解决农村剩余劳动力问题的有效途径。由于城市化和工业化进程的不完全同步，劳动力向非农产业和城市的转移有时会带来矛盾，工业化和城市化严重失衡时会带来一系列社会问题，这种现象在发达国家和发展中国家城市化进程中都曾反复出现。而英国等国作为“原生型”工业化国家，给我们提供了一个解决工业化和城市化“错位”问题的方法和视角。英国在工业化发生前经历了一个“原生工业”时期。十六七世纪，从农业转移出来的大部分剩余劳动力在当地建立大量“茅屋工业”、“乡村工业”，从事纺织、编织、服装、酿酒、粮食加工、皮革制作、冶炼、采煤、制盐等各种工业活动。日本和美国也曾提倡乡村工业和农民企业的发展，作为实现劳动力全面转移的“中继站”。

在我国，乡镇企业的崛起，是在中国特定的资源、文化、社会和经济环境中形成的“农工相辅”的制度安排，是中国农业第二次制度创新的重要组成部分。乡镇企业异军突起，使农民获得了经营非农产业的主体地位，实现了农村剩余劳动力的大量转移和农村工业化资金的原始积累，从而推动了国家工业化进程和农村经济繁荣。但近年来，我国乡镇企业就业出现负增长，乡镇企业就业弹性下降，吸纳农业剩余劳动力的作用有所削减。但在做好结构调整、完善机制和正确引导三个方面工作的基础上，乡镇企业仍是解决我国农业劳动力转移问题的重要筹码。

第八，重视农村教育事业。总结发达国家和地区成功的劳动力转移经验，劳动力素质的提高和优化是剩余劳动力顺利转移的基本条件。如 1965—1973 年期间，日本的公共教育投资年均增长 17.6%，超过了同期经济增长率。教育事业的迅速发展，提高了包括农业劳动力在内的所有劳动力的教育水平，使农业劳动力对非农部门就业的适应能力并不逊色于城市劳动力。目前，中国虽然已经实现农村九年义务教育，但是在改革的过程中，农村教育仍然存在资金投入、优秀教师资源等方面的问题。为了促进未来城镇化建设和农业劳动力转移，越是经济落后、城镇化水平不高的地区，越应该树立教育“适度超前”的发展观，基础教育工作的加大投入一定会在未来时间里凸显出强大的效用。同时，也要加大对农民工的职业教育培训力度，提高农民工的就业竞争力，通过提高劳动者的素质来促进劳动力转移。

综上所述，我国现阶段还存在着规模较大的农业剩余劳动力。不仅如此，在体制转轨过程中，还面临着消化大量国有企业剩余劳动力的压力。借鉴国际经验，结合中国国情，我国农业剩余劳动力转移，应在控制人口规模和增长速度，大力发展农业，选择正确的工业化道路的基础上，采取以发展多元城镇化为主的多渠道综合转移模式，走多层次、多渠道、多方式吸纳的道路。为此，要确立推拉结合的转移思路；继续寻找发展乡镇企业的新契机，增加就业机会；消除以户籍制度、土地制度、就业制度为代表的制约农业剩余劳动力转移的各种制度性障碍，提高农村城镇化水平，为转移提供充分空间和载体；加快第三产业的发展，培育我国农业剩余劳动力转移的新的增长点，顺利实现我国农村剩余劳动力转移，尽快解决“三农”问题，促进我国的工业化、城市化和经济增长，实现我们的强国之梦。

参考文献

[1] 安良雄. 近代英国经济史要览. 南京：南京大学出版社，2001.
[2] 蔡昉. 中国的二元经济与劳动力转移. 北京：中国人民大学出版社，1990.
[3] 蔡昉. 中国人口流动的方式与途径. 北京：社会科学文献出版社，2001.
[4] 陈华山. 当代美国农业研究. 武汉：武汉大学出版社，1996.
[5] 韩俊. 跨世界难题——中国劳动力转移. 太原：山西经济出版社，1994.
[6] 潘文卿. 中国农业剩余劳动力转移现状及转移效益分析. 农业技术经济，2001(3).

[7] 王询.工业化过程中的劳动力转移.大连:东北财经大学出版社,1994.
[8] 王章辉,黄柯可.欧美农村劳动力的转移和城市化.北京:社会科学文献出版社,1999.
[9] 中村农英.战前日本经济成长分析.日本经济学刊,1980(1).

第五章　农 业 资 本

◆ 本章要点

资本是维持任何产业生存的血液，资本对于产业发展具有致命性的作用，这点对农业也不例外。本章讲述农业资本的特点及其对农业发展的作用，介绍国外和我国农业资本投入情况，以及发达国家农业资本投入对我国的启示。

第一节　农业资本概述

一、农业资本的概念及分类

这里所说的农业资本又被称为农业资金，具有广义和狭义之分。狭义的农业资本就是指社会各投入主体投入到农业上的各种货币资金。广义的农业资本除了包括狭义的农业资本以外，还包括在农业生产经营活动中所形成的流动资产、固定资产，以及以其他形式投入到农业领域的资产总和。可以说，广义的农业资本贯穿于农业经济管理的全过程。本书从广义的范畴来述说农业资本。

根据不同的标准可以将农业资本划分为不同的类别。

1. 按照来源渠道的不同

(1)农户自有资本。农户自身的农业投入一直以来都是构成农业资本的重要组成部分。农户对于农业的投入涉及农业生产、销售等几乎涵盖农业生产经营的所有环节。农户投入资本具有排他性和竞争性，在市场经济中，完全由农户根据市场情况和自身条件进行最优的资本配置。

(2)国家财政支农资本。农业的发展离不开国家的资金支持，国家财政支农资本是政府为了支持农业发展而预算的各项农业支出，主要包括用于支援农村生产支出和农林水利气象事业费支出、农业基本建设支出、农业科技三项费用支出、农业综合开发支出以及其他多项支出[①]。国家财政支农资本对于一个国家农业的发展至关重要。

(3)农业信贷资本。它是指由各种金融机构和个体信贷者提供资金,由农业生产者(包括农户和农业生产企业)投入到农业中的各种信贷资金。根据资金供给主体的不同,农业信贷资本又可以细分为商业性农业信贷资本、合作性农业信贷资本、政策性农业信贷资本和民间农业信贷资本。农业信贷资本的使用一般都是有偿的,到期需要偿还本金并需要支付一定的利息。

(4)经济组织投入的农业资本。除了农户以外,农业企业、农村集体经济组织、农业合作组织等经济组织对于农业的投资也是农业资本的重要来源。随着现代市场经济的发展和农业投资主体变革的深化,农业企业的投资在农业资本中所占比重越来越高。

(5)国外农业资本。它是指来自于国际经济组织(如联合国、世界银行)、国外政府的援助或农业投资项目,国外的金融机构、公司或个人等进行的农业投资。随着经济全球化进程的加速和国际资本的流动,来自国外的资本成了农业资本的一个新的来源渠道。

2.按照具体服务的领域和对象划分

(1)农业生产资本。它是指用于投入农业生产环节的资金。既包括用于直接购买农业生产资料的资金,如购买农药、化肥、种子、饲料等,也包括在农业生产过程中所消耗的各种资金,如在生产过程中所消耗掉的人工费用、水电费、收割费、防疫费等。农业生产资本是对农业产出影响最大的农业资本。

(2)农产品销售资本。它是指在农产品销售过程中所投入的各种资金。具体包括农产品的储存、运输、维护以及在销售农产品过程中所需要支付的各种资金。农产品销售资金是农产品实现其市场价值的有力保证。

(3)农业基础设施资本。它是指投入到农业基础设施建设中的资金。具体包括用于农村交通设施建设、电力通讯基础设施建设、农田水利基础设施建设以及其他农业生产所需的基础设施建设资金。农业基础设施资本是一切农业经济活动的基础。

(4)农业科技及推广资本。它是指用于农业科学技术研究及其推广的资金。具体包括各项农业技术研究、实验、各项技术服务以及技术推广等各个环节所需要的资金。农业科技及推广资本对于农业的快速发展发挥着至关重要的作用。

---

① 在政府的财政支农统计口径中还包括农村救济费,但就其用途来说实际上不属于农业范畴,而属于民政福利范畴。

(5)农业公共服务资本。它是指用于农业公共信息、农业教育、农业管理等农村各公共服务项目的资金。农业公共服务资本通常由政府、集体或个人集资等方式来获得。此项资本对于农村公共服务水平的提高和改进发挥着重要作用。

二、农业资本的特点

从农业发展的历史进程来看,农业资本的形成不同于其他产业资本,具有自身的特点,具体而言:

(1)农业自身的积累是农业资本的初始来源。从社会分工来看,农业是人类最先从事的产业,农业资本的初始来源只能来自农业部门自身的积累。只有当农业生产力水平足够高、能够提供剩余产品时,一部分劳动者才能脱离农业去从事工业和其他产业的经济活动。只有当工业及其他产业的发展达到了一定程度和高度,才有可能"反哺"农业,才有来自其他产业的资本流入农业部门。

(2)在工业化前期,农业资本的流失成为一种必然趋势。纵观世界近现代发达、发展中国家工业化的进程,无一不是农业资本流入工业部门的历史,农业资本的积累过程中伴随着工业化的进程,农业资本的流失成为了一种必然。正如马克思所说,"农业劳动是一切剩余劳动的基础",在任何一个国家工业化发展初期,没有足够的外资可以利用,农业剩余就成了工业原始资本积累的主要源泉。日本工业化早期就是通过对农业部门征收重税来支持工业的发展,新中国成立后也采取了"以农养工"的政策,政府通过实行工农业产品价格"剪刀差"政策,促使大量的农业积累源源不断地流入工业部门,形成工业部门的资本积累。正因为如此,农业部门自身资本的积累变得异常缓慢,影响了农业经济的快速发展。

(3)一定程度上增加农业劳动力投入可替代资本,但不能全面替代,也不能长期替代。在农业发展的一定阶段,对于资本的依赖要远远低于工业及其他部门,所以当工业化开始启动,大量的农业资本流入了工业部门。而在农业资本流失的过程中,农业要发展,主要靠农业劳动力的投入,它可以在一定程度上替代农业资本的流失。但是随着农业劳动力投入的不断增加,要素替代的边际报酬递减规律发挥作用,特别是随着农业现代科技的不断应用,农业发展对于农业资本的需求就显得更加迫切。从长期而言,农业劳动力投入的增加并不能在长期内替代农业资本。农业经济的快速发展,需要大量的农业资本投入。

(4)农业资本具有一般资本的普遍特征。除了农业资本在其形成过程中所具备的以上三条特征以外,不可否认,农业资本具有其他资本所具有的普遍特征,即农业资本具有流动性、多功能性和收益性。农业货币资本可以容易地转化为其他任何形式的资本,具有高度流动性。农业资本可以投入到农业生产经营的任何一个环节，具有多功能性。同时，投入的农业资本要产生一定的收益，具有收益性特征。

(5)农业资本具有农业经济所赋予的特有特征。农业资本除了具有一般资本所具备的特征以外，还具有农业经济所赋予的特有特征。首先，农业资本投入的效益较低。农业作为一个弱质产业，投入到该领域的资本收益往往要低于投入到工业或其他行业，并且鉴于农业生产与自然条件紧密结合，导致农业资本的投资周期往往较长，且要承担更多的自然风险和其他不确定性，这就决定了农业资本投入的低收益性。其次，农业资本具有政策性特征。由于农业资本的收益率较低，而且农业还附带了较大的生态效益和社会效益，鉴于私人投资主体的趋利行为，导致严重的"非农化"倾向，所以农业资本单靠私人投入是远远不够的，这就需要政府的介入，采取各种措施来保护和支持农业的发展，而大量政府支农支出往往伴随着一定的农业政策来进行，显然农业资本具有较强的政策性。

三、农业资本对于农业发展的作用

农业是国民经济的基础，农业的健康、稳定、快速发展对于国民经济其他部门的发展至关重要。世界上绝大多数国家都非常重视农业的发展，采取各种措施来促进农业的发展，其中最为重要的手段就是加大对农业的资本投入。农业资本对于农业发展的作用至关重要，这是由农业经济本身的特点以及农业生产的环境所决定的。农业属于"投资拉动型"产业，资本是农业发展的第一推动力。具体而言：

(1)农业是受自然风险和市场风险双重约束的弱质产业，依赖于大量的农业资本投入。一方面，农业生产依附于动植物的生产而进行，对于自然条件具有很强的依赖性，在农业生产过程中，会面临季节的变化、各种可能自然灾害的侵袭，如干旱洪涝灾害、虫灾、风灾等。而另一方面，由于农业生产的周期较长，可能赶不上市场需求的变化，当农产品供给与需求不相吻合时，又可能面临着"增产不增收"的局面，农业的收入预期十分不稳定，市场风险较其他行业更高。正因为如此，要保障农业的持续发展，就必须依赖于大量的农业资本投入。农业资本投入的多少决定了农业发展是否具有可持续性。

(2)农民自身积累有限，需要农业以外部门的大量资本流入。特别是对于我国农民而言，长期处于小农经营状态，收入低，加上体制的原因，单靠农民自身的投入远不能解决农业发展的问题。这就决定了农业的发展除了来自于农民自身积累以外，必须有来自农业以外部门的大量资本投入，来支撑农业的可持续发展。

(3)农业具有公共产品的性质，需要农业资本的投入。农业的发展最直接的受益者是农民，但又绝不仅仅止于农民，农业的生产与再生产能够提供良好的生态环境，这关系到整个国家生态环境的建设；农业具有公共产品的性质，农业生产与再生产的成本理应由全社会承担。农业资本的投入对于农业发展是至关重要的，同时全社会对于农业资本的投入也是理所应当的。

(4)实现农业现代化需要农业资本的大量投入。农业的发展历程大体要经历原始农业、传统农业、现代农业三个阶段。当由传统农业阶段向现代农业阶段迈进时，无论是农业基础设施建设，还是农业高科技的开发、利用与推广等都需要投资主体大量的资本投入。鉴于私人投资主体的趋利性，政府对于农业的投入更显得十分重要，如果没有政府对农业资本的大量投入，农业现代化进程必将大大减缓。世界上任何一个国家要向现代农业阶段迈进，都离不开大量农业资本的投入，尤其是政府的大量投入。

第二节　国外农业资本投入

尽管不同国家对于农业资本具有不同的投入体制和投入方式，但鉴于农业在国民经济中的基础地位以及其生产过程的特殊性，世界各国都采取了各种政策和措施来鼓励、引导、促进农业投资主体增加农业资本的投入，从而促进农业的健康、快速发展。特别是西方发达国家，较我国农业资本的投入而言，其农业资本的投入巨大，支持农业的项目多种多样，支持农业的立法十分完备，对于我国农业资本投入体系的建设、发展与创新具有积极的启示意义。另外，一些发展中国家比如巴西、韩国在利用外资用于农业投入等方面对于我国也具有重要的启示。

一、十分重视农业基础设施投资

农业基础设施建设在促进农业持续稳定发展、缩小城乡差距、实现农业现代化等方面都发挥着至关重要的作用，西方发达国家均十分重视对农业基础设施的投资。具体而言：

美国所有的大型灌溉设施都由联邦政府和州政府来出资兴建，对于中小型灌溉设施农业部会给予一定的资金支持。美国农村地区的交通运输、供电和通讯业均由美国政府出资建设。另外，美国政府还投资建设了反映农产品价格、供需情况的市场信息系统，该系统覆盖美国农产品主要集散中心及产地，为农场主免费提供最新信息。

日本政府对于农业基础设施建设非常重视，设立了多种资助和补贴项目。对于土地改良等农田基本建设的资助占农牧渔业预算的30%左右，对农田基本建设项目的补贴高达90%，对农民购买大型农业机械和设备的补贴达50%。大型水利工程全由日本政府直接投资兴建，对于小型水利工程，日本政府的投资占到全部投资的 4/5，并且对于农民负担的部分提供优惠的贷款。

英国农业法规定，凡修建农场的道路、堤坝、供电系统等基础设施，国家需承担全部费用的 2/3。法国政府对于农村基础设施建设工程的投资占到全部费用总额的 1/4 以上。荷兰的水利投资每年约 45 亿美元，人均 300 美元，可谓世界之最。欧盟规定凡购买大型农业机械、改良土地、兴修水利等农业基础设施建设，欧盟委员会均提供 25%的资金，75%由本国政府承担。除此之外，欧盟还直接投资进行基础设施建设，包括排水干渠、供电供水、农场道路、水库和防洪设施等。

正由于这些国家投入巨额农业资本不断加强本国农业基础设施建设，在这些国家的城乡一体化水平很高，城乡基础设施的界限非常模糊，有力地保证了这些国家农业的持续稳定发展。

二、巨额资本投入于发展农业科技及技术推广

农业科技及技术推广工作对于提高农业生产率、促进农业经济增长发挥着重要作用，世界上绝大多数国家都十分注重发展农业科技及技术推广工作，无论是发达国家还是发展中国家均根据本国国情投入巨额资本用于提高本国农业科技发展水平，可以说对于农业科技的投资是加速农业发展的推进器。

美国的农业科技投资系统十分完善，从 19 世纪下半叶到 20 世纪上半叶，美国就构建了一整套较为完善的农业科研、教育和推广体系。该体系根据资金的来源渠道不同，分为公共科研机构与私人科研机构两个部分。公共科研机构由美国农业研究局及州农业试验站组成，在美国农业科研体系中起着不可替代的作用，重点承担具有基础性、探索性、前瞻性的公益性研究，以及难以很快产生经济回报的研究项目，其经费主要来源于联邦政府及州政府的财政预算拨款。私人科研机构也是美国农业科研中的一支重要力量，主要包括与农业相关的私人企业、家族基金会、协会等兴办的农业科研机构、实验室和一些非营利机构创办的试验站，其经费主要来自民间私人企业及赠款等。

美国投入到农业科技及技术推广上的资本十分巨大。1950 年，美国农业部预算中用于农业科学研究与推广等服务项目的投资为 4 680 万美元，1985 年上升为 10.5 亿美元，年递增幅度达 8.3%，政府财政对农业科技的投入占投资总额的 45%左右。美国农业研究局(ARS)的项目经费一直呈增长趋势，1998 年的研究经费预算达 8 亿美元。另外，美国政府每年有 10 亿美元的农业信息经费支持，占到其农业行政经费的 1/10 以上。在 2002 年通过的《新农业法》进一步扩大了政府在科研投入中的比例。在中央层面上，从 2004—2009 财年美国农业部预算情况来

看，近6年来，农业部每年用于科技研发、教育及推广费用大致维持在24亿～27亿美元，所占美国农业部年度总费用比例基本维持在2%～4%之间。在地方政府层面上，由于《新农业法》进一步提高了科研推广经费地方配套资金的要求，规定各州配套资金由现行的50%左右每年提高10%，到2007年达到100%，各州必须按照法律规定承担本州政府的相关义务。

日本的农业科研机构主要由国立与公立科研机构、大学、企业（民间）等几大系统组成，日本农业科研机构由农林水产省农林水产技术会议直接领导和协调，在全国农业科研系统中占据主导地位。日本用于发展农业科研及技术推广的投资同样十分巨大。根据日本综合科学技术会议每年公布的政府科技相关预算案，2003—2008财年，农林水产省的科技相关预算保持稳步增长趋势，2008年高达1 316亿日元，约占日本2008年政府科技相关预算总额的3.69%，比2003年增长了10.8%。

英国政府对于农业科研创新的支持力度也相当大，国家财政经费主要通过生物科学研究理事会（BBSRC）与环境、食品和农村事务部（DEFRA）这两个渠道来进行安排。其中，BBSRC主要侧重与农业相关的基础科学研究，而DEFRA则主要侧重于农业应用研究与技术推广工作。从BBSRC历年支出情况来看，呈现出持续上升趋势。2006财年与2001财年相比，经费增长了53%，达到了3.5亿英镑。另外，该理事会在2007年年底所公布的2008—2011财年资助计划中，宣布在未来4年内将预算从目前的3.86亿英镑上升到4.71亿英镑。DEFRA在2005—2006财年，用于农业科技创新工作的经费高达3.30亿英镑。

法国用于农业科技及技术推广工作的资金主要由法国政府来承担，90%的费用由法国农业部来支付。2005年法国的农业科技预算高达8.5亿欧元。荷兰农业科研经费60%以上来源于政府投资。2006年度荷兰农渔部的知识和创新预算高达8.6亿欧元。丹麦90%以上的农业科研经费来自政府，近年来丹麦政府用于农业的年度科研预算接近10亿丹麦克朗，占到政府科研预算的1/10。巴西政府在2001年规定，以后每年将当年税收总额的17.5%用于农贸科技项目。

三、各种各样的农业补贴

世界各国政府为了促进本国农业的持续稳定发展，都在不同程度上进行了各式各样的农业补贴，有力地保证了各国农产品的产量以及国际竞争力。具体而言：

美国之所以能够保持今天这样的农业强国和出口大国地位，与政府推行各式各样的农业补贴政策密不可分。美国的农业补贴政策可以细分为以下六类：①直接补贴，包括差额补贴、灾害补贴、减耕补贴、不归还贷款收益、营销贷款补贴。②投入品补贴，包括商品贷款补贴、农场贷款补贴、农作物保险、燃料税补贴、紧急饲料补贴、放牧费补贴。③市场价格支持，包括价格增长补贴、价格支持配额、牛奶补贴、牛肉收购补贴。④营销环节补贴，包括加工和营销补贴、运输补贴、检查补贴。⑤长期性补贴，包括研究补贴、咨询费补贴、病虫控制补贴、土地改良补贴。⑥其他补贴支持，包括税收补贴、州立项目支持等。

美国政府对农业的各项补贴具有两个明显特征：其一，补贴金额很高。依据《新农业法》规定，2002—2011年各种农业补贴额高达1 900亿美元，年平均190亿美元。其二，美国政府对农业的补贴越来越倾向于农业资源环境保护和农业可持续发展方向。2007年用于资源环境保护的预算支出高达171亿美元。

日本政府同样对本国农业发展进行了各种各样的补贴，主要包括收入补贴、生产资料购置补贴和一般政府服务性质的补贴。在收入补贴中，主要是针对日本山区和半山区的农户进行，日本政府规定每个山区农户可以享受的补贴上限为100万日元，政府为此支付的财政总支出为700亿日元。可以享受的补贴面积为90公顷，平均每公顷补贴8万日元，这相当于欧盟普遍性面积补贴的2倍多。生产资料购置补贴主要是日本政府为了支持日本农民建立或改造农业生产设施而设立的，政府规定凡是涉及建立或改造农业生产设施的支出，农户可从中央财政得到50%的补贴，从都府县得到25%的补贴，剩余25%则通过接受国家补贴的金融机构获得融资得以解决，有的地方市町村财政还要补助12.5%，农户真正支付的部分很少。一般政府服务性质的补贴主要包括培养农业人才、基础设施投入、乡村建设、支持农协发展等多个方面。此外，还制定了灾害补贴、农业保险补贴、贷款优惠等多项农业补贴政策。日本对农业的补贴已经超过了农业收入。

英国政府对于农业的各种补贴主要包括农产品直接补贴、农产品价格补贴、农业基础设施补贴以及其他隐性农业补贴。其中，农产品直接补贴是根据农民所在地区农业环境条件以及所提供农产品的数量直接支付给农户的补贴。如作物面积补贴，在苏格兰、威尔士和北爱尔兰等地区的农业环境欠佳，1公顷作物可以得到英国政府和欧盟共同农业政策津贴220.5英镑；在农业环境适宜区，每公顷作物可以获得225.8英镑的补贴。牛肉生产还有特殊津贴，农民每育肥一头公牛可以获得93.11英镑补贴。农产品价格补贴是当欧盟范围内农业市场农产品价格下跌到低于欧盟规定的干预价时，欧盟就会按照干预价收购农产品。农业基础设施补贴是除了国家直接投资兴建大型农业基础设施以外，对于田界围栏、农场建筑、农业机械等小型农业基础设施提供必要的补贴。其他隐性农业补贴还包括减免农业税和免费向农户提供信息服务和技术等。英国为本国的各项农业补贴支付了大量的农业资本，从20世纪80年代末到1998年，补贴金额从4.91亿英镑上升到26.73亿英镑，进入21世纪以来补贴金额更是一路攀升。

四、资金扶持农业合作组织

农村的各种农业合作组织对于农户在从事农业生产经营活动中发展发挥着重要的作用，而且农业合作组织也是农业资本的投资者之一。许多国家都采取了各种措施来积极扶持农业合作组织，给予了很多补贴和政策支持。具体而言：

美国的农业合作社种类多样，在美国绝大多数农场主都参加了各种形式的农业合作社，农业合作社为农场主提供资金，按成本价提供劳动力，帮助农场主销售农产品等。而国家则对于农业合作社给予各种财政政策优惠和税收优惠，同时还提供各种形式的技术支持等。日本农协（农业协同组合的简称）具有基层农协，都、道、府、县农协以及全国农协三级农协组织系统，其功能主要包括指导农民生产，协助会员进行农产品销售，根据会员需要集中采购生产生活资料，为农协会员提供信贷业务，以及提供共济和社会福利等。日本政府规定农协不需要缴纳所得税、营业收益税等。法国政府为了扶持各种类型农业协会的建立与发展，规定创办各种农业服务的合作社，政府财政都给予25％左右的投资补贴，并免除平时所应缴纳的工业利润和商业利润税、营业税和地产税等。

五、对提供农业贷款的金融机构提供资助和补贴

发达国家的农业金融信贷体系一般都较为发达，这与政府的大力支持密不可分。具体而言：

美国的农业金融组织体系由私营金融机构、合作农业信贷系统和政府农业信贷机构三部分组成。其中办理农业金融信贷业务的私营金融机构主要包括商业银行、人寿保险公司和经销商。美国合作农业信贷系统创办于1916年，2003年经过重组后由86个农业信贷协会和13个联邦土地信贷协会组成，这一系统所提供的农业贷款仅次于商业银行，在组织动员农业本身和社会资金向农业投资以促进农业生产发展方面发挥了显著的作用。政府农业信贷机构是农民的最后依靠，主要包括农民家计局、商业信贷公司、小企业管理局以及农村电气化管理局等机构，它们主要提供以上两种系统所不能提供的贷款，如救济受灾农民、扶持新创业农民等。这些信贷机构在各种农业贷款中所占比重虽小，但是却发挥着不可替代的作用。美国政府十分重视农业金融信贷体系的建立和完善，一方面不断颁布新的农业信用法，积极扶持各类适应客观经济条件发展的农业信用组织；另一方面对不同的金融机构提供不同标准的补贴以及优惠政策。

日本的农业金融信贷体系主要由农业制度金融、农协系统金融和民间农业金融组成。其中农业制度金融是由国家或地方公共团体通过融通财政资金或对民间

金融机构给予利息补贴而进行的一系列政策性融资活动。农协系统金融是由各级农协信用组织经办的农业金融，包括市町村基层农协的信用部门、都道府县一级的信农联以及中央级的农林中央金库组成。民间农业金融是农协系统金融以外的一般民间金融机构经办的农业金融事业。日本政府同样不断完善农业信贷制度，同时对于这些金融机构为农协发放低利长期贷款，政府负责补贴利息差额。对因各种原因收不回来的贷款，政府承担损失。为了吸引商业银行增加对农业的信贷投入，日本政府还为一部分贷款提供担保。

法国的农业信贷制度具有政府高度垄断的特征，主要由国家农业信贷银行和地方农业互助信贷银行面向农业提供贷款。针对农业的贷款利率一般只是非优惠贷款利率的一半左右，并长期发放大量通过贴息的长期低息贷款。所有的利息差额都由法国政府财政来负责补贴。

六、农业保险投入

农业的生产特点决定了农业生产的不稳定性，可能会遭受各种自然灾害，这对于农业经济的稳定发展十分不利。为此，世界上的发达国家均十分注重农业保险资本的投入。

20 世纪 80 年代，美国农业部对农业灾害的补偿金额为 250 亿美元，其中用于农作物保险的资金为 60.4 亿美元。2000 年美国进一步提高了政府对农作物保险保费的补贴比率，平均补贴额为纯保费的 53%，其中巨灾保险补贴全部保费，多种风险农作物保险、收入保险等保费补贴率为 40%。2004 年仅一年政府对农业保险的补贴额就已经达到了 24.8 亿美元，占到美国农业增加值的 1%以上。

日本政府规定，无论是强制性保险还是自愿保险，政府都给予财政补贴。日本的保费补贴比例依费率不同而不同，其中水稻补贴 70%（费率超过 4%），旱稻最高补贴 80%（费率为 15%以上），小麦最高补贴 80%。

西班牙 2006 年农渔食品部的保费补贴高达 2.78 亿欧元，平均保费补贴为纯保费的 50%。2007 年意大利政府一年用于农业保险的保费补贴为 1 亿欧元，农业保险费率补贴的比例为 67%。除了对农业保险进行巨额投入以外，以上这些国家政府还通过提供再保险来支持农业保险的发展。

七、充分利用外资

利用外资来充实本国农业资本是近年来许多发达国家和发展中国家所采取的一个手段。在发达国家中，日本政府主要利用外债形式来获得资金增加农业投入。在发展中国家中，利用外资来充实本国农业资本最典型的国家当属巴西和韩国。巴西充分利用外资来开发落后地区，在本国北部的落后地区建立了自由贸易区，实行优惠的税收政策,吸引大量的投资来促使北部地区农业经济的发展。韩国利用外资来进行农业基础建设投资,引进先进的农业科学技术,促进农业产业结构的优化。

第三节 中国农业资本投入

一、农业资本投入的阶段划分

新中国成立之后,我国农业资本投入体制经历了一系列的历史变迁,经过学者们的研究总结,划分为五个阶段。

第一阶段(1949—1956),是高度集中的国营农业企业和个体农户相结合的农业资本投入体制。这一阶段伴随着新中国刚成立时所面临的重重困难,政府从国家财政中拿出不多的资金用于参与初具规模的国营农场的经营,进行农业基础设施建设,如开垦荒地、整治水利工程等。农户在当时更是缺乏足够的资本投入到农业上去。所以,在这一阶段我国农业资本的投入严重不足。

第二阶段(1956—1979),是高度统一的农业资金投入体制。这一阶段开始农村合作化运动,建立起了“一大二公、三级所有”的集体经济模式。土地等生产资料由私有变为共有,经营方式由个体变为集体,所以农业资本投入主体变为集体经济组织为主。但我国政府已经确定了要走“优先发展工业”的道路,所以我国大量的农业资本以工农业产品价格“剪刀差”的隐蔽形式流入工业部门。此阶段农业资本的投入仍然不足,主要凭借丰富的劳动力来替代资本的投入。

第三阶段(1979—1992),是双层经营模式下的农业资本投入体制。改革开放以后,在我国农村地区实行了家庭联产承包责任制,农户成了农业经营的微观主体,投资、积累和竞争的意识有了较大程度的增强,国家则从宏观层面上来进行投资。这一阶段我国实行了替代资金分配政策,一方面提高农副产品收购价格,对农民实行税收优惠政策,对农业生产资料实行优惠政策;另一方面减少了财政支农的比例。由于其他改革措施不配套,在农产品价格体系仍然扭曲的条件下,促使农民将增加的收入投入到了非农产业,没有达到国家实行替代资金分配的预期目的。所以导致农户和国家对农业资本的投入同时减少,造成了当时我国农业发展后劲不足的局面。

第四阶段(1992—2010),是过渡经济条件下的农业资本投入体制。从1992年邓小平南巡讲话到1993年十四届三中全会的召开,全面推进财政、税收、投资、计划体制改革,我国农业资本投入体制也开始了探索。国营农业企业、农户等农业微观主体开始转向市场经济导向,成为农业资本的投入决策主体。其他银行信用、非农企业投资、国外借贷等多种渠道也应运而生,农业资本投入体制实现了大的突破。农业资本投入总量也在逐年攀升。

第五阶段(2010—),是市场经济条件下的农业资本投入创新体制。经过多年的探索,学者们预期到2010年之后基本上可以形成社会主义条件下的农业资金投入创新体制,并随着时间的发展不断完善。这一阶段的农业资本投入量将更大,农业的发展将得到更大的支持,同时也会涌现出新的问题。

二、农业资本投入量的分析

我国农业资本的投入总量在改革开放之后出现了大的增长,但从农业资本占整个社会投资的比重来看,却呈现出不同程度下降的趋势。具体而言:

(一)农业固定资本、农业更新改造、财政支农资本投入分析

从表5-1可以看出我国在1980—2004年的农业固定资本和农业更新改造资本的投入状况。

表5-1 部分农业资本投资状况

年份	农业固定资产投资/亿元	占全部固定资产投资比重/%	农业更新改造投资/亿元	占社会更新改造投资比重/%
1980	n. a.	n. a.	1.21	0.88
1985	n. a.	n. a.	5.56	1.24
1990	n. a.	n. a.	7.32	0.88
1991	n. a.	n. a.	13.16	1.29
1992	n. a.	n. a.	14.77	1.01
1993	n. a.	n. a.	17.83	0.81
1994	n. a.	n. a.	19.64	0.67
1995	498.1	2.49	18.83	0.57
1996	735.3	3.21	22.91	0.63
1997	844.3	3.39	27.21	0.69
1998	963.7	3.39	27.11	0.60
1999	1 086.2	3.64	26.33	0.58
2000	1 235.9	3.75	26.35	0.51
2001	1 395.0	3.75	21.04	0.36
2002	1 701.9	3.91	22.86	0.34
2003	1 652.3	2.97	31.80	0.37
2004	1 890.7	2.68	n. a.	n. a.

资料来源:韩东林,《转型时期中国农业投资主体的投资行为研究》,北京:经济科学出版社,2007年,第25页。

从农业固定资产的投入状况来看,在1995—2004年其投资总量水平明显增加,但占全社会固定资产的比重明显偏低。占比最高的年份是2002年,农业固定

资产投资额为 1 701.9 亿元，占全社会固定资产的比重为 3.91%，为历年所占比重的最高点。2002 年之后又呈现出下降趋势。

农业更新改造投资额从 1980 年的 1.21 亿元一路攀升到 2003 年的 31.80 亿元，投资总额不断增加。但从占全社会更新改造投资总额的比重来看，却呈现出下降趋势，从 1991 年的最高点 1.29%跌至 2003 年的 0.37%。

从国家财政支农资本的投入状况来看，1978 年以来我国财政支农资本支出的基本情况可以概括为：总体支出规模不断扩大，所占财政总支出比重呈逐年下降趋势；在财政支农资本支出结构中，支援农村生产支出和农林水利气象事业费支出（以后简称支农支出）是财政农业支出的重点；农业基本建设支出占比呈现出波动式下降趋势；而用于支持农业科技和农村救济的支出很少。

具体而言，如图 5-1(a)所示，绝对量上国家财政支农资本的投入大幅增加，由 1978 年的 150.66 亿元，上升到了 2006 年的 3 172.97 亿元。但从相对量上而言，如图 5-1(b)所示，我国财政支农资本的投入却呈现出下降趋势，用于农业的支出占全部财政支出的比重从 1978 年的 13.44%一直下降到 2006 年的 7.85%，呈现出在波动中下降趋势。

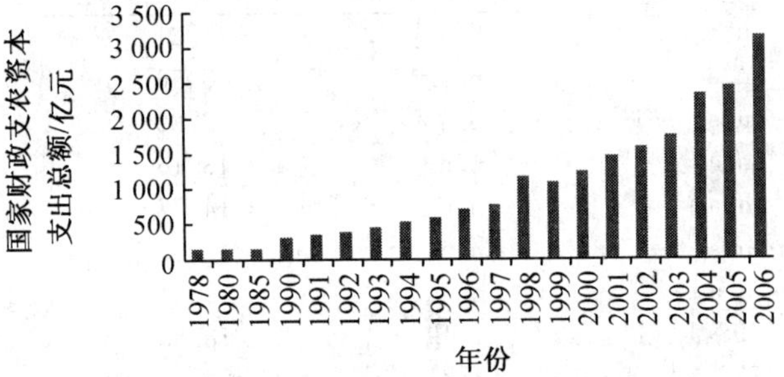

（a）1978年以来我国农村公共财政支出

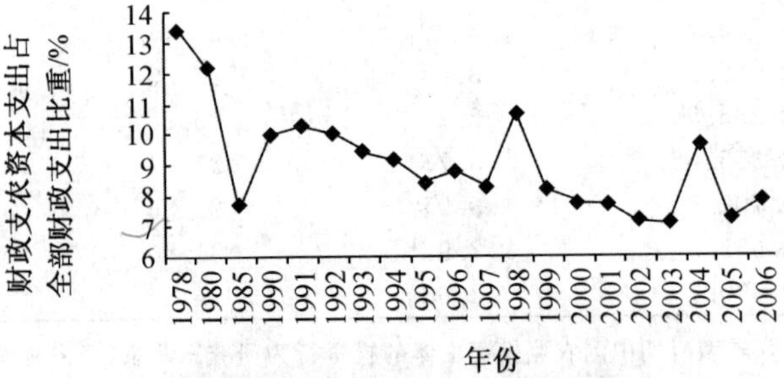

（b）1978年以来我国农村公共财政支出占财政总支出比重

图 5-1　1978 年以来我国财政支农资本支出状况

（资料来源：《中国统计年鉴 2007》）

从国家财政支农资本支出的结构来看(表 5-2),首先支农支出在整个财政支农资本支出中占去了绝对的份额,历年所占份额不低于财政支农总额的 51%。其次,农业基本建设支出在财政支农资本支出总额中所占份额呈现出波动式下降趋势,从 1978 年的 33.94%下降到 2006 年的 15.89%。再次,历年农业科技三项费用支出的数额一直很少,支出额度一般不超过财政支农资本支出总额的 1%。最后,农村救济费支出也较少,该项支出在财政支农资本支出总额中所占份额始终徘徊在 2%~9%,呈现出上下波动趋势。

表 5-2 国家财政支农资本投入

年份	支农支出		农业基本建设支出		农业科技三项费用		农村救济费支出	
	亿元	%	亿元	%	亿元	%	亿元	%
1978	76.95	51.08	51.14	33.94	1.06	0.70	6.88	4.57
1980	82.12	54.76	48.59	32.40	1.31	0.87	7.26	4.84
1985	101.04	65.77	37.73	24.56	1.95	1.27	12.90	8.40
1990	221.76	72.04	66.71	21.67	3.11	1.01	16.26	5.28
1991	243.55	70.07	75.49	21.72	2.93	0.84	25.60	7.37
1992	269.04	71.55	85.00	22.61	3.00	0.80	18.98	5.05
1993	323.42	73.43	95.00	21.57	3.00	0.68	19.03	4.32
1994	399.70	74.99	107.00	20.08	3.00	0.56	23.28	4.37
1995	430.22	74.83	110.00	19.13	3.00	0.52	31.71	5.52
1996	510.07	72.82	141.51	20.20	4.94	0.71	43.91	6.27
1997	560.77	73.17	159.78	20.85	5.48	0.72	40.36	5.27
1998	626.02	54.21	460.70	39.90	9.14	0.79	58.90	5.10
1999	677.46	62.40	357.00	32.88	9.13	0.84	42.17	3.88
2000	766.89	62.27	414.46	33.65	9.78	0.79	40.41	3.28
2001	917.96	63.02	480.81	33.01	10.28	0.71	47.68	3.27
2002	1 102.70	69.76	423.80	26.81	9.88	0.63	44.38	2.81
2003	1 134.86	64.68	527.36	30.06	12.43	0.71	79.80	4.55
2004	1 693.79	72.46	542.36	23.20	15.61	0.67	85.87	3.67
2005	1 792.40	73.15	512.63	20.92	19.90	0.81	125.38	5.12
2006	2 161.35	68.12	504.28	15.89	21.42	0.68	182.04	5.74

资料来源:《中国统计年鉴 2007》。

(二)农业补贴资本投入

我国目前已初步形成了以粮食直补、农资综合直补、良种补贴和农机具购置补贴为主要内容的农业补贴制度。

粮食直补资金由中央和地方共同建立的粮食风险基金发放。此项制度在

2004 年建立，将原来补贴在流通环节的粮食风险基金拿出一部分，直接补贴给种粮的农民。到 2006 年累计发放补贴资金 390 亿元(2004 年 116 亿元，2005 年 132 亿元，2006 年 142 亿元)。2007 年中央一号文件进一步要求各地粮食直接补贴金额要达到粮食风险基金的 50%，全年补贴总额预算超过 150 亿元。

农资综合直补资金由中央财政增拨的粮食风险基金发放。2006 年在石油综合配套调价改革启动后，国家财政新增投入 120 亿元对种粮农民的柴油、化肥等农业生产资料增支实施综合直补。2007 年新增农资综合直补资金达 156 亿元。2008 年新增 206 亿元，进一步加大对种粮农民的补贴力度，全年农资综合补贴资金共计 482 亿元，比 2007 年增长了 75%。

良种补贴制度从 2002 年开始实施，2002 年补贴金额为 1 亿元，2003 年 3 亿元，2004 年 28.5 亿元，2005 年 38.7 亿元，2006 年 41.54 亿元，2007 年 66.6 亿元。经过几年的发展，我国对于补贴品种、补贴面积和补贴范围不断扩大，受益农户增加。

农机具购置补贴政策从 2004 年开始实施，当年中央财政拿出 7 000 万元用于对农民工人、农场职工、农机专用户以及直接从事农业生产的农机服务组织购置和更新大型农机具给予一定的补贴。地方政府也根据自身财力设定了省级农机具补贴。2005 年中央财政安排了 3 亿元资金用于农机具购置补贴，全国各地各级财政落实农机具购置补贴资金 8 亿元左右。2006 年中央安排的农机具购置补贴资金规模增加到 6 亿元，地方各级财政全年安排农机具补贴资金 11 亿元。2007 年中央财政安排的农机购置补贴资金达到 12 亿元。2008 年中央财政安排的农机具购置补贴金额达 40 亿元，实施范围扩大到全国所有的农牧业县(场)。

从我国农业补贴制度的发展状况来看，呈现出补贴金额增长迅速，补贴范围和品种不断扩大的特征。

(三)各农业资本投资主体投入

我国农业资本的投资主体在改革开放前后发生了显著变化，改革开放前主要来源于国家财政拨款和集体经济的资本以及劳动的积累，改革开放后，投资主体变得更加多元化，农户成为了重要的投资主体，形成了国家财政投资、农村集体投资和农户投资以及农业企业投资等多元投资主体。本书着重分析改革开放后各投资主体对于农业资本投入量的变动趋势[①]。

如表 5-3 所示，在 1990—2004 年，无论是农户的农业资本投入、农村集体经

① 这里的投资主体主要侧重于对农户、农村集体经济组织以及外资企业的分析，政府作为投资主体的投资分析见上文对财政支农资本投入以及政府对农业补贴的分析。

济组织的农业固定资产投资还是农业外资企业对农业的资本投入都在不同程度上有所增加。从变动趋势来看，不同农业投资主体对农业的投入呈现出上下波动趋势。

表 5-3　中国部分农业投资主体的投资变动情况

年份	农户农业投资/（元/人）	农村集体经济组织农业固定资产投资/亿元	农业外资企业对农业投资/亿美元
1990	153.87	62.3	n.a.
1991	174.46	72.0	n.a.
1992	189.55	87.9	27.44
1993	220.66	83.3	48.78
1994	312.80	145.2	79.10
1995	444.95	203.9	79.55
1996	492.25	266.5	86.29
1997	506.35	305.9	124.51
1998	475.12	310.0	91.80
1999	440.16	381.5	91.12
2000	494.31	367.5	92.15
2001	541.65	384.6	91.35
2002	574.29	422.8	103.71
2003	603.94	370.8	119.30
2004	748.10	433.6	151.00

资料来源：韩东林，《转型时期中国农业投资主体的投资行为研究》，经济科学出版社，2007 年，第 31-32 页。

其中，农户对农业的投资额从 1990 年的人均 153.87 元上升到了 2004 年的 748.10 元。从变动趋势来看，1990—1994 年上升较快，1995 年之后增长乏力，2003 年之后情况有所好转。

农村集体经济组织对农业的固定资产投资在 1990—2004 年期间增长了 5.96 倍，但 1997 之后的增幅很小，2002—2003 年甚至出现了下降趋势，2004 年情况有所好转。

农业外资企业对农业的资本投入由 1992 年的 27.44 亿美元上升到 2004 年的 151.00 亿美元，共增长了 4.5 倍，但从历年数据来看，1994 年之后的资本投入增长乏力，到 2004 年才有了较大的增幅。

三、制约我国农业资本投入的因素

从上文对我国农业资本投入的现状出发，可以发现尽管我国农业资本的投入量在不断增加，但不可否认目前我国对于农业资本的投入存在诸多问题，比如在农业生产经营的局部环节农业资本投入不足，所占比重偏低，投资增长缓慢且不稳定，农户、农村集体经济组织投资积极性不高等问题，这与我国长期实施的工农业产品价格“剪刀差”政策、农业经济体制改革缓慢、农业信贷金融体制不健全、农业保险体系缺失等多方面因素密切相关。具体而言：

(1)我国长期实行农产品低价格收购政策。新中国成立以后，我国借鉴其他国家的做法，确定了“优先发展工业”的发展方针，长期实行农产品低价格收购政策，形成了工农业产品价格的“剪刀差”，采取较为隐蔽的形式将大量的农业资本转投到工业部门，使得我国的农业投资水平长期处于低水平状态，人为地降低了农业发展的进程。在传统农业发展阶段，通过增加农业劳动力、进行土地制度改革等方式，可以在一定程度上替代农业资本的减少。但是随着我国农业的发展由传统阶段向现代化农业阶段迈进，农业发展对于资本的需求越来越显得迫切，进行农业生物技术改进、农业科学技术及推广、提高劳动力素质、完善大型农业基础设施等工作都需要大量的农业资本投入。我国长期以来所实行的农产品低价格收购政策所造成的农业资本流失状况已经严重制约了我国农业的快速发展。

(2)我国的农业经济体制改革进程缓慢。虽然改革开放以来，我国政府采取了一系列改革措施来积极引导农业投资主体的积极性，比如在农村地区实行了家庭联产承包责任制来增强农户对农业生产和投入等多方面的积极性，但是总的来讲，我国的农业经济体制改革仍然不够彻底，在改革过程中涉及整个国家经济发展的方方面面，各个利益主体之间利益的相互交织与制约延缓了改革的进程。从目前来看，我国农村经济原有的体制已经被打破，但是新的经济体制尚未完全建立，在这个过程中，传统的财政体制、农业经营体制以及农业投资及相关管理机制仍然发挥作用，我国农业资本投入的规模、结构，各投资主体的积极性以及农业资本的使用效率等在不同程度上受到制约。新的农业投资体系的完全建立亟待制度上的创新。

(3)我国农业信贷金融体制不健全。较为完备的农村信贷金融体系能够为各投资主体提供稳定的资金来源，保证农业资本投入的稳定性和持续性。目前我国农业信贷金融体制仍然不健全，存在着农业信贷供给不足，信贷组织效率低下、适应性差，农业信贷市场利率偏高，农业信贷征信发展滞后，农业信贷条件苛刻，农业信贷监管制度不健全等诸多问题，导致各农业投资主体较难得到农业贷款进行农业资本的投入，从而使得我国的农业生产和经营活动往往无法获得足够的信贷支持和其他金融服务。

(4)我国农业保险体系不完善。我国是世界上自然灾害发生最为频繁的国家之一，而与此同时，我国的农业保险体系却十分不完善，无论是抵御自然灾害的农业基础设施建设还是相关的政策体系均处于建设的初级阶段。我国的农业保险发展现状为：一方面农业保险的需求不足，农户对农业保险的了解不多，不愿承担保费；另一方面农业保险的供给也呈现出短缺状态，农业保险的高风险、高赔付率导致众多保险公司不愿涉足农业保险。近年来我国农业保险不但没有发展，反而呈现出下降趋势。政府在构建农业保险体系方面所做的工作仍然远远不够。这种状况直接导致了我国农业抵制自然灾害的能力低下，在很大程度上影响了农业的投资收益，所以各投资主体投资农业的积极性受到了较大的负面影响。

(5)农业资本的投资环境欠佳。从目前来看，我国农户、企业等微观农业资本投资主体对于农业的投资积极性并不高，呈现出萎缩状态。这与我国目前农业资本的投资环境欠佳相关。首先，从目前的制度环境来看，以土地制度为例，土地相关权利的频繁变动，影响了农户投资的热情。由于没有建立起完善的土地使用权流转制度，在相当广泛的区域内，随意更改农民土地使用权现象层出不穷，有些地区甚至出现了三年一小变、五年一大变的情况，严重制约了微观农业资本投资主体的中长期投入。其次，从法制环境来看，我国政府对于农业投资行为仍然缺乏明确的法律规范，许多农业投资政策多变，投资数量的安排具有随意性，造成农业投资增长呈现波动式发展趋势，影响了我国农业的持续稳定发展。与此同时也存在着有法不依、执法不严的情况，抑制了微观投资主体的农业资本投入。

第四节　发达国家农业资本投入对我国的启示

通过上文对发达国家和我国农业资本投入的具体做法以及数量的分析，可以发现尽管近年来我国农业资本投入量不断增加，与农业资本投入相关的政策、措施不断完善和改进，但与发达国家以及部分发展中国家的某些做法相比，仍然存在诸多问题。借鉴国外对农业资本投入的具体做法，不断改进农业资本投入方式、增加投入资本额度、积极扶持农业合作经济组织、完善农村信贷金融制度和农业保险体系、建立健全相关的法律法规体系等对于我国农业的持续稳定快速发展十分有益。

一、继续加大农业资本投入，突出支农重点

通过加大对农业资本的投入，使部分经济利益向农业转移是众多发达国家和

发展中国家对农业实施保护的通用做法。我国作为一个拥有世界上最多农业人口的农业大国更应该注重对农业的保护，进一步加大对农业资本的投入，是解决农业问题的关键。在加大对农业投入的过程中，首先，发达国家政府财政对于农业资本的投入早已从一般的农业生产领域转向了投资社会效益高而经济效益较低的项目，比如农业基础设施建设。其次，在农业科技和技术推广方面，发达国家也走在了前面。再次，经济发达国家的政府均十分注重对农产品市场及农产品市场信息服务体系的投入和建设，促使本国农业市场化和国际化。最后，发达国家都充分利用了 WTO 所赋予的权限，用足了"绿箱"、"黄箱"和"蓝箱"政策。所以，我国政府要借鉴发达国家对于农业资本投入的经验，首先要增加农业资本投入；其次在投入过程中要改变过去"撒胡椒面"的做法，突出重点，增加农业基础设施建设和农业科技与技术推广投入，注重农产品市场化、信息化建设，同时要在 WTO 框架下用足"绿箱"政策，用好"黄箱"政策，策略性地加大对我国农业的支持保护力度。

二、建立符合 WTO 框架的国内农业支持政策

发达国家对农业生产者进行了各种形式的补贴，最直接的受益者是农户自身，较好地为农户提供了一种激励机制，有效地保证了农业的持续稳定发展。我国目前对农业的补贴仍然有相当部分为间接补贴，农民能够切实得到的实惠有待提高，仍然不能有效地激发农户从事生产经营、增加农业资本投入的积极性和热情，所以我国政府应该充分借鉴国外政府的做法，将过去间接的、多层中间环节的补贴改为直接补贴，改暗补为明补，直接补贴到农业项目、农户身上，让他们能够明明白白、真真切切地感受到政府的各种补贴和大力支持，激发他们对于农业生产经营、增加农业资本投入的热情。当然这些补贴应该符合 WTO 框架。

三、采取立法形式确保国家对农业资本的投入

发达国家对农业资本的投入、各项农业支持政策和实现政策目标的措施，都是通过立法形式确立下来的，很少依靠政府的行政命令。而从我国的国情来看，目前仍然存在着对农业扶持制度上的方式模糊、对象看人、数额较为随意等缺陷，许多有关农业补贴的法规也只是以政策或部门规章的形式出现，缺乏明确的法律规范和约束，没有形成有效的运行机制。所以在这方面我国应该进一步加快农业立法的进度，在各个环节上采取立法形式确保我国政府对农业资本的投入。

四、加大扶持农业合作组织的力度

农业合作组织不仅是重要的农业资本投资者之一，而且在农业产业化经营等

方面发挥着重要作用。发达国家都采取了各种政策及财政资金支持来促进本国农业合作组织的发展。我国虽然已经意识到这项工作的重要性，但是目前仍然存在着扶持力度不大、扶持面不广，具体如何扶持，扶持范围、扶持方式等界定模糊不清等问题。我国应该借鉴发达国家的一些做法，本着有利于当地农民专业合作经济组织的发展壮大，有利于农民组织化程度的提高，有利于农业优势主导产业规模的扩大，有利于农业资本的投入，有利于专业化生产的形成，有利于农产品市场竞争力的提升等原则积极扶持农业合作组织，推进其快速、规范的发展。

五、增强信贷资金对农业资本的投入

发达国家的经验表明，农业信贷金融体系的健全与否关系到信贷资金流入到农业领域资本的多少，所以我国应该采取有效措施促进农业信贷金融体系的健全与完善。其中最为重要的一条就是要建立健全信贷农业投入利益补偿机制，国家在鼓励金融机构增加信贷支农投入的同时，要出台实实在在的相关优惠政策，如对提供低息农业贷款的金融机构提供利率补贴等。另外，在深化农村金融体制改革，缓解和抑制农业资本外流现象方面，创新金融产品和服务，拓宽信贷资本支农的渠道等方面也需要进一步努力。

六、健全农业保险保障机制

农业保险可以保证本国农业能够在受灾后得到及时的损失赔偿，确保农业生产力的快速恢复，这是世界上发达国家保护农业的通用做法。我国也不应该例外，应该在健全农业保险保障机制上加大力度，保证我国农业发展的可持续性。

目前世界各国政府通常的做法包括以下几个方面：①制定相关的法律法规，确立农业保险保障机制的法律依据。②政府出资建立初始资本的准备基金。③对农业保险费进行高额补贴。④对农业保险实行税收优惠。⑤提供农业再保险服务。

目前我国在农业保险保障机制方面仍然非常薄弱，应该借鉴发达国家的普遍做法，改变过去许多临时性救灾扶贫措施，进一步建立健全农业保险保障机制，针对不同的农作物实施不同程度的农业保险费率补贴，减轻自然灾害对农业、农户带来的损失，维护我国农业的持续稳定发展。

七、合理利用外资，增加农业资本投入

虽然一直以来我国都十分注重对外资的利用，但是在利用外资增加农业资本投入方面仍然不够充分，我国应该借鉴发达国家及部分发展中国家的做法，合理利用外资增加农业资本投入。比如可以利用外资促进我国农业科技的进步，提高农

业技术对于农业生产的贡献率。同时也可以利用外资开发我国西部地区，我国西部地区农业资源丰富，急需大量的资本，我国政府可以制定各种优惠政策，鼓励外资对我国西部地区的农业进行投入，促进我国西部地区农业的发展。

参考文献

[1] 陈建梅. 日本、印度农业补贴政策的经验与启示. 农业经济管理，2008(2)：42-43.

[2] 冯静生. 借鉴国际经验促进我国农业保险发展. 中国发展观察，2008(2)：60-62.

[3] 韩东林. 转型时期中国农业投资主体的投资行为研究. 北京：经济科学出版社，2007.

[4] 李广舜. 从农业经济的特点看增加农业资金投入的重要性. 新疆农垦经济，1997(3)：21-23.

[5] 李志学，程猛. 美国和日本的农业保险模式及其对我们的启示. 西安石油大学学报(社会科学版)，2008(1)：15-18.

[6] 刘娅，王玲. 部分国家的政府农业科技投入政策分析. 安徽农业科学，2008，36(26)：11549-11552，11555.

[7] 王灿. 发达国家支农财政投入政策的分析. 魅力中国，2009(1)：100-101.

[8] 王娟. 我国农业资本形成分析. 乡镇经济，2008(1)：114-116.

[9] 王艺璇，穆月英. 加入 WTO 以来中国农业补贴政策的实施与调整. 中国农学通报，2009，25(6)：278-284.

[10] 严九鼎. 农业资本形成的特点. 沈阳农业大学学报(社会科学版)，2002，4(4)：287-289.

[11] 杨东升. 中国农业资金投入体制变迁的历史经验与借鉴. 上海金融，1998(8)：15-16.

[12] 张梅，刘湘奇. 中美农业补贴政策的比较及启示. 郑州轻工业学院学报(社会科学版)，2009，10(3)：46-49.

[13] 周春英. 我国农业投资体系创新研究：硕士论文. 东北财经大学，2005.

[14] 朱为群，等. 中国三农政策研究. 北京：中国财政经济出版社，2008.

第六章　农业生产布局

◆ 本章要点

农业生产布局是指农业生产的地域分布，有时人们也将其称为“农业立地论”、“农业区位配置”。人们通常所说的农产品主产区、某地的特色农产品，正是农业生产布局的体现。农业生产布局反映了一个国家或一个地区调配和利用农业资源的状况，是农业经济的一个传统的重大研究内容。本章将首先介绍区位理论，随后讨论影响农业生产布局的主要因素，然后介绍一下世界和中国的农业生产布局状况。

第一节　区位理论概述

一、屠能的农业区位理论

说到农业生产布局，就必须提到区位理论，学术界将指导或影响农业生产布局、工业生产布局、贸易布局等布局问题归类为区位理论问题。在区位理论的形成和发展史上，最早系统阐述区位理论的是19世纪上半叶的德国农业经济学家屠能①，1826年屠能在朋友多次督促劝勉下发表了《孤立国同农业和国民经济的关系》(简称《孤立国》)，提出了著名的农业区位理论。在这一名著中，屠能采用孤立国的抽象假设的研究方法，研究了区位与农业用地的关系。

屠能首先抽象设计了作为农产品消费市场的一个城市和一片作为农产品生产地的围绕城市的农村这样一个孤立国，最后以城市(市场)为圆心，由近及远，农村

---

① 约翰·海因里希·冯·屠能(Johann Heinrich von Thünen)，德国农业经营经济学派奠基人，1783年6月24日生于德国奥登堡省耶弗尔兰(Oldenburger Jeuerland)的一个农庄，逝于1850年10月22日。1826年出版《孤立国》第一部，1850年出版《孤立国》第二部上册，1863年其传记作者熊马赫·查其林(H. Schumacher Zarchlin)整理出版其遗作《孤立国》第二部下册和第三部。屠能建立了农业经营经济学上的两个互相联系的基本理论：农业集约度理论和农业区位理论。

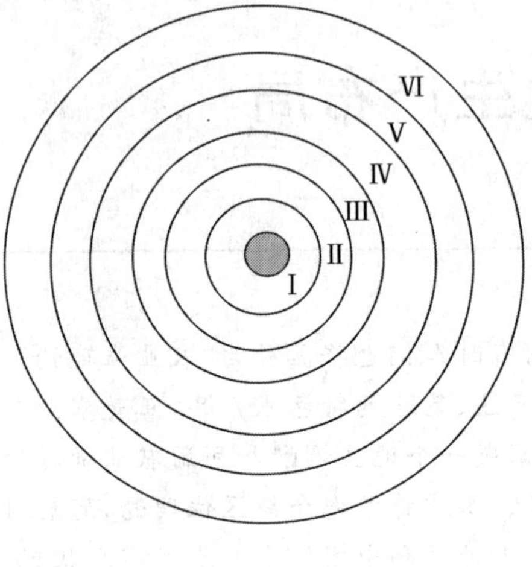

图 6-1　屠能圈

Ⅰ. 自由农业圈境　Ⅱ. 林业圈境
Ⅲ. 轮栽作物制圈境　Ⅳ. 轮作休闲制圈境
Ⅴ. 三圃轮作制圈境　Ⅵ. 畜牧业圈境

地区形成了六层农业生产方式互相衔接、界限相对分明的农业圈境。最内圈境是自由农业区域，主要生产蔬菜、水果、牛奶等易腐烂、不易长途运输的农产品，并且生产集约度较高；第二圈境是林业生产区域，主要生产城市需要的做饭取暖的薪柴和建筑、家具等用的木材；第三、四、五圈境主要生产谷物，其中第三圈境是轮栽作物制农业区域，第四圈境是轮作休闲制农业区域，第五圈境是三圃轮作制农业区域；第六圈境是畜牧业区域，主要是放牧畜牧业，提供畜产品。在第六圈之外就是原野了，只适合于狩猎等天然活动。后人称屠能的这个农业区位分布为“屠能圈”（图 6-1）。

屠能的农业区位理论认为，在农业生产布局上，并不是土地适合什么就生产什么；在农业经营方式上，也不是集约度越高就越好。屠能运用其对运输费用、木材价格、级差地租、土地价格等经济理论的理解，把农业生产布局置于经济比较优势的基础上。

屠能的农业区位理论推翻了当时欧洲大陆农学界的泰斗、其老师泰厄[①]轮作制具有绝对优越性的学说。屠能在《孤立国》一书中不仅仅论述了农业区位问题，同时也探讨了工业区位问题，屠能的区位理论强烈地影响了后来的工业区位论、贸易区位论以及一般的经济区位论，甚至对级差地租理论、工资理论等方面也作出了贡献。

二、韦伯的工业区位理论

近代工业区位理论的奠基人是德国经济学家、社会学家和文化理论家韦伯[②]，

① 阿尔伯瑞希特·丹尼尔·泰厄（Albrecht Daniel Thaer，1752.05.14—1828.10.26），其代表作有 1798—1800 年出版的三卷本《对英吉利农业的研究》和 1809—1812 年出版的四卷本《合理的农业原论》。泰厄主张德国的农业必须从落后的三圃制过渡到英国的轮栽制。泰厄的巨大贡献在于促使德国农学脱离了陈旧的官房学，成为独立的科学。

② 阿尔弗雷德·韦伯（Alfred Weber，1868.07.30—1958.05.02），德国经济学家和社会学家，工业区位理论奠基人。

他在1909年发表的《区位原论》第一部分《工业区位论》[①]中系统地阐述了工业区位理论。尽管19世纪德国的另外三位经济学家威廉·罗雪尔[②]、阿尔伯特·谢弗尔[③]、威尔海姆·龙赫德[④]作为工业区位理论探索的先驱者已经探讨了工业区位的若干因素，但作为比较系统和全面地探讨工业区位的理论著作，韦伯的《工业区位论》是全世界第一部。

韦伯认为厂商以最低成本作为确定工厂位置的指标，因此运输成本、工资成本、集聚成本为主构成的成本因素成为影响工业区位的主要因素。韦伯从工业区位理论的角度阐释了产业集聚的现象，他认为，产业集聚分为两个阶段。第一阶段是企业自身的简单规模扩张，从而引起产业集中化，这是产业集聚的低级阶段。第二阶段主要是靠大企业以完善的组织方式集中于某一地方，并引发更多的同类企业出现，这时，大规模生产的显著经济优势就是有效的地方性集聚效应。有不少学者认为产业集聚仅仅发生在小企业当中，似乎只有小型企业才有集聚现象。事实上，无论是已经完成工业化的国家还是正在工业化的国家，大企业的产业集聚现象都十分普遍，而且，大企业因产业集聚引起的规模经济效应要优于小企业。韦伯在他的研究中专门论述了这个观点。

三、菲特的商业区位理论

美国普林斯顿大学的弗兰克·菲特[⑤]1924年在《经济学季刊》上发表了"市场区域的经济规律"[⑥]一文，提出了"贸易区边界区位理论"，讨论了商业中心的集中

---

① 德文原名 *Über den Standort der Industrien*（中译本：阿尔弗雷德·韦伯著，李刚剑等译，《工业区位论》，商务印书馆，1997）。

② 威廉·罗雪尔（Wilhelm Georg Friedrich Roscher，1817.10.21—1894.06.04），德国旧历史学派的创始人，第一个把萨维尼在法学研究中的历史方法运用到经济学中来，为德国历史学派经济学奠定了基础，因而成了德国旧历史学派的创始人。其最出名的代表作是1843年出版的《历史方法的国民经济学讲义大纲》（中译本：威廉·罗雪尔著，朱绍文译，《历史方法的国民经济学讲义大纲》，商务印书馆，1997）。

③ 阿尔伯特·谢弗尔（Albert Eberhard Friedrich Schäffle，1831.02.24—1903.12.25），德国政治家和政治经济学家。

④ 威尔海姆·龙赫德（Carl Wilhelm Friedrich Launhardt，1832.04.07—1918.05.14），德国数学家和经济学家。被誉为区位理论和边际成本定价先驱者，也是数理经济学创始人之一。1882年发表区位理论方面的论文"*Die Bestimmung des Zweckmässigsten Standortes einer Gewerblichen Anlage*"；1885年出版《经济数学基础》。

⑤ 弗兰克·菲特（Frank Albert Fetter，1863.03.08—1949.03.21），奥地利学派的美国经济学家，1911年担任普林斯顿大学第一任历史、政治与经济系主任，1913年成为美国经济学会主席。

⑥ Frank A. Fetter, "*The Economic Law of Market Areas*," The Quarterly Journal of Economics, XXXVIII (May 1924), p. 525。

问题，研究了商业中心的产品销售区位、范围和边界。他假定了两个商业中心A和B，两个中心的产品从A、B往别的地方销售，两个商业中心A和B互相竞争；分析了A和B的生产成本和运输成本，即销售产品范围。菲特的商业区位理论和德国地理学家瓦尔特·克瑞斯塔勒[①]提出的“中心地理论”影响了德国经济学家奥古斯特·罗旭[②]后来提出的市场区位论。

四、俄林的贸易区位理论

瑞典经济学家贝蒂·俄林(Bertil Gotthard Ohlin，1899—1979)1931年出版了《地区间贸易与国际贸易》，1933年出版了《区间贸易和国际贸易论》，把区位与贸易、区域分工、资源禀赋等问题联系在一起进行研究。俄林与其老师的要素禀赋论被称为赫克歇尔-俄林理论(The Heckscher-Ohlin theorem，H-O定理)。俄林的经济学贡献主要在于第一次较完整地阐述了区域和国际分工贸易理论体系，揭示了区间贸易和国际贸易形成的原因，指出国际贸易中生产要素禀赋的差异。从区位理论的视角看，俄林开辟了从一般均衡论出发来进行研究的一般区位理论。

H-O定理认为，国际贸易会使参加贸易的国家的商品价格、生产商品的生产要素价格均等化，在两国生产同一产品的技术水平相等(或生产同一产品的技术密集度相同)的情况下，国际贸易取决于各国生产要素的禀赋，各国的生产结构表现为，每个国家专门生产密集使用本国具有相对禀赋优势的生产要素的商品。

五、罗旭的市场区位理论

德国经济学家奥古斯特·罗旭1940年出版了《经济的空间秩序》[③]一书，进一步发展了工业区位论，从而形成自己的市场区位理论。

罗旭的市场区位理论认为，单个企业的产品销售范围，最初是以产地为圆心，以最大销售距离为半径的圆形，但因为产品价格是需求量的递减函数，所以单个企业的产品总销售额是需求曲线在销售圆区旋转形成的圆锥体。由于每个企业都有

---

① 瓦尔特·克瑞斯塔勒(Walter Christaller，1893.04.21—1969.03.09)，德国地理学家，专门研究城市分布规律，1933年提出“中心地理论”被视为地理学的一个重要理论，对经济学的区位理论产生了影响。

② 奥古斯特·罗旭(August Lösch，1906.10.15—1945.05.30)，德国经济学家，区域经济学创始人之一。国内一些书将其姓Lösch翻译成“罗旭”、“勒施”、“廖什”或“廖施”，本文采用“罗旭”的译文，因为接近其名的德语读音。

③ 《经济的空间秩序》一书的德文原名为 *Die Räumliche Ordnung der Wirtschaft. Eine Untersuchung über Standort, Wirtschaftsgebiete und Internationalem Handel*，由Jena的Fischer公司1940年出版。英译本名为《区位经济学》(*The Spatial Organization of the Economy*)。中译本为《经济的空间秩序》，[德]奥古斯特·勒施著，王守礼译，商务印书馆，1995。

自己的圆形销售范围，由此形成了圆形销售范围之间的圆外空当，即圆形销售范围外有很多潜在的消费者不能得到市场的供给。但大大小小的这种圆形市场仅仅是短期的，由于存在企业竞争和新的竞争者进入，因此，一方面圆与圆之间的空当会被新的竞争者所占领；另一方面，每个企业都想扩大自己的市场范围，圆形市场会被挤压，最后形成了六边形的市场网络。罗旭的市场区位理论深受瓦尔特·克瑞斯塔勒的"中心地理论"的影响。

罗旭把市场需求作为空间变量来研究区位理论，进而探讨了市场区位体系和工业企业最大利润的区位，形成了市场区位理论。他把空间均衡的思想引入了区位分析，研究了市场规模和市场需求结构对区位选择和产业配置的影响。罗旭的市场区位理论在区位理论的发展上具有重要的意义，它解释了为什么区域会存在，定义了依赖于市场区以及规模经济和交通成本之间的关系的节点区。这样，将区位分析由单纯的生产扩展到了市场，而且开始从单个厂商的分析扩展到了整个产业。

第二节　影响农业生产布局的主要因素

在现实的自然和资源条件下，影响农业生产布局的主要因素被认为有以下几类。

一、自然因素

农业是受自然因素影响很大的产业，气候、地势、土壤、水资源等都影响到农业技术效率，进而影响经济效率。农业生产对象是有生命的产品，农作物需要一定量的积温，否则就无法完成正常完整的生长过程，热带农产品不能在常规条件下生长在温带和寒带地区。

自然因素的变化，会给农业生产布局的变化提供可选机会，如全球气候变暖，使得农作物生产的积温线发生位移，在北半球表现为向北移动。

二、技术因素

尽管自然因素对农业生产布局有着重要影响，技术进步也是影响农业生产布局的重要因素。人类通过品种改良来改变农作物的自然适应性，从而扩大了农产品的适生区域，这里最典型的例子是巴西大豆，大豆的自然适应性一直使其归属于温带作物，巴西科学家在对大豆进行了长期的品种改良后，终于培育出了适应热带生长的大豆。技术影响农业生产布局的另一个重要例证是技术进步使得人类能够创造出适合农作物生长的人工条件，比如温室技术使得寒带地区在冬天也能生产蔬菜。

三、经济因素

根据现代区位理论的认识，比较竞争优势应当是现代商品社会中影响农业生产布局的根本因素，自然因素和技术因素导致的技术效率主要在于其影响到背后的经济效率。但影响经济效率的还有价格、成本、市场、交通运输等一系列经济因素。这也就是说，假如沙漠中种植农作物能够获得丰厚利润的话，即使生产成本是极其的昂贵，商品生产者也会毫不犹豫地创造一切条件在沙漠中进行农作物生产。同样也可以想象，假如天然淡水的价格高过海水淡化水的话，商品生产者就会用海水淡化水来替代天然淡水。因此，在以盈利为目的的商品社会中，经济因素是影响农业生产布局最根本的因素。

四、制度因素

经济制度也是影响农业生产布局的主要因素之一。小农经济是自给自足的经济状态，因此，农业生产安排是围绕农户的生活自给目标进行的，自然因素成为决定农业生产布局的主要因素，农业生产布局呈现为星罗棋布式的同构状态，难以形成带域分明的专业化分工生产。在商品社会中，农业生产是围绕盈利这一目的展开的，生产是商品性的、走向专业化，比较优势引导着农业生产资源的配置，因此，渐渐地就会形成符合经济规律的农业资源配置和农业生产布局。

五、人口因素

农业是以向人类提供基本食物为首要功能的，人口规模以及消费倾向是强烈影响农业生产布局的重要因素。在高密度的人口大国，粮食生产在农业生产布局中占有显著的位置，像中国、印度这样的人口大国是不敢把粮食供给寄托于国际市场的，现实中的国际粮食市场也往往不能承担起如此大规模人口的粮食供给任务。历史上西欧的农业生产布局是农牧结合的生产格局，而中国的农业更多地呈现为农耕为主的生产格局，其中一个重要的原因是中国的人地比例关系远比西欧紧张，同样的耕地数量用于谷物生产或动物生产，则前者能供养的人数大大高于后者，久而久之，中国和西欧就呈现出不同的农业生产格局。

除了上述通常所见的主要影响因素外，也存在着许多其他影响因素，甚至在某些地区，某项其他因素则成为影响农业生产布局的主要因素，比如宗教和民族因素，在穆斯林聚居地区，养猪业往往是不会发达的，甚至没有养猪业。因此，在具体分析某一国家或地区的农业生产布局因素时，必须作因时因地的客观分析。

第三节 世界农业生产布局

正如第二节所说的，各地农业生产布局是在多种影响因素下形成的，而各国的农业生产布局最后构成世界的农业生产布局。随着影响因素的变化，世界农业生产布局也会随之发生变化。

一、谷物生产布局

谷物生产分布较广，世界上绝大多数国家生产谷物，其中以玉米、稻谷、小麦三大作物的产量最大。谷物生产中，中国、美国、印度、俄罗斯四国最为重要，2007 年世界上 51.6％的谷物是这四个国家生产的。

玉米是世界第一大粮食作物。玉米生产分布较广，许多国家种植玉米，但美国和中国是世界最重要的玉米生产国，2007 年两国玉米产量占世界的 61％；其他重要的玉米生产国有巴西、墨西哥、阿根廷、印度、法国、印度尼西亚、加拿大和意大利。

稻谷是世界第二大粮食作物。2007 年全球稻谷产量约 6.6 亿吨。稻谷生产主要分布在亚洲，2007 年世界前八名稻谷生产国均是亚洲国家：中国、印度、印度尼西亚、孟加拉国、越南、缅甸、泰国和菲律宾，八国产量占 2007 年世界稻谷产量的 83％。其中中国和印度是世界最重要的稻谷生产国，2007 年两国稻谷产量占世界的 50.3％。

小麦是世界第三大粮食作物。小麦生产分布较广，许多国家种植小麦，其中中国、印度、美国、俄罗斯和法国小麦产量占 2007 年世界的 53.3％，较重要的小麦生产国还有巴基斯坦、德国、加拿大、土耳其、阿根廷、哈萨克斯坦、乌克兰、英国、澳大利亚、伊朗。

二、棉花生产布局

棉花是纺织业的重要农产品原料，世界上有 90 个国家和地区种植棉花，最重要的棉花生产国是中国、印度和美国，这三个国家 2007 年的棉花产量占全球的 63.1％。其他的重要产棉国有巴基斯坦、巴西、乌兹别克斯坦、土耳其、希腊、土库曼斯坦和澳大利亚。

三、油料生产布局

全球食用油中，棕榈油占第一位，约占全球食用油产量的 30％。棕榈油由油棕榈果压榨加工得到，世界上最重要的棕榈果生产国是马来西亚和印度尼西亚，这两国的棕榈果产量占全球产量的81.6%。其他重要的棕榈果生产国有尼日利亚、泰国、哥伦比亚和厄瓜多尔。

豆油是全球列第二位的食用油，约占全球食用油产量的28%，在大田作物中，大豆[①]是最重要的油料作物。虽然种植大豆的国家有80多个国家和地区，但最重要的大豆生产国是美国、巴西和阿根廷，这三国2007年的大豆产量占全球的80.8%。其他重要的大豆生产国还有中国、印度、巴拉圭和加拿大。中国虽然是大豆的原产国，但目前中国大豆的世界生产份额只占约6.3%。

油菜油是居第三位的食用油，约占全球食用油产量的13%。中国、加拿大、印度、德国和法国是最重要的油菜籽生产国，这五国的油菜籽产量占全球产量的73.6%。其次，波兰、英国、澳大利亚、乌克兰、捷克、美国、俄罗斯和丹麦也生产较多的油菜籽。

葵花籽油是居第四位的食用油，约占全球食用油产量的9%。最重要的葵花籽生产国是俄罗斯、乌克兰、阿根廷、中国和印度，该五国的葵花籽产量占全球的61.8%。其次重要的生产国是法国、美国、匈牙利、土耳其、西班牙、保加利亚和罗马尼亚。

花生油是居第五位的食用油，最重要的生产国是中国、印度和尼日利亚，三国产量占全球的70.2%。其次重要的生产国是美国、缅甸、印度尼西亚、阿根廷、苏丹、越南、加纳。

四、水果生产布局

水果是世界各国和各地区种植的作物，因此，水果生产的集中度比较低。全球最重要的水果生产国是中国、印度、巴西、美国、意大利、印度尼西亚、墨西哥和西班牙，该八国的合计水果产量在全球产量的1/2以上。

香蕉是水果中产量最大的，约占水果产量的15.5%。最重要的香蕉生产国是印度、中国、菲律宾、巴西、厄瓜多尔和印度尼西亚，该六国的香蕉产量占全球的65%。其次重要的香蕉生产国有坦桑尼亚、哥斯达黎加、泰国、墨西哥、布隆迪、危地马拉、越南、肯尼亚和孟加拉国。

葡萄在水果产量中排第二位，约占水果产量的12.1%。最重要的葡萄生产国是意大利、中国、美国、法国、西班牙、土耳其和伊朗，该七国的葡萄产量占全球产量

---

① 在国际农业统计中，大豆被列入油料作物，但在中国目前的农业统计中，大豆被列入粮食作物，这里取国际农业统计口径。

的60%。其次重要的葡萄生产国有阿根廷、智利、南非、印度、澳大利亚、埃及、德国和巴西。

苹果为世界第三大水果种类，约占水果产量的11.9%。最重要的苹果生产国是中国，约占世界苹果产量的42.2%。其次重要的苹果生产国有美国、伊朗、土耳其、俄罗斯、法国、意大利、印度和智利。

橙子为世界第四大水果种类，约占水果产量的11.7%。最重要的橙子生产国是巴西、美国、墨西哥、印度、中国、印度尼西亚和西班牙，该七国的橙子产量占全球的65.8%。其次重要的橙子生产国有伊朗、意大利、埃及、巴基斯坦、土耳其和南非。

五、畜牧业生产布局

猪、禽、羊、牛是世界主要的畜牧生产对象，其产品以肉、奶、蛋形式供给食物，以毛、皮形式供给非食用品。

养猪业是世界最重要的畜牧产业，目前，猪肉约占肉类总量的37%，为世界第一肉类。中国是世界第一养猪大国，2008年存栏量占世界总量的47.43%；美国、巴西、越南、德国、西班牙、俄罗斯、墨西哥、波兰、法国分别居世界第2～10位养猪大国，存栏量分别占全球总量的7.0%、4.25%、2.84%、2.84%、2.79%、1.71%、1.65%、1.64%、1.57%。

养鸡业是世界上仅次于养猪业的畜牧产业。2008年鸡肉产量约占肉类总产量的32.54%。中国是世界第一养鸡大国，2008年存栏量占世界总存量的25%；美国、印度尼西亚、巴西、印度、墨西哥、伊朗、俄罗斯、日本和巴基斯坦分别居世界第2～10位养鸡大国，分别占全球总量的11.2%、8.1%、6.5%、3.4%、2.7%、2.3%、2.0%、1.5%、1.5%。

养羊业主要分绵羊和山羊。中国是世界第一大绵羊饲养国，2008年绵羊数量占全球的12.65%，澳大利亚(7.33%)、印度(6.03%)、伊朗(4.99%)、苏丹(4.74%)、新西兰(3.16%)、尼日利亚(3.14%)、英国(3.07%)、巴基斯坦(2.51%)和南非(2.34%)分别列第2～10大绵羊饲养国。

在山羊饲养方面，我国也是世界第一大饲养国，2008年山羊数量占全球的17.3%，印度(14.6%)、巴基斯坦(6.6%)、孟加拉国(6.5%)、尼日利亚(6.2%)、苏丹(5.0%)、伊朗(2.9%)、埃塞俄比亚(2.5%)、蒙古(2.3%)和印度尼西亚(1.8%)分别列第2～10大山羊饲养国。

羊毛是纺织业的重要原料，许多国家和地区养羊业生产的主要目标是获取羊毛。全球有约1/3的国家和地区生产羊毛，澳大利亚(21.2%)、中国(18.0%)和新西兰(9.9%)是世界最重要的羊毛生产国,三国的羊毛产量占全球羊毛产量的一半。

养牛业是世界上次于养猪业和养鸡业的畜牧产业,主要提供牛肉、牛奶和牛皮。2008 年牛肉产量约占肉类总产量的 23.8%。巴西、印度、美国和中国是世界最重要的养牛大国,2008 年牛饲养量分别占世界总存量的 13%、12%、7%和 6%,四国合计约占全球近四成的牛饲养量。

牛奶是重要的养牛业产品,全世界大多数国家和地区生产牛奶,许多国家和地区养牛的主要目的是获得牛奶。美国是世界第一牛奶生产大国,2008 年牛奶产量约占世界总产量的 14.9%;印度、中国、俄罗斯、德国、巴西、法国、新西兰、英国和波兰列居世界第 2～10 位牛奶生产大国,前十国牛奶产量合计占世界总产量的 55%。

第四节　中国农业生产布局

在千百年的传统农业中,我国农业生产布局的基本格局逐渐形成并保持着较高的稳定性,因为社会经济制度没有发生根本性的变化,自然因素是影响我国农业布局的主要因素。但新中国成立以来,经济制度发生了多次重大的变动,技术进步频率明显加快,自然因素对农业生产布局的影响程度相对降低,特别是 20 世纪 80 年代以来的改革开放,整个农业生产卷入了市场化和工业化的时代洪流,经济规律对农业生产资源的配置发生着越来越大的作用,使得我国的农业生产布局发生了重大的变化。

一、历史上的农业生产布局

我国历史上长期处于自给型小农经济状态,农耕区农户的基本生产模式是以粮食生产为主,往往用 80%以上的耕地来生产粮食,此外,种些蔬菜、油料、棉花、水果、药材等等,养上一些家禽、数口猪以及 1～2 头牛、驴、骡等役畜。这种同构性极强的生产模式漫见于全国农区,使得农业生产布局呈现星罗棋布式分散状。尽管如此,由于地理地貌、生活习俗等原因,在长期的历史过程中形成的我国粮食生产布局的基本特征是南稻北麦,这一布局大体上以长江为界。明代中叶左右,高产的玉米传入中国,很快成为山区和北方地区的主要粮食作物;在清代大规模开发东北后,玉米大规模地种植于东北。

我国油料生产布局的基本特征是长江以南地区以种植油菜籽为主;长江以北纬度带的江苏北部、山东、河南、河北、湖北地区以花生、芝麻、棉花籽、大豆为主要油料来源;河北以北地区的辽宁、吉林、内蒙古和黑龙江四省区,大豆是主要油料作物。

我国历史上的棉花生产布局主要集中在从浙江北部一线向北至河北一线以南的地区(北纬 30°～40°)。新中国成立前,由河北、河南、山东、湖北为主构成的中原棉区是我国最重要的棉花产区,70%棉花出自这一棉区。

历史上的蚕桑生产布局主要集中在长江以南地区,尤其是长江中下游的江浙地区和四川地区,苏杭丝绸是全国著名的纺织产品,苏绣、湘绣、蜀绣是著名的丝绣名品,也正因为长江中下游是蚕桑主产区,清朝在那里设置江南织造局,供给朝廷的丝绸之需。

水产品生产需要有充沛的水资源,一般分布在沿海地区和江河湖区。我国的水产品生产主要分布在从北方辽宁沿海向南一直至南方广西及海南这一条沿海省带和湖北、湖南、江西、安徽、四川等江河湖泊丰富省区。

历史上的中国畜牧生产布局呈现牧区、农区和半农半牧区三个畜牧生产区,以内蒙古、新疆、青海、西藏、四川五省区为主的北方和西南少数民族地区拥有大面积天然草场,形成以放牧为主要饲养方式的牧区畜牧业,从事牛、羊、骆驼生产,以及用于战争和运输用途的马匹生产。以栽培农作物为主的广大地区形成了以舍饲为主要饲养方式的农区畜牧业,从事猪、禽、羊生产和役用的牛、驴、骡生产,农区畜牧业是中国畜产品的主要来源地。介于农区和牧区之间的地区,北起大兴安岭西南侧,斜经黄土高原,再斜向青藏高原东侧,这一东北斜向西南的地带自然形成一个农区和牧区的过渡地带,兼有农区和牧区的某些特点,既有一定的天然草场,又有相当数量的耕地,既放牧相当数量的牛、羊、马,又饲养一定数量的猪、禽,形成了兼具牧区和农区特点的半农半牧区畜牧业。

二、新中国成立以来的农业生产布局重大变化

新中国成立 60 年来,我国的农业生产布局发生了重大的变化,其中最为突出的变化是:

显著变化之一是从南粮北运到北粮南运。中国近代史上历来流传着“湖广熟、天下足”的说法,南起杭州、北至北京通州的大运河是清代著名的漕运之道,主要任务是将南方的粮食运至北方。但新中国 60 年的历史变迁中,粮食生产布局已经发生了巨大的变化,南粮北运已经转变为北粮南运。从图 6-2 中可以看出,1949 年与 2007 年相比,河南、黑龙江、内蒙古、河北、山东、吉林、新疆等北方省区的粮食生产地位在上升,而四川(含重庆)、广东(含海南)、浙江、福建等南方省区的粮食生产地位在下降。

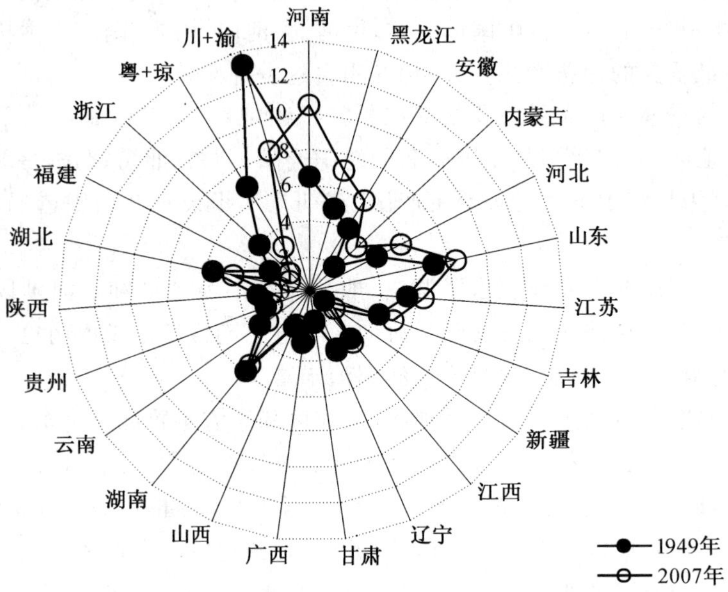

图 6-2　各省粮食生产占全国总产的比重变化

（粮食生产份额不足 1%的宁夏、天津、上海、青海、北京不列入此比较图；为了使 1949 年和 2007 年的比较口径一致，四川含重庆，广东含海南）

显著变化之二是棉花主产区西移。新中国成立初期，由湖北、江苏、河南、山东、河北构成的中原棉区是我国最重要的棉花产区，70%的棉花出自这一棉区；随后棉花产区在全国扩大，从主产区中原地区扩大至黄淮海地区；目前，由山东、河北、河南、湖北、安徽、江苏构成的黄淮海棉区是我国最重要的棉花产区，该区棉花产量占全国五成，其次是新疆棉区，其棉花产量占全国四成，新疆也是我国单省区棉花比重最大的棉区。

显著变化之三是糖料作物主产区发生了从东北到西北的变迁。我国的糖料作物主要是甘蔗和甜菜。1949 年时，全国 70%以上的甘蔗由广东（29.6%）、四川（21.2%）、广西（15.7%）和云南（9.6%）四省区生产；到 2007 年时，全国约 70%的甘蔗已经集中到广西（68.5%）一区生产，广西成为我国的蔗糖中心。1949 年时，黑龙江一省生产全国 95.8%的甜菜；但到 2007 年时，我国最大的甜菜主产区已经变成了新疆（占全国产量的 50.8%），黑龙江的产量份额已经下降到了 23.2%，新疆成为我国甜菜糖的主产地。

显著变化之四是蔬菜生产带的形成。随着经济发展和人民生活水平的提高，蔬菜的种植面积不断扩大，1955—2007年，蔬菜种植面积从306万公顷扩大到1 155万公顷，蔬菜播种面积在农作物总播种面积中的比重也从2.4%扩大到11.3%。其次是在东部沿海地区和城郊地区形成了明显的蔬菜主产区，蔬菜种植比重较大的上海、福建、北京、广东、浙江、天津、海南、广西、山东、江苏等省区都是东部沿海地区。甚至，中国沿海省区形成了对日本输出的蔬菜生产带。

显著变化之五是畜牧生产布局上形成了城郊畜牧业和新的畜产品主产区。伴随着城市经济发展和城市化率的提高，城市畜产品需求特点促生了城郊畜牧业。城郊畜牧业主要是为大中型城市的消费者提供新鲜的乳、蛋、肉等畜产品，因此，城郊畜牧业一般以高集约化方式饲养奶牛、蛋鸡、肉鸡、猪和特种飞禽为主。在新的畜产品主产区形成方面最为突出的是东北成为最重要的奶牛养殖区，2008年黑龙江、辽宁、吉林和内蒙古东北部四省区的牛奶产量占到全国总产量的44%。

显著变化之六是水产品布局的变化。一是历史上的沿海近海渔业和内陆淡水渔业构成的水产品生产格局转变成沿海近海渔业、内陆淡水渔业和远洋渔业的水产品生产格局；二是历史上以捕捞为主的水产品生产转变为捕捞和养殖并重、内陆渔业养殖为主、海洋渔业捕捞为主的水产品生产；三是水产品种类变得丰富多样，并在各地形成了特色水产品的养殖规模。

三、农业生产布局的前景展望

2003年，鉴于我国农业所处的发展阶段和国内外新环境，为了进一步形成科学合理的农业生产力布局，提高农业国际竞争力，加快发展主产区农业和增加农民收入，提高农业生产和管理水平，加快农业现代化的进程，农业部制定并出台了“全国优势农产品区域布局规划(2003—2007年)”，确定我国优先发展专用小麦、专用玉米、高油大豆、棉花、“双低”油菜、“双高”甘蔗、柑橘、苹果、牛奶、牛羊肉和水产品等11种优势农产品及其优势区域布局。

(1)专用小麦。鉴于我国小麦总量基本能够满足国内消费需求，但小麦品质结构不合理，中间类型偏多，适宜加工面包用的强筋小麦和加工饼干、糕点用的弱筋小麦品种较少，不能满足国内食品加工业的需求，我国将建设专用小麦的品种开发和生产的产业化生产基地，重点发展优质强筋小麦和弱筋小麦，稳定发展中筋小麦。国家将重点建设黄淮海、长江下游和大兴安岭沿麓等3个专用小麦带优势区域。黄淮海优质强筋小麦带主要布局在河北、山东、河南、陕西、山西、江苏、安徽等7个省的39个地市82个县市。长江下游优质弱筋小麦带主要布局在江苏、安徽、河南、湖北等4个省的10个地市20个县市。大兴安岭沿麓优质强筋小麦带主要布局在黑龙江、内蒙古等2个省区的3个地市11个县旗(农场)及黑龙江垦区2个管理局。

(2)专用玉米。我国的玉米主产区是世界三大黄金玉米带之一,但我国专用玉米品种少,专用性能不强,产品成本较高,因此,国家将重点建设东北-内蒙古专用玉米优势区和黄淮海专用玉米优势区。东北-内蒙古专用玉米优势区主要布局在黑龙江、内蒙古、吉林、辽宁等4个省区的26个地市102个县市(旗);黄淮海专用玉米优势区主要布局在河北、山东、河南等3个省的33个地市98个县市。

(3)高油大豆。我国是大豆的原产地,曾经是世界上最大的大豆生产国和出口国。近年来,我国大豆产品消费迅猛增长,但国产大豆生产停滞,近一半的国内市场被进口大豆占领,成为世界最大的大豆进口国。主要问题是国产高油大豆缺乏竞争力。因此,国家将重点建设东北高油大豆带,主要抓好松嫩平原、三江平原、吉林中部、辽河平原、内蒙古东四盟市等5个优势产区,把东北地区建设成为世界上最大的非转基因高油大豆生产区,主要布局在黑龙江、吉林、辽宁、内蒙古等4个省区的30个地市(盟)127个县市(旗)。

(4)棉花。我国是世界上最大的棉花生产国和消费国,国家将在黄河流域棉区、长江流域棉区、西北内陆棉区重点建设120个棉花生产基地。其中,黄河流域棉区主要建设河北、山东、河南、江苏、安徽5个省的50个县,长江流域棉区主要建设江汉平原、洞庭湖、鄱阳湖、南襄盆地等地的40个县,西北内陆棉区主要建设新疆维吾尔自治区、新疆兵团和甘肃河西走廊地区的30个县、团场。

(5)“双低”油菜。我国是世界油菜籽生产大国,但与进口油菜籽相比,我国油菜籽含油率低2~3个百分点,芥酸和硫甙含量偏高。国家将重点建设长江上游区、中游区和下游区3个“双低”(低芥酸和低硫甙含量)油菜优势区。长江上游优势区主要布局在四川、贵州、重庆、云南等4个省(市)的36个县(市、区)。长江中游优势区主要布局在湖北、湖南、江西、安徽和河南等5个省的92个县(市、区)。长江下游优势区主要布局在江苏、浙江等2个省的22个县(市、区)。

(6)“双高”甘蔗。我国是世界第三大糖料生产国,但与世界主要产糖强国相比,我国甘蔗单产低、含糖率低,国家将重点建设桂中南、滇西南、粤西3个“双高”(高产、高糖)甘蔗优势产区,主要布局在广西、云南、广东等3个省区的18个地市48个县市。

(7)柑橘。我国是柑橘的原产地和生产大国,国家将重点建设长江上中游、赣南湘南桂北和浙南闽西粤东三大优势产区,近期集中抓好长江上中游和赣南湘南桂北2个柑橘优势区的建设。主要布局在四川、重庆、湖北、江西、湖南、广西等6

个省市区的13个地市46个县市及8个国有柑橘农场。

(8)苹果。我国苹果面积和产量均居世界首位。我国苹果生产集中在渤海湾、西北黄土高原、黄河故道和西南冷凉高地等区域,拥有世界上最大最好的适宜产区。国家将重点扶持和发展渤海湾、西北黄土高原2个苹果优势区。渤海湾苹果优势区主要布局在山东、辽宁、河北等3个省的12个地市28个县市。西北黄土高原苹果优势区主要布局在陕西、山西、河南、甘肃等4个省的11个地市27个县市。

(9)肉牛肉羊。我国是仅次于美国、巴西的第三大牛肉生产国,是第一大羊肉生产国。国家将重点建设中原、东北2个肉牛优势产区,建设中原、内蒙古中东部及河北北部、西北和西南4个肉羊优势产区。中原肉牛优势产区主要布局在河南、山东、河北、安徽等4个省的7个地市38个县市。东北肉牛优势产区主要布局在辽宁、吉林、黑龙江、内蒙古等4个省区的7个地市24个县市(旗)。中原肉羊优势区主要布局在河南、山东、河北、江苏、安徽等5个省的6个地市20个县市。内蒙古中东部及河北北部肉羊优势区主要布局在内蒙古和河北等2个省区的2个地市10个县市。西北肉羊优势产区主要布局在宁夏、甘肃、青海、新疆4个省区的5个地市(州)15个县市。西南肉羊优势产区主要布局在四川、重庆、云南、贵州、广西等5个省市区的5个地市16个县市。

(10)牛奶。我国奶业正处在加快发展阶段,国家将重点发展东北、华北及京津沪3个牛奶优势产区。东北优势产区主要布局在黑龙江、内蒙古等2个省区的12个地市(盟)37个县市(旗)。华北优势产区主要布局在河北、山西等2个省的10个地市29个县区。京津沪优势产区主要布局在13个郊区县和25个农场。

(11)水产品。我国是世界渔业大国,更是水产养殖大国,养殖产量占世界养殖总产量的70%。国家将优先发展东南沿海、黄渤海出口水产品优势养殖带和长江中下游出口河蟹优势养殖区。东南沿海养殖带主要布局在浙江、福建、广东、广西、海南等5个省区的28个地市43个县市,重点发展鳗鱼、对虾、罗非鱼、大黄鱼。黄渤海养殖带主要布局在山东、河北、辽宁等3个省的9个地市23个县市,重点发展对虾、贝类。长江中下游养殖区主要布局在江苏、安徽、江西3个省的11个地市12个县市,重点发展河蟹。

参考文献

[1] Masahisa Fujita, Paul Krugman, Anthony J. Venables. The Spatial Economy. The MIT Press, 1999.

[2] [德]奥古斯特·勒施. 经济的空间秩序. 王守礼,译. 北京:商务印书馆,1995.

[3] [美]罗纳德·芬德雷,拉尔斯·乔农,马茨·伦达尔. 百年俄林(1899—

1999). 田肇寰,等译. 北京:机械工业出版社,2006.
[4] 阿尔弗雷德·韦伯. 工业区位论. 李刚剑,等译. 北京:商务印书馆,1997.
[5] 厉为民. 农业结构研究——国外经验的启示. 北京:中国农业出版社,2008.
[6] 农业部. 全国优势农产品区域布局规划(2003—2007 年). 2003.
[7] 威廉·罗雪尔. 历史方法的国民经济学讲义大纲. 朱绍文,译. 北京:商务印书馆,1997.

第七章 农场规模

◆ 本章要点

本章分三个部分来讲述：第一节主要介绍农场规模理论和影响农场规模的一般因素，目的在于给读者一个理论角度的认识和了解；第二节主要介绍衡量农场规模的指标，目的在于使读者了解衡量指标的演变过程，并对所谓的衡量指标有一个正确的认识和理解；第三节从总体上介绍了农场规模的历史演变趋势，然后分类型介绍了一些主要发达国家农场规模的基本现状和演变过程，目的在于使读者对主要国家的农场规模有一个基本了解，以及对农场规模演变有一个历史趋势的把握。

第一节 农场规模理论概述

农场是指以从事农产品生产为主的农业单位，从形式角度说，它可以是家庭农场、合伙农场、合作农场、公司农场等等。在传统的农业社会或在今天的发展中国家中，人们常常使用农户、农家的说法，在生产经济学意义上作为生产单位的农户或农家就是农场，但这种家庭农场与美国的家庭农场有很大区别。

由于各地农业生产资源禀赋状况和社会经济状况的差异，世界各国、各地区的农场规模千差万别，单从土地面积来看，农场的规模可以从数亩到成百上千公顷不等，人们往往用大农场、小农场来指代农场规模。农场规模的大小涉及农场的技术效率和经济效率，在商品经济社会中，技术效率和经济效率关系到一个农场以及一国农业的竞争力，因此，在一定的条件下应当拥有多大的农场规模为适度的问题长期以来成为农业经济领域讨论的基本问题之一。

一、规模经济理论

规模经济也称“规模利益”，是指在一定的产量范围内，随着产量的增加，平均成本不断降低的现象。规模经济的概念是西方微观经济学的重要概念，通常把它放到企业(厂商)的层面来研究,揭示的是大批量生产的经济性这一经济现象的本质,即确定最佳生产规模的问题。人们根据生产力因素数量组合方式变化规律的要求,选择和控制生产规模,追求降低单位成本,从而取得最佳经济效益。

规模经济理论是随着社会化大生产与市场经济的发展而产生和不断完善的。第二次工业革命前,经济学家只是对规模经济进行了初步的研究。马歇尔在《经济学原理》一书中提出:“大规模生产的利益在工业上表现得最为清楚——大工厂的利益在于:专门机构的使用与改革、采购与销售、专门技术和经营管理工作的进一步划分。”他还论述了规模经济形成的两种途径:一是依赖于个别企业对资源的充分有效利用、组织和经营效率的提高,而使企业经营实体规模扩大而形成的“内部规模经济”(internal economics of scale)。内部规模经济是指由于生产要素的不可分性或由于企业内部分工产生的生产规模扩大和单位产品成本降低的效率收益。二是依赖于多个企业之间因合理的分工与联合、合理的地区布局等,各经营企业之间因规模变化而互相影响所形成的“外部规模经济”(external economics of scale)。外部规模经济是指企业外部(行业)规模如基础设施配套、原材料补充、人员聘用、资金筹措等因素造成的单位产品成本下降而获得的收益。外部规模经济常常由于“聚集效应”(conglomeration effect)而产生。行业规模越大,竞争越激烈,单个企业就越能在信息交流与知识分享中获利,提高劳动生产率,单个厂商的平均成本越小,外部规模经济中的厂商面对的是一种接近完全竞争状态的市场结构。即外部规模经济对企业是外在的,但对该行业则是内在的。

萨缪尔森对规模经济的核心理论体现在对“规模报酬规律”的总结上。他认为在投入增加的同时,产出增加的比例超出投入增加的比例,单位产品的平均成本将随产量的增加而降低,即规模收益(或规模报酬)递增;反之,产出增加的比例小于投入增加的比例,单位产品的平均成本将随产量的增加而上升,即规模收益(或规模报酬)递减。并且当规模收益递增时,称作规模经济,当规模收益递减时,称作规模不经济。因此,一般来讲,企业的规模报酬变化可以分为规模报酬递增、规模报酬不变和规模报酬递减三种情况。也就是说,在一个生产规模范围内,增加相同的投入量将使总产量增加;但是,在某一点之后,由于增加相同的投入量而增加的产出量很可能会变得越来越少。

在这里,我们可以通过企业的长期平均成本曲线(LRAC)来分析规模经济。企业的长期平均成本随着产量的增加先降后升,形成一个“U”字形(图 7-1)。随着产量的不断增加,一开始企业的长期平均成本下降,这一阶段即为规模经济。随后平均成本落入谷底,这一阶段可能持续一段时间,产出继续增加,且总产出与总成本的变动比例相同,因而平均成本不变,企业达到最佳生产规模区间,如图 7-1 中

产出的 Q_1Q_2 段；但这一阶段也可能很短，甚至 Q_1、Q_2 点重合，即最佳生产规模是一个确定的点。然后，随着生产规模的继续扩大，平均成本会因生产规模过大而上升，称为"规模不经济"。

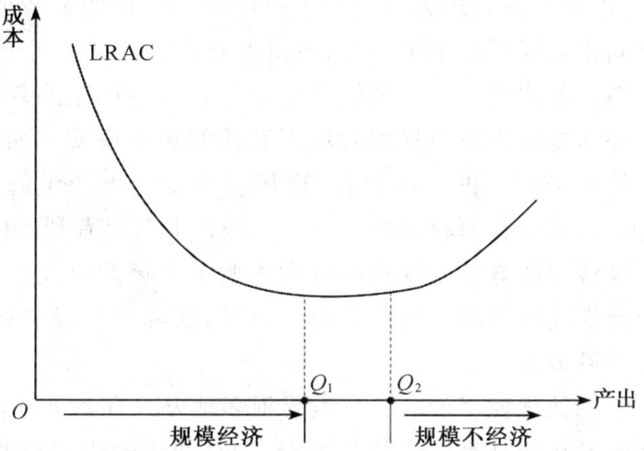

图 7-1　长期平均成本分析曲线

农场规模经济理论的起源可追溯到古典经济学家关于土地报酬递减的研究。17 世纪著名的古典政治经济学家威廉·配第在《政治算术》中就已提出了"报酬递减"的粗略模型。后来的亚当·斯密也注意到农业中的报酬递减现象，同时还提出了通过规模收益和分工，可以大大提高劳动生产率。最早全面论述报酬递减规律的经济学家是法国重农学派的代表人物杜尔阁，他从投资和劳动等要素的增减变化分析和描述了报酬变化的规律，还讨论了要素最佳投入量的选择问题，他关于"土地报酬递减律"的论述实际上已经使用了边际分析方法，并运用了生产函数的概念。在此基础上，随着专业化和分工理论的研究和发展以及数理分析方法的进步和应用，农业规模经济理论得到不断的充实和完善，到目前已发展成为一个比较完整的体系。

同样，农场规模经济也来源于内部和外部两个方面。农场经营规模扩大而在农场内部产生的效益，称为内部规模经济。农场的内部规模经济来源于生产要素没有处于合适的匹配状态，农业中生产要素不匹配的主要原因之一是农业生产要素的不可分性。首先是单个生产要素的不可分性，使得大规模生产能够提高生产设备的利用率和使用效率。例如，农业机械必须以一个完整的单位才能进行正常运行，当经营规模较小时，农业机械往往得不到充分的利用，造成利用率低下，从而导致较高的平均成本。同时，土地规模的狭小，也会使农机的无效作业增加，影响其生产效率。规模的扩大，为农业机械更为充分的利用和更高效的利用创造了条件。当然，农业中并不是任何生产要素都是不可分的。例如，化肥、农药等生产要素的投入是可以分割的。不可分割的生产要素往往是农业机械设备这些固定生产要素。因此，农业规模经济表现为固定成本不可分割造成的分摊成本的降低。其次是各生产要素间相互联系的不可分性，使得大规模生产更有利于进行分工协作，从而提高劳动效率。各农场之间因规模变化而互相影响产生的效益，称为外部规模经济。农场的外部规模经济包括某农场因其他农场规模变化而获得的效益，某农场的发展对其他农场产生的影响效益，市场规模变化而产生的效益，等等。例如，农场规模扩大后，可以在原材料购买与产品销售上获得有利条件、产出效益，就是一种外部规模经济。西方农场规模经济理论侧重于微观企业的分析，而且以农场的纯收益作为规模经济的唯一判断准则。可见，农场规模经济的基础是农业报酬递减和要素的不可分性。

小农场和大农场孰优孰劣的争论在世界很多地方一直在进行着，从实质上说，农场规模关系到农场在商品经济中的竞争力，交易费用理论能对此作出较好的理论解释。其理论观点是：企业与市场是不同的交易机制，市场机制以价格机制配置资源，企业机制以行政手段配置资源；企业与市场可以相互替代，因为交易费用决定企业的规模，当市场交易费用高于企业内部交易费用时，为了减少交易费用，企业可以"内化"市场交易，从而企业比市场更有效率；企业又不可能完全取代市场，因为企业不可能无限扩大，企业扩张有边界限制，企业管理会产生管理费用，企业规模越大，管理费用越高，当扩大企业内化市场交易节省的费用恰好等于管理费用的增长时，企业规模达到均衡点。因此，农场规模的过小和过大都是不经济的。

二、影响农场规模的一般因素

从目前世界各国的农场规模来看，影响农场规模的因素很多，但共性的基本影响因素有农业自然资源的禀赋状况、社会因素、农场生产的农产品种类、农场的所有制形式、农场的从业类型等。

(一)资源禀赋状况

由各国或各地区的地理位置所决定，各国或各地区的农业自然资源禀赋情况是不同的，因此，在不同的农业自然资源禀赋情况下，因各地能生产的农产品的种类不同，农场的规模是不同的。

人地比例状况是农业资源禀赋中最影响农场规模的因素，一般来讲，人地比例紧张的国家和地区，农场规模一般较小，例如中国、印度、日本这类国家。中国的农场(农户)规模大多在1公顷以下,日本的农场(农户)规模大多在2公顷以下,并且往往由于人多地少,农场规模的扩大进程缓慢。相反,地广人稀的国家的农场规模往往较大,例如美国、加拿大、澳大利亚这类国家。美国农场的平均规模在180公顷,相对集约化的蔬菜农场规模一般在40~120公顷之间,较大的蔬菜农场规模在240~320公顷,而美国的谷物农场规模一般都在400公顷左右。

(二)社会经济因素

物质技术装备是决定农场规模的重要因素之一。在物质技术装备水平较低时,农场规模往往相对较小,因为作业能力有限,农业中的机器运用大大提高了作业能力,使得农场规模的扩大有了物质技术方面的便利和保证。这就是同样是家庭农场,小自耕农形态下的农场规模往往不如资本主义社会形态下的农场规模大的重要原因之一。

资金状况也往往成为影响农场规模的一个重要因素。农场规模的大小往往需要一定的资金匹配,大农场需要更多的资金匹配,获取耕地需要资金,购置种子、化肥等生产资料需要资金,添置固定生产设备更需要资金。无论是自有资金还是信贷资金,在资金来源充裕的社会中,容易形成较大的农场规模。

包括社会化服务在内的市场状况是影响农场规模的又一个重要因素。农场规模大,其产出也必然较多,能否实现产品价值就成为农场规模的实质性因素。其次,农场规模的大小会影响到该农场在市场中的交易地位,大批量采购和大批量出售往往容易提高市场地位,从而使农场主获得一个更有利的交易价格。

农场的非农兼业状况也是影响农场规模的一个重要因素。由于农场规模较小,不足以维持农场经营者的日常生计,而扩大农场规模又比较困难时,非农兼业往往成为一种十分合理和可行的选择。兼业农场的规模通常都比专业农场要小,并且一旦兼业以后,农场往往减弱甚至失去扩大的动力。

还有一个影响农场规模的重要因素是政策。许多国家很清楚大农场规模的经济有利之处,但出于政治、社会方面的考虑,往往实行保护中小农场的政策,从而不利于大农场的形成,比如日本在20世纪90年代之前的农场规模政策。

(三)农场类型

综观世界各国的农场规模的发展,农场的类型可以根据不同的标准来划分。不同类型的农场,其农场规模也往往是不同的。

同一国家和地区中,农场的农产品生产对象和生产方式不同,农场的规模往往不同。根据农场所生产的农产品不同,农场一般分为种植业农场和养殖业农场。种植业农场中,生产土地密集型大宗农产品的农场,如粮食农场、大豆农场、棉花农场、油料农场、橡胶农场等农场的规模较大，而生产劳动密集型产品的农场规模较小。美国农场的平均规模在180公顷，相对集约化的蔬菜农场规模一般在40～120公顷之间，较大的蔬菜农场规模在240～320公顷之间；而美国的谷物农场规模一般都在400公顷左右。养殖业农场中，土地集约型的草原畜牧业农场的面积规模一般都比较大，而资金集约型的养殖农场的面积规模相对较小。

农场的所有制和经营制度形式往往也造成农场规模的不同。在美国，农场按照经营方式可划分为家庭农场、合伙农场和公司农场三种。一般来讲，家庭农场的规模较小。在菲律宾，虽然佃农和小土地所有者是农场所有制的主要形式，并且这种小农场数量占到农场总数的60%以上，但他们的农场面积规模在1.5公顷左右，农业企业、生产合作社、合资农业企业经营的农场规模在12公顷以上。社会主义国家的国营农场的规模往往很大，即使在人地关系极其紧张的中国，国营农场的面积规模堪与美国、加拿大的大农场媲美。专业农场往往比兼业农场的面积规模要大。

第二节　农场规模的衡量指标

一、衡量指标的发展

在农业生产力发展水平较低、农业市场化程度较低的时期，农场的发展主要以外延扩大的方式来得到实现，即通过扩大土地面积来扩大农场生产规模，并且农场规模的大小与农场产出的大小是比较一致的，土地面积大，意味着产量就多，因此，在当时主要是用土地面积指标来衡量农场规模的大小。

随着科学技术的发展和农业市场化程度的提高，特别是农业集约化水平对农业生产力水平的影响，农场的发展主要以内涵扩大的方式来得到实现，即通过资本集约投入、采用先进的农业生产资料、更好的管理模式和更优的资源配置提高单位土地面积的产出。因此，农场土地面积的多少与农场产出的多少的一致性渐渐降低了，人们越来越看重农场的产出规模，特别是农产品的市场销售规模。美国率先采用农场的市场销售额作为衡量农场规模的另一个指标，从而使得衡量农场规模的主要指标有农场的土地面积和农产品销售额这两个指标。

出于不同的考察目的，历史上也曾经出现过采用农场的劳动力人数作为衡量农场规模的指标，但在机器大规模替代人力后，劳动力数量已经基本不能反映农场的投入或产出情况了，因此基本上不采用这一指标来衡量农场规模了。与此类似，也有用农场的资本投入量来反映农场规模的。

二、关于衡量指标的评述

用土地面积指标来反映农场规模。土地是农业经济活动的物质载体,因此,土地面积成为衡量农场规模的最传统指标。虽然这个衡量指标非常适合较低的农业生产力水平阶段的农场,并且那时候农场主要是通过外延式扩大来实现规模经营的。即使在内涵式扩大已经成为农场能力扩张的主要形式的今天,农场依然存在通过兼并、租赁等方式实现的外延式扩张。对于同一生产类型和技术水平的农场来说,农场的生产能力和竞争能力的差异往往依然归结到农场面积的差异上,这也是美国这样的高度商品化的国家依然没有放弃农场面积这一衡量农场规模指标的原因所在。在许多农业人地比例紧张的国家、在农产品商品化程度不高的国家、在农地面积成为制约农业发展主要因子的国家,把土地面积作为衡量农场规模的主要指标,甚至唯一指标是非常合理和实用的,例如无论对于依然是发展中国家的今日中国,还是对于高度商品化的当今日本。

用农场的产品销售额指标来反映农场规模。以美国为代表,一些国家和地区采用农场的市场销售额作为衡量农场规模的另一个指标。在这些国家和地区,由于农场间的资本集约程度差异较大,农场产出的大小与土地面积的多少出现了一定的偏差,因此,农场面积的多少只是反映了投入规模方面的情况,未能准确反映出资本方面的投入,用农场销售额可以反映农场的产出规模。采用土地面积体现农场投入和农场销售额体现产出的两方面指标来衡量农场规模能够较好地反映农场的真实状况。

衡量农场规模的指标演变引发人们必须去思考一个问题:为什么要衡量农场规模?不言而喻,一是为了行政管理上的方便。区分不同的农场类型,可以更有针对性地出台类型政策,不同的农场政策,对不同农民的政策效应及利益分配是不一样的,小农场涉及较大的农民群体,具有更大的社会和政治意义。二是为了优化资源配置,使之发挥更高的技术效率和经济效率。因此,关于农场规模孰优孰劣的争论往往聚焦在谁具有更高的土地生产率、劳动生产率、资本生产率、农场竞争力等。由于后几者经济指标本身并不总是一致的,因此,关于农场规模孰优孰劣的争论始终缺乏普适性的定论。也正因为如此,衡量农场规模时具体采用何种指标或指标体系取决于一国的国情,对于一个自给自足社会氛围中的农场采取销售额指标或对于一个基本不依靠土地来进行农业生产的国度采用土地面积指标来衡量农场规模,都无异于水中捞月。

第三节　农场规模的演变轨迹

一、农场规模的历史演变趋势

农场规模的发展历程，可以通过西欧和美国等农业资本主义发展程度较高的国家来得到较好的反映。从西方主要资本主义国家来看，农业经营形式大部分以家庭为基本经营单位。无论是人多地少的日本，还是人少地多的美国、加拿大、澳大利亚，家庭农场都占了绝大多数。如美国的农场有三种类型：家庭农场、由几个家庭农场共同组织的合伙农场、大公司经营的大农场（农业公司或公司农场）。在这三类农场中，家庭农场占85%以上。发达国家的家庭农场的经营规模一般都比较大，美国的家庭农场一般在200～300公顷，英国一般在170公顷左右，法国和德国一般在30～40公顷。

1688年的英国有25%～33%的土地为自由的自耕农所拥有，有将近2/3的土地是由中小农民所经营的，也就是说，农场规模比较小。但随着英国资本主义的发展，"羊吃人"的"圈地运动"席卷英伦三岛，农场规模迅速变大。随着以农业机械为特征的农业现代化的进展，农业部门所需的劳动力大为下降，农场规模的扩大具有了更有力的物质技术条件。到了20世纪后半叶，农业在产业竞争中的压力加重，农业规模也在慢慢地扩大。

美国是个殖民国家，地广人稀，从近代美国开始，以土地面积衡量的农场平均规模就比较大，并且在最近2个世纪的演变中，农场规模始终处于逐步变大的基本趋势中。随着美国农业投入和产出的高度商品化，农牧业生产资本高度集约化，使得美国无论以土地面积衡量的农场规模还是以农场销售额衡量的农场规模都在不断地扩大。

二、美国农场规模的演变

美国农场制度的主要经历大约可以典型地反映农场规模的演变趋势。1776年以前可谓家庭小农场的兴起阶段，殖民地时期的美国人口中约85%是农民，家庭农场是典型的生产单位。农场面积通常为100英亩（40公顷），但只有15%～30%的农场土地用来种植农作物，余下的是森林、牧场和休耕地。虽然殖民地时期生产力低下，农业耕作以铁木农具、畜力和手工操作为主，但殖民地农业已呈现出商品性农业的特点，无论在17世纪还是18世纪，许多农场的生产活动都以市场为取向，约有20%的农产品售出，只有那些地处偏僻、交通不便的农场因远离市场才以自给性农业为主，因此大部分农场是以小企业的形式来经营。

1776—1880 年期间是家庭小农场的繁荣阶段。这时期的欧洲对美国玉米和小麦需求的不断增长，刺激了美国农业生产规模的持续扩大，不断扩延的国内城市市场又以运河和铁路为纽带，日益与新开发的农业地区连接在一起，进一步刺激了商品率较高的农作物的生产，家庭农场逐步实现了适度规模经营，从中获得了较大的利润。1862 年 5 月美国颁布了《宅地法》，该法规定，凡一家之长或年满 21 岁、从未参加叛乱之合众国公民，在宣誓获得土地将用于垦殖目的并缴纳 10 美元费用后，均可登记领取总数不超过 160 英亩(64 公顷)宅地，登记人在宅地上居住并耕种满 5 年，就可获得土地执照而成为该项宅地的所有者。《宅地法》还规定了一项折偿条款，即如果登记人提出优先购买的申请，可于 6 个月后，以每英亩 1.25 美元的价格购买之。《宅地法》把土地给予了真正需要土地的人，造就了美国的自由小农土地所有制和家庭农场制度，并且使这种自有产权、自我经营的家庭农场成为美国农业经营中最主要的形式。之后，美国又相继颁布了《木材种植法》和《荒地法》，让人们以低价得到更多的土地，自耕小农场不断增多。独立战争结束后，美国经济发展环境得到了根本的改变，极大地释放了劳动生产力，小农场得以迅速发展。到 1880 年，美国农场总数已从 1860 年的 204.4 万个增加到 400.9 万个。

1880—1940 年阶段是家庭小农场的分化时期。从 19 世纪 80 年代开始，市场的发展和技术创新使美国的工业化日趋成熟，制造业迅速崛起。到 20 世纪初，美国实现了从农业国到工业国的转变，成为世界先进的资本主义国家之一。随着工业大企业的兴起，农业生产条件也发生了重要变化，割草机、联合收割机、自动播种机等新型农业机械开始应用于家庭农场中，促进了农业生产力的扩张和技术进步，一些综合性农业企业开始出现，为了追求盈利而尽可能扩大农场规模，并雇佣农业劳动力，实施种植、加工、销售的一体化经营。1900—1920 年，面积超过 260 英亩(104 公顷)的大规模农场数量增多，给中小家庭农场带来竞争压力，甚至生存威胁。这些农场为了与大农场抗衡，开始建立合作社，以此缩短运销过程，降低农产品成本，增强抵御风险的能力，共享市场利益。到 1907 年，美国的农业合作社已发展到 1 000 多家，极大地促进了农产品的销售，使得中小型家庭农场得以生存下去。合作社的迅速发展推动了农业由综合性生产转向专业化生产。

1940 年以后是家庭小农场的衰退时期。这段时期的美国经济步入高度工业化阶段，大规模生产和企业大型化成为潮流。农业的技术革命使农场经营日益资本密集化，美国基本上实现了农业机械化。机械化水平和劳动生产率更高的大农场拥有明显的竞争优势，大农场迅速增加。而小规模农场难以筹措足够的资金，购买大型拖拉机和其他机械化设备、化肥、农药、杂交良种等。在巨大的竞争压力下，小规模家庭农场的数量大量减少。1935 年美国有家庭农场 681.4 万个，1950 年降至 564 万个，至 1976 年已经猛降至 280 万个，到 2000 年时仅为 217 万个。农场数量的减少成为美国农场变化的一个明显的趋势特征。随着农场数量的减少，农场的平均用地面积不断扩大，这成为美国农场变化的又一个明显的趋势特征。美国农地总面积是不断下降的，减幅达 21.8%，而每个农场的平均面积则由 1953 年的 242 英亩(96.8 公顷)上升到 2000 年的 434 英亩(173.6 公顷)，上升了近 1 倍。与此同时，数量较少的美国大农场在农业经济中的地位在不断提高。1948 年，占美国农场总数 10%的最大农场生产了国内农产品的 24%，1968 年上升至 48%，到 1974 年，大的农场不到 50 万个，仅占农场总数的 17%，却获得农业净收入总额的 60%，而占农场总数 63%的小农场，却只占净收入总额的 15.8%。许多小农场主无法依赖农业谋生，只能外出另谋出路。而有些家庭小农场依托大型综合农业企业来从事专业性垂直一体化的食品生产。

在美国农场规模扩大的过程中，政府直接的针对性政策是比较少的，主要依靠市场的力量来推动。但美国为农场规模扩大创造了很好的外部环境，其中特别是强有力的信贷支持系统、全面的社会化服务体系、完善的物流和信息网络体系。

在信贷支持方面，美国农业是一种资金密集型的产业，对资金及信贷的依赖程度很高。美国家庭农场在获得资金方面根本不存在问题，因为美国建立了一套强有力的信贷系统来专门支持利润低、风险大的农业生产。美国完整的农业信贷体系由 4 个部分组成：①联邦土地银行及地方上的联邦土地协会，专门向农场主提供长期不动产抵押贷款；②联邦中间信贷银行，提供生产和销售的中短期贷款；③生产信贷公司，由它们组成若干个生产信贷协会向农场主提供贷款，并由联邦中间信贷银行提供贴现；④合作社银行，向各种农业合作社提供贷款。

在社会化服务方面，无论是生产、加工或贸易环节，只要农民有需要，就会有人提供服务。合作社的发展历史悠久，制度完善，为农民提供生产资料、技术信息、农产品价格信息等多方面的服务，而且还直接收购和销售农产品，农民在尚未生产出农产品之前就已签订产销合同，从而保护了农民的利益。合作社甚至还能利用卫星遥感技术为各农场的每一块耕地测定土壤肥力、水分和病虫害情况，监测农作物长势，并预测产量，从而指导农场生产经营。各种行业协会如谷物协会、大豆协会、农场局协会等也为农民提供有力支持。

从物流角度来看，美国的交通运输设施十分完备，公路、铁路、水运四通八达。高速公路遍布城乡，在乡村，公路呈网状结构，能够直接通往每家每户，每条公路之间的间隔距离不超过 1.6 千米。铁路运输也十分方便，一些收购站和仓库建有专门的铁路线，便于快速装卸和运输，有些加工厂还将铁路线直接延伸至加工车间，如 Foster Farms 公司下属的饲料企业就是如此，从中西部运来的玉米经铁路直接下卸到生产线，既提高了市场运营效率，又节省了贮藏和搬运费用。

各种农业网站、信息咨询公司和政府机构为农场直接提供服务。美国著名的农业网站 Directag.com 数据显示，有 85％的农民上网，16％从事网上购买业务，农业电子商务占 8％，在各行业中列第 5 位，1999 年农业电子商务总额达到 380 亿美元。成立于 1848 年的芝加哥期货交易所就是农产品各市场主体了解市场行情、获取价格变化信息的直接窗口，无论是从事食品加工的大型公司，还是从事农产品储运的合作社，或是生产玉米和大豆的农场，它们都通过互联网随时关注农产品期货交易行情，以规避风险，获取利润。政府为农民提供权威性的信息服务。美国农业部有 10 万人分布于全国各地，这还不包括各州农业厅和县农业局的公务员数字，其农业统计系统对各农场每一块耕地上所种植的作物品种、面积、长势、产量都了如指掌，所获取的信息经过汇总处理，由政府定期发布，这些信息具有很高的权威性，对农户生产经营具有重要的指导作用。

三、西欧农场规模的演变

西欧的农场规模总体上处于美国、加拿大、澳大利亚、阿根廷这类大农场和日本、中国、韩国这类小农场之间。在西欧内部，也存在着农场规模差异，如英国的农场规模相对较大，荷兰、比利时、西班牙等国家的农场规模相对较小，而法国、丹麦、德国的农场规模居中。法国农业在西欧农业中具有一定的代表性，下面以法国农业为主作介绍。

法国是欧盟第一大农业生产国，其经济总量仅次于美国、日本和德国，位居世界第四位，在农业出口和食品加工业出口方面分列世界第一位和第二位。

法国大革命时期，国民公会颁布法令，农村公有土地按当地人口分配。农民的土地问题得到解决，但却使土地分散经营的状况日益加剧。法国土地所有者的数目在 1825 年是 650 多万个，而到 40 年代末则增加为 780 万个，这些土地所有者共占有 1 200 万个极小的地块。1870 年的小块土地数目更是达到 1 400 万个之多①。直到 20 世纪初期，法国的资本主义农场和土地集中化才得到了一定发展，但是农场规模仍然较小，只有英国农场土地规模的 1/2，并且中小农场占有很大比重。

第二次世界大战后，与大多数西欧国家一样，法国政府采取了一系列国家干预政策来引导和鼓励农业现代化，推动实现农业机械化。法国的农场数量逐步减少，

---

① 张新光，农业资本主义演进的法国式道路及其现代转型，http://www.lwlm.com/nongcunyanjiu/200905/286778p2.htm。

农场的土地规模逐步扩大。农场数量从 1955 年的 228.5 万个减少到 1970 年的 155.2 万个、1985 年的 92.4 万个，1997 年进一步减少到 67.98 万个；农场的平均土地规模从 1955 年的 14.88 公顷，扩大到 1970 年的 20.76 公顷，到 1985 年的 30.5 公顷，再到 1997 年的 41.7 公顷。1955—1997 年的 43 年间，农场数减少了 70%，平均土地规模增加了 180%。

最近 20 年来，在法国兴起的一种从事农业经营的企业法人组织是农业公司，亦称公司农场，它包括农业有限责任经营单位、农业经营公司和某些农工商综合体等，它们属于现代企业组织范畴。农业公司具有一般工商业公司所有的一些特征，近年来发展特别迅速，目前已经成为法国新兴农业经营单位中增长最快、最具活力的一种形式。到 1998 年，法国农业公司已达到 5.6 万个，占法国全部农业经营单位的 8.3%。在法国农业公司中，一些按特定方式及原则将农业生产与农产品加工、储运、销售及农业生产资料供应等环节有机结合在一起实行统一经营的农工商综合体，由于其资金实力雄厚，经营规模大，再加上供、产、加、销各个环节有机衔接，能够极大地提高农业经营效率，同时降低农业经营的成本费用。因此，它们在法国农业经营组织体系中占有日益重要的地位。

目前，法国的农场土地经营方式有 3 种：租赁经营、土地所有者直接经营和分成制经营。近年来，租赁经营方式逐渐增多，后两种经营方式不断减少。法国 60% 以上的农业用地是以租赁的方式经营的。为鼓励经营者对土地的投资，法律规定，在通知并征得土地所有者的许可后，租赁经营者可以在其经营的土地上进行投资。当租赁期满后，若其对土地的投资仍然具有一定的使用价值，他有权获得一定的补偿。为保证农业生产者不断增加对农业的投入，法国政府还通过农业投资政策、农业信贷政策和农产品价格政策鼓励农民扩大农业生产规模，促进农业土地规模化、产业化的形成，诱导规模经营。

与法国类似，英国、德国等政府也制定了鼓励农场向大型化、规模化发展的法律法规。如英国政府制订法令，对于愿意合并的小农场，政府可提供 50%的所需费用，对于愿意放弃农业经营的小农场主可获得 2000 英镑以下的补助，或领取终生养老金。德国早在 1955 年就鼓励农地合并经营。1955 年制定的《农业法》，允许土地自由买卖和出租，使原本规模很小、没有生命力的小农场转变为拥有 10～20 公顷或规模更大的“富有生命力的农场”。在制定、实施法律和法规的同时，德国政府还利用信贷、补贴等经济手段来调整土地结构。1965 年政府规定，凡出售土地的农民可获得奖金或贷款，以帮助转向非农产业；凡是土地出租超过 12 年的，每公顷租地可获奖金 500 马克。20 世纪 50 年代中期，政府开始实施《土地整治法》，大规模调整零星小块土地，使之连片成方。1950—1971 年，德国政府用于土地整治的拨款为42亿马克。这些措施促进了土地的自由流动，扩大了农场规模。而且通过推行农村社会保障政策，提高土地的集中利用效率。1989年德国政府出台的提前退休制度鼓励中老年农民提前放弃农业，把农田交给年轻的农民，有利于改善就业人员的结构，提高土地的产出效率，增加农民收入。从事农业的中老年人及其在农场劳动的家庭成员，因终止农场等失业的，可以得到赔偿金。其结果是农场规模不断扩大，由1949年的平均8.06公顷扩大到2002年的超过30公顷，农场数量则从1949年的165万个减少到2002年的不到50万个，农业劳动生产率大大提高。

四、日本农场规模的演变

根据地理位置、气候、土壤条件和生产特点，日本可划分为北海道、东北、北陆、关东和东山、东海、近畿、中国、四国、九州等9个农业区。各农业区的农场规模差异较大，但种植的主要农产品类别区别很小，均以水稻、小麦、大豆、蔬菜、水果、花卉等为主。日本国土狭小，农地面积有限，农业属典型的超小型农业结构。

"二战"之前，日本土地制度的特点是大地主占有下的小农租佃制，并且形成一个"不在地主"(即不居住在农村的地主)阶层。1946—1950年，日本政府采取强硬措施购买地主的土地转卖给无地、少地的农户，并且把农户的土地规模限制在3公顷以内。不允许"不在地主"的存在，凡离村就职的农户必须售出其所持有的土地。至1950年，日本共有农户618万户，户均耕地0.8公顷；自耕农在总农户中的比重占到88%、耕地占到90%。废除了封建半封建土地所有制后，形成了"耕者有其田"的小规模家庭占有和经营的自耕农体制。为了巩固土地改革成果，日本于1952年制定了《农地法》，把以上规定用法律形式固定下来，由此确立了日本以小规模家庭经营为特征的农业经营方式。

小规模经营的自耕农体制虽然对社会稳定和从封建土地关系下解放生产力产生了重要作用，但随着日本经济进入快速工业化和城市化轨道，小规模经营的弊病日益显露。日本政府开始考虑土地的转让和相对集中政策。1961年日本政府制定了《农业基本法》，鼓励扩大农业生产和调整农业结构。1962年修订后的《农业基本法》，允许农民突破3公顷的农地数量上限，但其条件是这些农民只能使用家庭自有劳力。该法还允许离开村庄去城里的农民可以将其土地委托给小规模的农业合作社代耕，其条件是股份公司不得购买农地和小规模的合作社也必须像自耕农家庭农场那样进行农业生产。1962年日本《农地法》第一次修改，允许农地出租和出售，但不断上涨的地价阻碍了土地权的让渡。由于这些法律法规上的放宽，促进了日本的农业增长，1961—1964 年农业年均增长率达到 4%，满足了当时人均收入提高后对食物消费需求的增长。

随着日本工业化的发展，农业人口不断减少。20 世纪 60～70 年代，政府农地改革的重点开始实行分散占有、集中经营和作业的新战略。1970 年《农地法》第二次修改，突破了土地占有和使用方面的限额，以土地使用权和经营权为中心内容，鼓励土地的租借和流转。1971 年日本政府根据法律把农地改革的重点由所有制转向使用制度，在农地小规模家庭占有的基础上发展协作企业，扩大经营规模，鼓励农地所有权和使用权的分离。为此，政府连续出台了几个有关农地改革与调整的法律法规，鼓励农田的租赁和作业委托等形式的协作生产，以避开土地集中的困难和分散的土地占有给农业发展带来的障碍。如以土地租佃为中心，促进土地经营权流动，促进农地的集中连片经营和共同基础设施的建设；以农协为主，帮助"核心农户"和生产合作组织妥善经营农户出租和委托作业的耕地等。实践证明，这种以租赁为主要方式的规模经营战略获得了一定的成功，1980 年的租赁田比 1970 年的租赁田增加了近 30 倍，1986 年的租赁田又比 1980 年的租赁田增加了 50%。

1980 年日本颁布《农地利用增进事业法》，该法规定，在市町村都设立促进本地区农地有效利用和农地流动化的组织体系。《农地利用增进事业法》缩短了土地借用期，借用期限结束时土地的租借关系即告结束；建立了让借出人放心租出土地的制度，也有利于借入者获得成片农地；有效地促进了农业经营规模的扩大和农地的有效利用。

在日本扩大农场经营规模的政策推进中，除了适时适宜制定法律法规外，有两点做法是值得我国借鉴的：一是建立了许多促进农地流转的民间中介组织。以 1970 年《农地法》修改为契机，形成很多组织促进农地合理流动和利用，包括农业委员会、农业协同组合（农协）、市町村及农地保有合理化法人。农地保有合理化法人对农地租借流动实现起着重要作用。一是大力培育与扶持中介组织。政府是农地保有合理化法人的发起人之一，这一中介组织由日本各县、市町村政府及农协共同建立。政府对出租和出售给合理化法人的农民予以税收优惠及一次性付租的优惠措施。政府对合理化法人给予资金支持，合理化法人买入或借入土地的资金是从农协借贷的，在其中间保有的期限内的利息支出由政府支付，而且合理化法人的日常开支和员工工资一般由政府支付。

参考文献

［1］ Earl O. Heady，Glenn L. Johnson，Lowell S. Hardin (edited). Resource Productivity，Return to Scale，and Farm Size. The Iowa State College

Press，1956.

[2] Michael P. Todaro. Economic Development in the Third World (second edition). Longman Group Ltd.，1981.

[3] Subrata Ghatak，Ken Ingersent. Agriculture and Economic Development. The John Hopkins University Press，1984.

[4] [美]J. P. 道尔，F. 奥拉泽姆. 生产经济学——理论与应用. 北京：农业出版社，1984.

[5] [美]梅勒. 农业发展经济学. 安希伋，等译. 北京：北京农业大学出版社，1990.

[6] [日]七户长生. 日本农业的经营问题——现状与发展逻辑. 俞炳强，译. 北京：中国农业出版社，1994.

[7] 曾福生. 农业适度规模经营与中国农业发展. 长沙：湖南出版社，1996.

[8] 岗部守，章政，等. 日本农业概论. 北京：中国农业出版社，2004.

[9] 刘运梓. 比较农业经济概论——中外农业经济理论与政策的比较研究. 北京：中国农业出版社，2006.

第八章　农业合作社

◆ 本章要点

农业合作社是农业经济学的重要内容之一。农业合作社历来被看作弱小农户通过组织起来获得内部资源整合共享以提高技术效率、对外形成规模效益以提高经济和政治力量的有效途径，特别在发展中国家和地区中，农业合作社更被认为是发展农业的重要途径之一。本章将从理论和实践两方面来介绍和讨论农业合作社。

第一节　合作社及农业合作社

合作社是劳动者在合乎国家法律的前提下，遵循合作社原则，结合国情和当地实际情况，实现劳动联合和资本联合，通过资本的集中运营和劳动的分工协作，采用按劳分配和按资分配的分配制度，改善劳动者经济状况的经济组织。

作为合作经济研究的主体，合作社主要在两个方面体现出自身的优势：一是通过劳动者以及劳动者的土地、资本、劳动力以及信息等生产要素的联合，使得生产、流通得以在更大规模上进行，克服生产成本和交易成本制约，形成规模经济；二是通过将合作社劳动者从事的产业不断进行延长和扩张，比如像西方合作社那样，从商业（流通）领域延伸、扩张到包括加工业、商业、甚至国际贸易在内的多产业经营，或者像当代中国那样从农业延伸到农产品加工业、流通业等环节，通过产业之间的联合，获得初始产业之外的追加利润，并通过产业的联合，降低生产成本和交易成本，形成产业聚集的内部经济和范围经济优势。

具体来说，作为生产者的要素联合和产业联合的产物，合作社一直被看成社员劳动者改善自身生活状况的重要手段。中国政府近期在重农助农政策背景下对发展农业合作社一再强调，尤其是在改革开放三十年之际召开的十七届三中全会，就把农业合作社看成是实现农民收入的重要途径，尤其是被看成了大户、家庭农场之外另一种重要的规模经营实现形式和路径。

除了增收外,合作社还是保护社员收益的重要制度安排和组织形式。同任何经济组织一样,合作社负有增加社员收益、不断实现社员收益最大化的使命;比其他组织更进一步的是,它具有更成熟、有效的社员收益保护机制——通过长期实施、不断完善的利润返还(也称为惠顾返还、盈余返还等)规则,确保社员一份付出就有一份回报。这就是合作社另一个吸引人的长处。因此,合作社虽然是一个以盈利为使命的经济组织,但却是一个非常特殊的“企业”,一个服务于社员劳动者并以实现和保障其收益为宗旨的社员的“企业”。

合作社之所以被看成是社员的企业,还因为它奉行的基本准则是劳动者、生产者主权而非资本所有者主权或管理者权威。与传统企业的资本所有者拥有绝对权威,以及当代企业具备人力资本优势的管理者拥有绝对的重大决策权不同,合作社中的重大决策权掌握在普通社员劳动者的手里。任何一位劳动者都有与别人同等的投票决策权,也就是说,合作社奉行一人一票的原则,通过民主评议协商、公平地发表意见,形成对合作社重大事务的决策。虽然至今社员的投票权有从绝对平均向相对公平变革的趋势,但合作社基本的决策格调依然建立在明显的公平基准上,这成了合作社和其他企业的又一个重大区别。

农业合作社自然就是劳动者在农业领域中形成的服务自身、改善自我的经济组织。但农业合作社并不局限在农业领域,更不局限于农业生产领域里。在当代中国,虽然农业合作社还不是一个强大的组织,但已呈现出立足农业、覆盖农村、极力向农产品加工和营销等环节延伸的态势。在西方,农业合作社的势力范围早就超越了农业的边界,美国的农场主合作社就一直在电力供应等非农业领域的服务中保有很高的市场份额。

第二节　中外农业合作社的发展过程

一、国外农业合作社的变革

(一)空想家的试验

合作社产生于19世纪。最早的合作社创立尝试来自空想社会主义者。最早的“试验田”就是农业。欧文(1771—1858)出于对资本主义的强烈不满,首先在英国进行了合作村试验。他购买一块土地,雇用了许多失业者,主要进行农业生产,生产产品以自己消费为主,少量剩余出售,目的是为了以合作制(社会主义)取代私有制(资本主义)。后来,欧文又创建了新和谐公社和国民劳动公平交换市场,但都以失败告终。

差不多与此同时,法国人傅立叶(1772—1837)进行了协作社(协和社)的试验,构想和方案大同小异,比较有趣的改进是:劳动者按爱好选择班组,减少厌烦;按资本、劳动和才能分得一份产品。

相对于以上这些失败,威廉·金通过自筹资金创办小合作商店,再办工农业合作社,最后组成公社的做法,以及高度重视工人的力量,强调工人的联合与合作的举措,终于促成"布莱登合作潮",使1827—1834年间当地穷人的合作社达到了500个。

早期的合作社试验表明,反商品经济、工业化和市场经济的做法,是逆历史的,也是失败的基本原因;农业的比较利益低下,集体劳动的高交易(监督)成本,都增大了失败的可能性。威廉·金的成功,恰恰说明生产领域外的实践,流通领域的合作社具有更大的成功几率。

(二)罗虚代尔合作社

罗虚代尔合作社(Rochdale Cooperative Society)是欧文的学生胡瓦斯和柯柏尔于1844年在英国罗虚代尔镇组建起来的。为了继续欧文的合作社试验,他们组织了28个工人、筹集了28英镑资本,建立了一个购买合作商店(合作社)。他们租借了一个地下室,主要经营白糖、奶酪等生活必需的消费品,实行28个社员轮流售货制度。由于有效地应对了消费需求,合作社成长迅速,社员数量在1845年达到74人,资本达到原来的7倍;1851年,拥有社员1 400人,资本增加到原来的60倍,并建起了面粉厂,同时,合作社分社数量达到130个;到1861年,分社数增加到450个;1881年,拥有1 000个分社;1926年,社员数量达到了2.5万人;到1933年,更达到了4万人的社员规模,并建起了合作商厦和上百个合作分店、工厂和屠宰场,成为世界合作社历史上首次成功的合作社典范。

作为最早成功的合作社——罗虚代尔合作社带来了富有深远意义的启示:①要从生产以外的环节进行合作社的组建试验,因为这样可以减少生产中集体劳动的高交易成本,还可以使获取收益的过程更直接、更简捷,从而增强经济收益对社员的吸引力,而成本不一定比经营农业多。②合作社的成功,不能局限于某一产业,而应该形成若干产业搭建而成的产业链,获得互补效应、聚集效应以及范围经济优势。也说明,农业或者涉农的合作社要获得成功,必须把生产链条延伸到加工和销售环节,从农业生产以外的环节获得分割利润的权利,并不断强化这种权利。③在市场经济背景下,在企业的重重包围中、层层重压下,合作社要存活、发展、壮大,不仅需要形成罗虚代尔原则那样的制度规则,还需要不断扩展自身,锲而不舍地发展自身的分社和分支机构,形成一个强大、高效的组织体系,才能走向成功。

(三)近现代合作社的特点和问题

经过罗虚代尔等成功合作社的带动,世界合作社在波折中不断走向强大。渡过了20世纪中期的危机后,合作社在新的基础上得到了新的发展。不论是欧洲、美洲还是亚洲,不论是发达国家还是发展中国家,不论是农业还是其他产业,不论城市还是乡村,合作社始终是影响人们生活的重要力量。世界各国蓬勃发展的合作社中,又形成了西班牙蒙德拉贡(Group Cooperative Mondragon)、北美新一代合作社(New Generation Cooperative)等新典范和新旗帜。

在新的发展时期,合作社也形成了成就与问题兼有的特点。

(1)组织结构逐渐合理完善,法律地位逐渐巩固,成为举足轻重的第三势力。基层社+地区联社+全国联盟的合作社体系,成了几乎所有国家合作社体系的模板;而整体上各层级之间,又呈现出权力和控制力上移到最高层次的趋势,各层次之间的协作以及各层次内部的运行,也在职能不同、分工明确的基础上日趋有效。此外,合作社总体行为的日趋公正性,以及社员资格、管理制度、利益分配等方面不断的公正性改进,使合作社在不断发挥组织制度效率的过程中不断得到壮大,地位和影响日益上升。

(2)由古典式的、传统的自我服务为主,转变为开放型的经营服务为主,逐渐企业化、股份化。合作社异化的主要表现为:截流社员收益用于扩大再生产,就像蒙德拉贡所做的那样;与私人资本、垄断资本合流和合作,包括成为他们的一部分或者使他们隶属于合作社等,都是为了发展壮大或者规避风险;像企业一样购买股票,采用股份制,一人一票的原则、利润返还的原则都多少受到调整和改良。此外,经理治社或者外聘经理治社等做法,也被看成是向企业看齐。出现这些现象的原因,主要是因为市场的不断成熟,市场竞争的规则成了最基本的经济法则,由此也给合作社带来了越来越大的压力。为了生存,合作社必须追求高的利润率,也就必然逐渐形成私有产权为主的要素组合,这就势必增强资本所有者主权,势必不断强化经理阶层的权力,社员福利最大化目标就会在一些国家的一些合作社中,一定程度上逐渐失落。

(3)集中过程加速,逐渐集团化。合作社数量随着发展而逐渐递减,是世界各国合作社发展的整体态势。日本在20世纪80年代拥有数万个农业协同组合(农协),到90年代末减少为数千个,21世纪初更剧减为数百个。合作社集中的主要途径是合并,次要途径是规模扩大,而社际合作也是集中的潜在趋势。集中的原因同样来自市场竞争力提升的要求。合作教育也及时打破了地方观念和小团体意识,促使越来越大规模的集中成为可能。蒙德拉贡就已经成为西班牙第五大经济体。

(4)农业合作是西方合作社的主流,流通合作社又是农业合作社的主要形式。

这主要是因为,单个家庭农场的高合作需求,在任何国家任何时候都存在,导致农业生产领域成了合作社的高产领域;农业生产的专业化程度不断加强,导致农业生产环节和生产者之间的纵向联系阻隔,要求农户组建合作社,实现农业的一体化。值得注意的是,国外合作社几乎可以和农业一体化同日而语,合作社也就意味着生产者的联合和农业生产与其他产业的连接、甚至就是聚集。

流通合作社之所以成为农业合作社的主要形式,首先是因为它不像生产领域的合作社那样,"触及资本主义的根本"。不触及资本主义制度的流通合作社,自然容易成长起来;农业本身的低比较利益,也要求产业的横向连接以获取价值补偿和物质替换;农产品的加工会带来追加价值,但实现这些价值却需要掌控流通环节,势必要求组建流通合作社;农业生产的区域性和市场规模扩大的要求,也使流通合作社应运而生、日趋众多和强大。

(5)合作社的中立性淡化,越来越受到政府的控制,接受政府支持,成为政府发展经济、稳定社会的重要工具。政府控制合作社的原因,自然是因为合作社已经成为举足轻重的第三势力,每届政府都急需得到这一巨大群体的支持。各国政府通过建立专职机构和人员,大力提供财力资助等手段,恩威并施地把合作社拉入自己的怀抱。日本政府就每年拨付 2.7 兆日元的农贷,交给农协发放,农协由此得到的收益,仅利息一项就达 7.595 亿日元。

上述问题中,最值得关注的当数异化问题。对其利弊人们评价不一,演变前景也难以形成一致的判断,但这一问题绝对不会对世界合作社的发展形成致命的影响。因为这个特征(异化)并非合作社变革的主流趋势,只是一种较常见的现象。异化的主要影响,是帮助世界各国的合作社寻找走出危机、发展壮大的应变策略。世界各国合作社在此之后整体上了一个新台阶的事实也证明,异化带来的收获远大于损失,喜悦远大于恐惧。就像诗人写的那样,"青山遮不住,毕竟东流去"。

二、中国农业合作社的发展

中国最早的合作社形成于 20 世纪初。1918 年成立的北京大学学生消费合作社,是第一个合作社。在农业和农村领域,最早一批合作社是华洋义赈会在 20 世纪 20 年代倡导、帮助、督促成立的一批信用合作社。国民党南京政权建立后,把组建合作社看成是振兴经济、复兴农村的重要举措,更想借此缩小农村的社会矛盾,以及由于土地等财产的不公平占有带来的收入差距拉大现象,专门成立了隶属于农本局的合作事业管理处,1934 年还专门颁行了《中华民国合作社法》。合作社,尤其是农业合作社就在 30 年代获得了较快的发展,形成了不错的发展态势和合作社格局,各种类型的合作社纷纷涌现,信用合作社尤其突出,并始终居于领先地位。

不过,国民党政府的推动政策没能做到始终如一。战争、灾荒、外国资本、官僚资本、地主、官吏的层层盘剥,不仅使农村经济不断走向崩溃,也使农业合作社一个个走向破产,以致出现了一个具有讽刺性的现象:发展最好的信用合作社,甚至连自己成立伊始就存在的"高利贷盛行"状况都无能为力,遑论力挽农业农村破产之狂澜于既倒了。

所以,民国时期的合作社整体上只能算作中国农业合作社队伍中架桥修路的先锋队,中国农业合作社的真正意义上的大发展出现在中华人民共和国成立之后。

中华人民共和国成立以来,我国的农业合作社经历了从组建互助组到成立合作社和人民公社的合作运动;改革开放后,在家庭责任制的基础上,又形成了专业合作社和社区土地股份合作制等制度和组织形式。整个变革过程表明,农业经济组织从没有停下革新、改善的脚步,而变革背后的政治、经济因素以及变革的经济绩效都应该受到和变革过程同样重要的对待。

(一)从互助组到人民公社:组建社会主义的农业合作社

在农村土地改革完成之后,广大农民成为土地的主人,实现了生产资料与劳动的直接结合,家庭经营的个体经济成为主要的经济形式。但小农经济也产生了一些矛盾,主要表现在:①小农生产方式的局限不能满足迅速实现工业化战略的要求;②小农经济的自由发展必然会出现两极分化,与社会主义的共同富裕目标相冲突;③小农经济的分散经营与生产社会化的要求不适应,生产资料与劳动相脱节,产生生产资料与劳动同时闲置与浪费的现象。为了解决这些矛盾,就有必要对农业进行社会主义改造。1951 年 12 月,中央起草了《关于农业生产互助合作的决议》,开始组织以农民个体经济为基础的农业生产互助组。1953 年底,中央发出《关于发展农业生产合作社的决议》,以合作社代替个体小生产的合作运动全面展开。

组建互助组,实际上是把农业生产经营组织纳入社会主义和工业化框架的第一步。新中国成立后必须实施国家工业化,是由以下原因导致的:其一,新中国面临的复杂、艰险的国际环境,告诉所有中国人一个强大的国防绝对不可或缺,而强大的国防需要自己的军事工业作为后盾,而不太落后的军事工业绝对需要一个相对完整的国民经济体系,而 1949 年中国所有工业品仅占 GNP 的 10%还弱。其二,当时的国内外形势决定了中国不可能通过别人的帮助或者其他途径获得国家工业化所需的资本积累。"别了,司徒雷登",也就告别了从美国这个世界上最富有的国家手中借到经济援助的所有可能,朝鲜战争很快证实了这一点;毛泽东等领导人的苏联之行,同样没有换来期望很高的经济援助,只是苏联仅仅承诺通过技术支持的方式帮助中国建设 156 个大项目。外援既断,其他的资本原始积累方式也很难行得通：英国强占殖民地，掠夺和贸易积蓄资本原始积累的历史，不可能再度重演；德国的银行模式也不太适应，因为旧中国的大资本家、大买办财产已被没收，城乡中产阶层普遍并不富裕，绝大多数人赤贫，银行的蓄水池功能很难发挥。因此，俄日模式，即主要通过财政税收途径累积工业化初始资本的道路，就成了新中国唯一可行的参考。苏联的强大，更增加了这一模式的说服力和示范效应。其三，通过内部积累的方式形成原始资本，农业剩余势必成为主要来源。因为，中国是一个农业大国，农业约占 GNP 的 90%，农民占人口的大多数。其四，要生产更多的农业剩余，必须要提高农业生产的效率，这就要求扩大农业生产规模，提升农民的组织化。当时的决策人也许并不知道刘易斯-费景汉-拉尼斯模型，但绝对明白要让农业提供更多的税收，就必须生产出越来越多的农产品，规模扩大是比技术进步更便宜、更现实的手段，而小生产者的劣势不仅见诸马列经典，也在新中国成立前的乡村破产、农业破产中暴露无遗。因此，农业合作社的建设史就是一个表面上规模不断扩大的历程。其五，规模不断扩大的农业合作社服务于国家工业化，工业化服务于社会主义制度和社会主义经济建设，那么，给不断扩大的农业合作社打上社会主义的印记，并且一劳永逸地变成社会主义的微观经济组织，就自然而然了。因此，农业合作社变革的内在线索就变为：与表面上的规模扩大相呼应，产权公有程度越来越高，分配平均程度越来越高。

可见，中国的农业合作社的建立过程，是一个错综复杂的制度变革。战略、政策、规则、意识形态变动不居，组织更迭也可以说是日新月异。仅从组织更迭看，互助组、初级社、高级社、人民公社是一条清晰的线索。

互助组由关系密切的 4 个或 5 个农户结成劳动、农具和耕畜等生产要素互助关系，但不改变土地及生产资料的私有性质，生产决策也由农户独立作出。在形式上有季节性和常年性的互助组等形式。

很快互助组就被初级农业生产合作社取代。初级社建立在私有制基础之上，土地仍归社员所有，只是作价入股，统一经营；耕畜和大中型农具也是社员私有，归合作社有偿使用；社员参加社内劳动；初级社将总收入扣除生产费用、税金、公积金和公益金后，全部分配给社员作为劳动报酬和土地等生产资料的报酬。与互助组的区别在于，初级社实行统一经营。

从互助组到初级社的过渡，基本上是政府发起的强制性的制度变迁，但政府在推进时采取的是渐进式的方式和谨慎的态度，自愿和互利原则使农民有进入和退出的充分自由，所以仍获得了较高的经济绩效。但在随后出现的强制性推动高级社，对农业生产就产生了极大的破坏作用。

1956 年初，初级合作化完成，全国紧接着掀起了一场办高级合作社的热潮。

高级社是以公有、集中统一经营为特征的产权结构和产权组织。社员除保留自留地(占土地的5%)的使用权外，土地无偿地转为集体所有；耕畜和大中型农具按照一定的价格由合作社购买，集体所有，统一经营。高级社在有计划分工和协作的基础上，组织社员统一参加劳动。在分配方面，劳动成为农民获得收入的基本依靠。

高级社是在政府强制手段下推进的，违背了自愿的原则，社员也没有退社自由，因此，在推行发展高级社的过程中，发生了一些抵触活动和一些退社的风波，严重影响了农业生产和农民生活。

为了进一步推进工业化的发展战略，为重工业发展提供资金，政府进一步加强了农民的组织化程度。1958年，政府开始建立人民公社体制。人民公社既是社会主义经济在农村中的基层单位，也是政权的基层组织，即“政社合一”。人民公社废除了所有的私有财产，公社成为农村全部财产的主人。人民公社经营体制与统购统销政策配套，政府直接介入农业经济活动，形成了其基本的运行特点，主要是：单一的生产资料公有形式；政府任命产生管理者；杜绝商品经济，农产品购销中实行“剪刀差”机制；集中集体劳动；平均分配；等等。

人民公社的组织制度不可避免地导致效率低下。1957—1978年，我国的主要农产品粮食、棉花和油料产量的年均增长率分别为2.1%、1.3%和1.0%，年际之间的波动还非常大。与1950—1952年的年均增长率13.1%、42.8%和17.8%相比，大大下降了。而且，1957—1978年，全国人均占有的主要农产品产量并无明显增加。

人民公社的组织制度的低效率的主要原因可以归结为以下几点(林毅夫，1994；周其仁，1995)：不明晰的公有产权，集体劳动和农业的特殊性导致高监督成本；农民失去退出权，破坏了自我实施(维护)机制；平均分配影响了激励。因此，从1978年起，人民公社很快被家庭责任制取代。

人民公社已经很难纳入合作社的框架之中，至多只能算是一种非常特殊的合作社。

(二)改革开放后农业合作社的发展现状

改革开放以后，特别是家庭责任制实施以后，合作社一直在不断地成长和发展。各种类型中，专业合作社和土地合作社取得了长足的发展，尤其是专业合作社，一浪接一浪地推向新的发展高潮。2004年农业部通过了《农民专业合作组织示范章程》，开始规范管理发展迅猛的专业合作社。2005年浙江省率先通过了《农民专业合作经济组织条例》，开始将专业合作社的发展纳入法律管束的轨道。2006年底，新中国成立以来的第一部《农民专业合作社法》终于颁布，并于2007年1月1日开始实施。而土地股份合作社或者土地股份合作制，则始终存在于各地乡村，成为农民自创、实现土地收益的重要组织形式。但受各方面条件的制约，尤其是受集体土地产权的复杂性和特殊性影响，土地股份合作制主要兴盛于东部地区，尤其是东南沿海地区。

对于改革开放后合作社的大发展，已有分析（冯开文，2004）表明，中国农村的制度供给存在明显的不足，并且还有很多诱发出来的制度需求没有得到满足。要弥补农村经济制度供给中的不足和滞后，要满足现实的制度需求，只有一条路好走，那就是激发农民的合作社尽快建立起来，并不断地上档次、上规模。

现实也表明，农民的合作社正是合适的市场主体，正是现时代的必然之选：

首先，合作社是农民的经济组织。它不是指官办的机构，也不是指改革开放后遗留下来的集体经济组织；而是指农民从自己的需求出发，自愿自发成立的自我服务、自我实现的经济组织。它既会积极地追求利润的最大化，也不放弃微利和低利的公益性、服务性事业和项目。既会坚持一人一票、利润返还的传统合作原则，也会灵活地吸收股份制等制度安排的营养。因此，这样的合作组织和合作制度，就既有群众基础，又有市场运作能力，从而既能帮助农民进入市场、实现自身的利益，又能有效地保护农民的利益。

其次，中国农民有着良好的合作传统，发展合作社的环境正在不断改善。在中国有着较长时间的农民合作传统，这甚至可以追溯到元代。这就使农民与合作社产生了深厚的感情，积累了丰富的合作经验，包括教训。目前，应该客观地说，农民是有合作的冲动的，但却受到了合作等于回到人民公社的僵化思想的制约。所幸，这块意识形态的坚冰正在融化，特别是十六届三中全会以来，中央更急切地鼓励农民通过各种形式联合起来，《农民专业合作社法》的制定和建立合作社的试点正在不断深入，合作社的发展有了前所未有的良好环境。

再次，合作社的发展已经有了一定的基础，势头良好。20 世纪 80 年代以来，各种形式的合作社如雨后春笋般出现，并扩展到祖国的大江南北、长城内外。不仅是经济较发展的地区，边远山区、落后的村落，也都在积极尝试联合起来实现价值，增加收益。不过遗憾的是，合作社的发展基本上还是小范围内、小规模的专业合作一枝独秀，综合性、跨越社区的合作社依然是凤毛麟角；合作的生长基本上还是村村点火，整体性的、全国性的合作体系还远远没有建立起来。这与增加农民收入、挑战国际市场等目标还有明显的距离，说明合作社还有巨大的发展潜力，同时也说明方方面面还应该投入更大的精力、更多的热情，促使合作社和合作制度大发展。

可以预见，要弥补农村经济制度供给不足、满足现实诱发的制度需求，合作社负有重大的使命；未来的中国农村，合作组织必须有一个大发展，必然迎来一个农民大合作的新时代。

(三)农业合作社发展中形成的特点与问题

改革开放后,农业合作社的发展基本可以划分为三个阶段:1978 年大包干实施之后的农业合作社兴起阶段,一直持续到 20 世纪 80 年代末;20 世纪 90 年代开启的新的发展浪潮,主要是为了应对市场风险,在练习市场舞步的过程中尝试增加收益;20 世纪末至今,迎来了又一个新的发展机遇,取得了较好的发展绩效,但也呈现出一些不足和问题。这些特点和不足主要有:

(1)种类较多,但以专业合作为主。现在的农业合作社种类包括社区性合作社和专业性合作社两大类。社区性合作社主要是土地的股份合作。专业性合作社则包括专业合作社、专业协会、专业技术协会、专业技术研究会等多种形式。由于社区性合作社受到的限制因素更多,发展相对缓慢。专业性合作社由于适应了农业的地域性、农民的经济条件以及农业分工的要求,就成了主要的合作社形式。

(2)合作社普遍存在规模小、资金短缺的问题。规模小表现为社员人数较少以及资本规模小。较小的规模就影响了合作社提供服务和产品供给的能力,以及抗御风险的能力,制约着农民收入目标的充分实现和组织的稳定性。受较小规模的影响,合作社的服务较为单一,产加销一体化经营受到限制。也有一些合作社把自己的生产和服务延伸到了农业以外的加工、销售等环节,但是一体化组织的实力依然较弱。

(3)合作社的组织机构较为简单。一般的合作社都是一级基层组织,地区性的合作联盟较为少见,全国性的合作联合会之类的组织至今尚未出现。组织机构发育的迟缓,不仅制约着合作社整体的影响力、竞争能力、服务能力等,还致使相关的政策法律迟迟不能出台,合作社的发展也就缺乏应有的助力和应有的制度环境。

(4)没有全国统一的合作社管理机构。现在的合作社,按其类型分别归农业部、全国供销社联社和全国科协等部门和机构管理。多头管理的弊端是政策不统一,还有可能相互扯皮,就很不利于合作组织的发展,尤其不能适应合作社向组织形式交叉多样化甚至综合化、经营一体化等方向发展。这是一个亟待解决的问题。

(5)没有专门的政策法律进行指导和规范。新中国成立到现在,人们一直在呼吁尽快出台合作社法,但千呼万唤之后,还是仅仅出台了《农民专业合作社法》,规范各种合作社的法律体系尚未形成。没有系统的法律来规范,专业类之外的合作社在登记、运作、权利义务、收益分配等等方面都极为不便,也诱发了不少难以解决的问题。好在有了专业合作法的制定,有关部门也在进行成立合作社的试验,相关优惠政策也在纷纷出台,一个较好的发展环境正在生成。

(6)来自官方的干预较多。在组建的过程中,不少地方的官员出于政绩的需要,对合作社越俎代庖。这就使新兴的合作社中,真正农民自发创建的只占很小的比例，就给农民利益的实现带来了一定的影响。各级政府应该注意自己的行为方式，使新兴的合作社真正成为农民创收的重要途径。

(7)合作社出现了一定程度的企业化现象。这主要表现为集股筹资，但是只进行股金分红而不进行利润返还；一人一票的规则因为集股筹资而受到修改，大股东有了比别人更多的权利，甚至多出几十倍，有的地方已经以法律的形式确认了这种权利的不公；一些合作社采用现代企业的委托代理机制，经理人的报酬极高；一些合作社由大户发起为大户控制，人事、收益分配都以大户的意志为转移，有的实质上变成了大户的家族企业。这些现象形成的原因主要是市场竞争的逼迫所致。相对于企业，合作社是市场中的后来者，对市场化运作远没有企业娴熟，但在法律尚未出台的情况下，只能与企业公平竞争。竞争的劣势迫使合作社采纳了企业的一些规范。但这样一来，势必影响一般社员的利益。如何认识和解决这一问题，也是一件急迫的事。

两个过程的对比，凸显出差距的巨大。我们在改革开放后重建的农业合作社，除了有与国外相似的“异化”病外，组织、制度、规模、实力都不可与国外同日而语。这显然是一个长期历史变迁中积累的结果，更是一个各种政治、经济、社会、文化诸因素长期作用的结果。差距的背后是不同的因素。巨大的差距是中国农业合作社必须直面的现实，而破解之道，必须从一个个不同因素的改变入手。

第三节　中外农业合作社的分类考察

一、国外合作社的两类典型

国外合作社的种类主要包括专业型合作社和综合型合作社。因为国别众多，仅选取罗虚代尔之后的两个合作社典范——蒙德拉贡和新一代合作社，并把它们分别看作综合型合作社和专业型合作社的代表，做一点典型剖析。

(一)西班牙的蒙德拉贡合作社

蒙德拉贡合作社(Group Cooperative Mondragon)于1956年成立，最初是一个工业生产合作社。3年后发展了3家分社，并成立了自己的信用合作社，再后来发展壮大成了以工业为主体，以合作银行为核心，包括消费、住宅、医疗、教育、保险、信息咨询和科技开发等内容的合作社综合体，这些业务同样涉及农业、农村和农民，所以，蒙德拉贡合作社可以看成是一个综合性的涉农合作社。

蒙德拉贡合作社的成功在于既尊重罗虚代尔等传统合作社形成的经验，更积极主动地结合实际情况大胆改革。可以说，蒙德拉贡合作社是合作社适应市场经济的产物；是合作社坚持合作原则，并追求资源配置效率的成功典范。具体做法主要有：

1. 组建合作银行——人民劳动银行

人民劳动银行(Caja Laboral Popular，CLP)属于二级合作社，为所有基层社共同拥有，而非自上而下地对基层社控股，它的地位和作用都是符合合作社规则的，即合作社属于社员，二级社也只能属于基层社，归根结底属于社员。

CLP 的治理机构是由基层社代表和 CLP 代表组成的权力机构，从中选举出基层社代表 8 人和 CLP 代表 4 人组成理事会。

CLP 的业务是吸收社员和基层社的所有存款、居民储蓄，向基层社发放贷款，解决基层社资金困难问题。此外，还成立了隶属于 CLP 的合作创业部，有超过 100 人的工作人员，主要为组建合作社者提供技术、管理、咨询；对各基层社履行合作原则和财务状况进行监督；帮助建立专业合作社。1990 年代合作创业部从 CLP 分离。

2. 设立内部个人资本账户

合作社规定社员缴纳股金和入社费入社，股金最高不超过全社总股金的 20%，最低不低于当地工人 1 年的最低工资；20 世纪 50 年代人均每股 1 000 美元，90 年代 1 万美元；社内为每个社员设立一个人资本账户，记入股本；股本不分红，只计息，股息高于当地银行基准利率的 2%～3%；个人资本账户中的所有分配项目均按通胀率调整为现值；但是，个人资本账户平常只是记录社员的各项收入，这些收入却只有社员退休、死亡才能兑现。

3. 利润分割

合作社规定税后利润的 20%留作公积金(后备金)，10%为社会基金(用于社区福利和教育)，其余 70%返还社员；社员分配不付现金，而是记入个人资本账户；股息在税前列支，以现金支付。

个人资本账户和社员的分配方案表明，社员平时能够拿到手的收入只有股息一项，就是做了通货通胀率的折现，也不足以产生强劲的激励，为什么社员没有选择退出？合作社还发展成了国际合作社的典范？

这一是因为股金数量较多，社员投资者必须谨慎投资，减少了盲目投资导致的高退出率；一旦较大量的投资付出，也不可能不等待投资增值实现。二是因为产权是明晰的，产权的收益与权利关系是对称的，实际上激励作用能够发挥出来。具体表现在：入股集资明晰了产权，并且资本得到股息，劳动得到分红，激励制度比较有效；社员收益也能得到保证，合作社计算通胀率，股息支付现金。三是因为合作社蓬勃发展的时候，失业问题一直困扰着普通工人，即使把加入合作社看成是一份保险，回报也比普通的保险诱人得多，况且一个社员可以加入多个合作社，高回报的合作社就成了应对失业的成功途径。四是合作社通过限制退出增强了市场竞争力。合作社通过提取20%的公积金和10%的社会基金，特别是通过个人资本账户截留社员收益，增加了积累，使再生产能在更大的规模上开展，就有可能获得更高的利润率，社员收益才能更快、更多地增加。

4.形成独特的合作文化

蒙德拉贡合作社在长期的发展过程中，逐渐形成了劳动神圣、积极参与、社员平等、社际团结等4个价值观，以及创造就业岗位、就业保障、人的发展、自主与自治、经济进步等5个主要的发展目标。

5.适度规模，整体协作

蒙德拉贡合作社始终认为规模过大会导致难以坚持合作原则，失去效率和灵活性，所以大社要按专业重组合作社；生产等同类合作社之间需要加强协作，在内部实现一体化；加强合作社的支持系统建设——合作银行、教育培训系统、研究开发系统、社会保障系统、合作社联合公司(注重产前、产后和服务)。

蒙德拉贡合作社的做法，对中国合作社的发展具有丰富多彩、针对性极强的借鉴作用。具体来说：第一，中国农村尤其是从事农业的农民存在着严重的资金短缺现象，向金融机构贷款又存在着高交易成本困扰，合作社像蒙德拉贡一样建立自己的金融机构，既可以通过融资缓解资金短缺，又可以减少合作社的金融机构和社员两方面在存贷过程中的交易成本；还因为是农民自己的经济组织，更易于为农民提供服务，也可能更接近需求。这些加在一起，就使合作社内部的金融机构有可能成为解决资金问题的有效途径。十七届三中全会已经开始鼓励合作社中建立附属的金融机构，就是对这一经验的高度肯定。第二，通过建立个人资本账户的方式截留社员收益的做法，也特别值得中国农村和农业借鉴。中国农村资金尤其短缺，中国合作社的发展比其他国家更落后，更不适应市场化、全球化的现实需要，就更需要加大发展力度。这些都说明个人资本账户的做法值得借鉴。但前提一定是要明晰产权、要清楚记录社员收入明细。如果能根据中国的情况适当改善一下就更好了，比如不一定退休、死亡之后兑现，可在社员脱离农村或者其他适当的时候兑现。第三，劳动神圣的理念和创造就业的精神追求，实际上塑造了合作社的灵魂，对于合作社和企业尚区分不清的中国某些地方，灵魂的塑造，可以帮助合作社走得更远。第四，组建综合型合作社，并使合作社各部分形成一个协调的系统，以合力的方式向前推进，更容易走向成功。对于中国专业合作社单兵突进的状况，以及专业合作社在很多领域力不从心的缺陷，发展综合型合作社，充分发挥合作社各个部分的协作作用，应该是一个当务之急。

(二)北美新一代合作社

在小麦出口受到来自欧洲的竞争,国内的小麦消费又受居民收入中食物比重不断降低而减少的背景下,小麦价格波动直接影响了农户的收益。为应对收入减少的危机,20 世纪 90 年代初期,北卡罗来纳州的农户创造了专门进行小麦加工的合作社,后来渐渐波及美国和加拿大的很多地方。由于同国际合作社联盟 1995 年原则所规定的特征相比,自己的新特征非常明显,合作社被称为新一代合作社。

新一代合作社可以看作专业合作社的代表,在中国也得到了广泛的宣传,其主要做法是:

(1)同蒙德拉贡一样,社员要支付较高的股本。每一股的金额根据原材料加工数量与总投资之间的定额来计算。在美国,这种支付额一般在 5 000～15 000 美元,以便促使社员关心自己的合作社并保障可靠的资本基数。

(2)根据股金数量、合同获得相当的交货权。根据社员缴纳股金之后与合作社签订的合同,社员享有同投资额相当的交货权;社员必须按自己缴纳的股金数额交纳足够的初级农产品;不管市场价格高低,这些初级农产品都必须足额保质缴纳,不能转卖给其他营销商;如果交货不足或质量不够,社员必须根据给合作社带来的损失大小予以补偿。

(3)交货权权益可以转让。合同还规定,交货权权益(包括增值收益和贬值损失)可以转让。不仅可以转让给社内社员,还可以转让给社外人员。由于交货权权益与股金相对应,所以股金、交货合同都可以交易,但要在得到理事会批准以后。实际上就是谁持有合同谁履行合同。这就引入了股票和期货市场的有关功能,提高了资源配置的效率。

(4)社员资格具有封闭性。新一代合作社由于成立时社员投入的资金相当多,承担的风险很大;有些新一代合作社在成立之初还要对申请入社者进行挑选,符合经济条件、生产能力以及个人信誉度等条件的才准入社;入社后,社员不能随意退出,合作社也不轻易接纳新社员。

(5)整个股本金具有稳定性。封闭性,全部股本金具有永久性;股份的可交易性,更能通过资本的社会化运作,增加合作社的资本总量;合作社中未分配的基金占全社资产净值的比重大小已经不再重要,何况新一代合作社中留作公积金的份额本来就不多;正基于稳定的资金存量,合作社可以获得银行的优惠贷款。

(6)利润及时分配。利润及时以现金形式返还给社员,社内不做或少做留成。合作社若要发展新项目,需要注入新资金,则再向社员发行股份或向外借贷。

(7)主要发展加工业。由于加工领域的高难度和技术含量,合作社的经营范围相对单一。

(8)专家论证。及时、严谨的专家论证,使新项目的实施更具科学性。

新一代合作社的做法,提出了市场经济高度发达条件下,合作社渡过危机,增加社员收入的有效方案。值得中国借鉴的主要是:积极发展农产品加工,通过农业一体化等方式,使农户在更长的生产链条中获得更多的收益;高股本、限制社员退出等做法,都有很强的可移植性,对于合作社的稳定发展有较强的保障作用,值得某些合作社因地制宜借鉴采纳;灵活机动地采纳多种市场规则、企业的运作规则,用以提高农户社员的收益,对于中国农业合作社过去的教条做法,既是拨乱反正,又是一面警示之镜;专家论证的方法,既可以弥补农民知识经验等的不足,又可以矫正中国目前对农业合作社重鼓励轻规范的不足,也很有参考价值。

但相比较而言,其借鉴意义并不如蒙德拉贡大,也不能简单地对其具体做法盲目照搬。因为中国的市场经济历程、农业合作社的实践都比北美要苍白得多、浅薄得多。但不远的未来,北美的经验将是中国可以利用的宝贵财富。

二、中国农业合作社的分类考察

(一)专业合作社

随着我国农业商品化、专业化进程不断加快,20 世纪 80 年代初期以来,我国农民专业合作社开始产生并稳步发展起来。1980 年,几乎与改革开放的进程同步,中国出现了第一个农村专业技术协会。此后的发展,大致上可以分为三个阶段:20 世纪 80 年代初至 90 年代初的萌发阶段,20 世纪 90 年代初至 90 年代后期的起步阶段,以及从 21 世纪初开始的深化阶段。2006 年 10 月 31 日通过的《中华人民共和国农民专业合作社法》将农民专业合作社定义为:农民专业合作社是在农村家庭承包经营基础上,同类农产品的生产经营者或者同类农业生产经营服务的提供者、利用者,自愿联合、民主管理的互助性经济组织。农民专业合作社的服务内容是以其社员为主要服务对象,提供农业生产资料的购买,农产品的销售、加工、运输、贮藏以及与农业生产经营有关的技术、信息等服务。

据《2004 中国农业发展报告》统计,我国农民专业合作社的数量已超过 15 万个(农业部,2004)。根据全国人民代表大会农业与农村委员会课题组形成的《农民合作经济组织法立法专题研究报告》:"据农业部门统计,目前中国农村有各类合作社 140 万个。对于其中规模较大、管理较好、活动比较规范的,据农业部 2004 年初提供的材料,全国 30 个省区市(不含西藏等)共有 95 330 个,会员 1 150 万人。"(全国人民代表大会农业与农村委员会课题组,2004)

专业合作社的产生和较快发展,有其内在的必然性。农业"生产的生物性、地域的分散性以及规模的不均匀性存在,农民的合作社就有存在的必然性"(黄祖辉,

2000)。农民专业合作社产生的必然性主要表现在以下几个方面:

(1)单个经营主体分散进入市场,很难自己解决与大市场的连接问题,这就成为制约发展农业的重要瓶颈。单个农户如果仅靠自身的力量从事市场交易,在谈判中必然处于弱者的地位,就会增加交易的不确定性,市场交易成本也会随之提高。

(2)农业的社会效益高和自身的比较利益低的矛盾也是农业合作社发展的因素之一。我国农产品比较利益低,主要由两个原因造成:一是规模小,商品化、专业化程度低,劳动生产率低;二是传统的计划经济体制将农业生产、加工、销售人为地割裂开来。此外,工农业产品价格“剪刀差”的存在也是造成农业比较利益低的原因。缪建平(1999)提到,“据山西省社科院有关课题研究资料表明,农民从生产的农产品当中所应得到的利益,大体有43%左右在加工和流通环节流失掉了”。所以,实行产加工一体化经营,甚至合作社主导的一体化经营,就成为广大农民增收节支的内在需求。

(3)从规模经济分析的角度,单个农户的经营规模偏小,不能实现规模经营,因此就需要有一定的中介为农户扩大生产规模,提供必要的服务,农业合作社是其中的一种重要选择。

(4)农民增收困难问题不可能只局限在农业和农村内部解决。新阶段的农业发展,必须以市场需求为导向、以科技进步为动力,全面提高农产品的品质,扩大对初级农产品的转化和加工,使农产品在加工过程中的增值部分转为农业内部,增加农业的比较利益,从而增加农民收入。农业合作社的建设和壮大正是解决这一问题的根本所在。

中国农民专业合作社发展的实践证明,农民专业合作社是市场经济的产物,特别是农民自发组织的合作社,具有“民办、民管、民受益”的特点,机制灵活,责权利紧密结合,对农业和农村经济的发展以及农民增收起到了巨大的作用。这具体包括:①有利于稳定家庭承包制和完善统分结合的双层经营体制;②有利于提高农民的组织化程度,提高农民谈判地位;③有利于节约交易费用,提高农业比较利益,促进农民增收;④有利于增强农业抗风险能力,改善农业产业结构;⑤有利于优化资源配置,实现农业生产要素的合理组合;⑥有利于加强政府对农业的支持,提高农业竞争力;⑦有利于农业科技创新,提高农产品质量;⑧有利于促进农村基层民主政治建设,培养农民民主意识;⑨有利于改变弱势群体的社会地位,提高其对资源的控制和配置能力,成为政府联系弱势群体的纽带与桥梁。

(二)土地股份合作制

1. 土地股份合作制的产生

随着我国市场经济的不断发展,城镇化进程的不断推进,农村第二、三产业的快速发展，土地规模化经营进程的加快，农地流转和被征用的现象越来越多，农地转用中的土地增值收益及其区域差异日益显现，如何在城乡之间公平分配这种土地增值收益，切实保护失地农民的基本利益，避免农村集体经济特别是土地权益免遭损失，就成了政府和农民共同关注的问题。在一些条件许可的地方，农民自发创造了土地股份合作制这一尝试性方案。

股份合作制是股份制与合作制的结合，20 世纪 70 年代就发端于我国农村。因为它通过对社区集体财产（土地、厂房等）进行股份制改造，使集体资产中的合作制元素与股份制相结合，从而做到股份制与合作制结合，营利与互助兼顾，资金联合与劳动联合有机统一，劳动民主与股份民主相结合，按劳分配与按股分红相统一，已逐渐成为城镇国有小企业和集体企业（乡镇企业、农业合作社）、社区等公有制经济、集体经济的首选改造形式，取得了十分明显的成效。

土地股份合作制是股份合作制在农村土地问题上的创造性应用，也是社区性农业合作社的主要制度形态。土地股份合作制首先在广东南海出现，随后在上海、北京、苏南、浙江、辽宁等发达地区农村有了一定的发展，促进了土地的规模经营和农民的组织化（蒋省三，2003）。

2. 土地股份合作制产生的原因

其一，家庭承包责任制的缺陷是土地股份合作制产生的基础。首先，土地权属关系混乱，所有权主体界定不清，内容界定不完整；其次，家庭经营规模过于狭小，无法进行规模经营；再次，严重影响农业产业化的进程；最后，不利于土地的流转和集中，不利于外来资金对土地的投入。这些弊端客观上要求对农村土地经营方式进行适当调整。

其二，政府的有关文件为农村土地股份合作制的产生提供了政策环境。从 1984 年的一号文件以来，在强调稳定土地承包关系的基础上，土地流转和规模经营一直是政策鼓励的方向。十七届三中全会更把实现规模经营和推进土地流转作为政策的着重点。

其三，对集体土地实行公平分配的制度要求。实行土地股份合作制，按地作股，就把实物形态转变成了价值形态，也就把实物形态的差异性大大削减了，就能“一碗水端平”了。

其四，经济发展是农村土地股份合作制发展的外部环境。农村土地股份合作制产生的这些地区，农村城市化和非农产业的发展，使得大量农民转移到第二、三产业，土地流转的阻力较小，流转带来的预期收益却更大更诱人，这就诱致和推动了农村土地股份合作制的发展。

其五，实现和保护自身权益是土地股份合作制产生的根本动力。种种利益的存在是土地股份合作制产生的根本动力；而制度的建立和规范，就是实现这些利益的保障。土地股份合作制就是集体土地产权从共同共有到按份（实际是按户）共有的变革，也是农民利益实现和保障的制度工具。

3. 土地股份合作制发挥的作用与存在的问题

作为一种仅在少数地区尝试的制度创新，同所发挥的作用相比，分析土地股份合作制中存在的问题更有价值。

问题之一，存在村级的“政企不分”。土地股份合作制一般也都实行股东代表大会、董事会、监事会、股份基金会的管理制度。股东代表大会一般都在社区党支部的领导下；董事长或理事长原则上都由社区党支部书记兼任，其他成员多由党支部和村委会社员兼任，基本上是一套班子；董事会和监事会不设固定办公场所。有个别聘用社区外人员的情况，也是诸如会计这样专业性较强但位置并不太重要的职位。

问题之二，章程流于形式。从调查情况看，土地股份合作制的实施中大多都制定了规范系统的章程原则，但章程原则多数不是参加土地股份合作制的农民社员制定的，而一般是由地方政府有关部门（区县农业部门、乡镇经管站等）提供样本，照抄的也就不少。

问题之三，分配制度激励作用趋于僵化。在土地股份合作制中，利益分配的关键是股权人的资格确认。但历史上土地制度和农村人口的复杂、频繁变动，使得社员资格以及由此决定的股份数量很难准确界定。不少地方股份合作制的维系高度依赖分红的比例和红利的大小。一旦分红不能增加甚至不能分红，制度的运行就面临严峻的考验。

这些问题表明，秉持中国传统兼行西方化改造的土地股份合作制要成为作用更突出的社区合作社，还有很长的路要走。

分类考察进一步具体化了中外农业合作社之间的差距：①综合性、专业合作社的齐头并进与中国的专业合作社单兵突进。②整体上处于探索期的中国农业合作社，与国际合作社典范之间的距离应该是跨级别的、超档次的，外国对于中国的众多重要借鉴，以及中国对于外国只能学习、无一回馈的状况，是这种差距的突出表现。③这些差距的决定因素，或者说关键性的决定因素，就是国情，尤其是合作社的发展状态。蒙德拉贡和新一代合作社的成功，说明典范实际上是、也只能在众多成功的合作社中脱颖而出。而在中国，锻造蒙德拉贡和新一代合作社的因素几乎无一出现，中国农业合作社所作的更多是探索，从一大堆问题中寻找成功。甚至国外合作社早已走过的股份合作制、主导实施农业一体化的实践，中国还在探索甚至刚刚起步。初创期的摸索和在一个个成功的合作社中打造典范，就是差距的进一步彰显。

第四节　指导合作社的不同理论及其流变

指导合作社的理论既是合作社发展的归纳，又是合作实践的指南，因此也是比较研究的重要内容。

一、马克思、恩格斯、列宁、斯大林、毛泽东的合作理论

马克思、恩格斯、列宁、斯大林、毛泽东的合作理论，既是当时实践的总结，又是后来合作实践的指导方针和实施指南。这种来自于实践又高于实践的理论，一开始，尤其是在马列那里，是灵活多样的、适应性和指导性都很强的理论体系，而不是死板的教条。

(一)马克思、恩格斯、列宁合作理论的主要内容

在论述合作社的性质与使命时，马克思、恩格斯指出，合作社是向社会主义(共产主义)过渡的中间环节："关于向完全的共产主义过渡时，我们必须大规模地采用合作生产作为中间环节，这一点马克思和我从来没有怀疑过"①。"无产阶级专政下"，"合作制往往是同社会主义完全一致的"，只要实现了生产资料国有化②。据此，可以认为，合作社不等于社会主义的经济组织；合作制也不等于社会主义的制度安排；合作制和合作社可以适应不同的社会制度、产权制度。

马克思、恩格斯、列宁还论述了多种合作社形式，从中很难看出对某一种合作社形式的格外偏爱。这些形式包括：

(1)合作工厂：合作并不局限于生产，还必须包括交换、消费和分配的更长经济环节。

(2)合作贸易和合作生产：他们认为流通领域的合作是必不可少的，只是"合作贸易""只能触及经济制度的表面"，而"合作生产""却动摇它的基础"③。

(3)股份合作：他们认为丹麦社会主义者所主张的，把农民的土地"结合成一个大田庄，共同出力耕种，并按入股土地、预付资金和所出劳动力的比例分配收入"，是一个可行方案。合作社绝不应该只是劳动的联合。

---

① 恩格斯，《法德农民问题》//《马克思恩格斯全集》第 36 卷，第 415-416 页。

② 列宁，《论合制作》//《列宁选集》第 3 卷，第 681-688 页。

③ 《马克思恩格斯全集》第 16 卷，第 218 页。

(4)全国性的合作联盟:如法国巴黎公社所作的,没收私人企业交给合作社经营,并由此建立合作社联盟——城市合作联盟。

(5)全国大生产合作社:吸纳中农在内的生产者(农户),限制并消除对雇佣劳动的剥削;由有同等权利和义务的合作社组成全国大生产合作社。

(6)劳动组合关系:俄国农村公社(村社)中出现的;村社的土地共同占有,分给各家使用,定期调整——国家所有;劳动组合在共同占有的基础上共同耕种(合作劳动)并按劳分配。马克思认为这将是"俄国社会新生的支点"。①

(7)国家所有合作社经营的合作社:马克思、恩格斯论述最多的是把无产阶级专政的国家所剥夺或者赎买的土地实行国有化,在社会监督下交给农业工人组成的合作社经营;迫使资本主义国家把大片国有土地租给农业工人合作社耕种。②

(8)集体所有制的合作社:在《巴古宁〈国家制度和无政府状态〉一书摘要》中马克思说:"凡是农民作为土地私有者大批存在的地方,凡是像西欧大陆那样农民甚至多少还占多数的地方,凡是农民没有消失,没有像英国那样为雇农所代替的地方",要把农民"吸引到革命方向来","一开始就应当促进土地私有制向集体所有制的过渡,让农民自己通过经济的道路来实现这种过渡"。③

列宁所论述的合作形式也不是一成不变的。战时共产主义时期,列宁认为"只有共耕制才是出路","公社、劳动组合的耕作,农民的协作社作,这是摆脱小农经济的坏处的救星"。④ 在新经济政策时期又指出:"合作社的基础则是小规模的,手工的,部分甚至是宗法式的经济","包括成千上万小业主"。"合作政策实行成功,就会使我们把小农经济发展起来,并使小农经济易于在相当长的时间内,在自愿结合的基础上过渡到大生产"。⑤ 1923 年列宁《论合作制》发表后,则强调组建合作社,主要是组建中农而非贫农的合作社。

(二)后来的合作思想

但是,在 1929 年以后,斯大林的合作思想开始走上了教条化的道路。马列的多模式、多路径的合作社发展思想逐渐被忘却。

1929 年以后,斯大林的合作思想主线是全盘集体化,消灭富农,取消商品生产、商品交换。苏联的集体化也演变成了全方位推行单一的集体农庄形式,不再努力贯彻发展适合中农的合作社以及服务贫农的集体农庄这样的"双轨制"。

---

① 《马克思恩格斯选集》第 2 卷,第 634-635 页。

② 《马克思恩格斯全集》第 36 卷,第 415-416 页。

③ 《马克思恩格斯选集》第 2 卷,第 634-635 页。

④ 《列宁选集》第 28 卷,第 157 页。

⑤ 《列宁选集》第 4 卷,第 522-523 页。

中国在红色根据地、抗日根据地和解放区开展互助合作运动时，毛泽东坚持因地制宜发展多种形式的合作社，服务战争和群众生活的需要。“自己动手，丰衣足食”就是一个纲领性的号召。江西瑞金的耕田队、抗日战争时期的耿常锁合作社、刘建章合作社，都是在此背景下形成的榜样。但新中国成立以后，毛泽东逐渐把合作社的组建看成是一场农业经济组织形式规模扩大、产权公有化的经济变革以及一场实现社会主义的政治运动。他的合作思想主线是变更产权，尤其是所有权；他强调合作化是一场严重的政治思想斗争；合作化的任务就是要不断扩大合作社的规模；工业化与合作化并进，合作化先于机械化。[①] 中国农村也就在短短 3 年多时间内完成了农业合作化，又迅雷不及掩耳地完成了人民公社化。由此带来的深远影响是，依靠农业剩余，构筑起工业化大厦，但农村居民的生活却依然贫困，最终导致了人民公社的解体和家庭责任制的确立。

由此可见，以马列为传统的合作理论，是新中国成立后至改革开放前这一历史时期合作运动的基本指导理论。而改革开放后，指导理论则从此转变为西方国家盛行的合作理论。

二、西方的合作理论

(一)罗虚代尔原则及合作社原则的变化

罗虚代尔合作社是 1844 年建立起来的，首次成功的合作社典范。由于是难得的成功经验，1895 年国际合作联盟第一次代表大会上就把罗虚代尔合作社的基本原则认定为国际合作社的原则，这就是罗虚代尔原则，包括：自愿原则，入社和退社都充分自愿，不能强迫；用集股的办法筹集资金，股份数不限，股金不参与分红，股息不高于银行利息；一人一票民主办社，通过社员大会选举管理机关；按市价现金交易，商品保质保量；盈余按社与社员的交易额比例多少进行返还；每年拨一定盈余发展教育；罗虚代尔合作社自身建有图书馆和教育委员会，每年从利润中抽出 2.5%，专门设立教育基金；政治宗教保持中立，不过问社员的宗教信仰和政治倾向，合作社也不参与任何政治和宗教团体。后来，这些原则被人们概括为：进退自愿、集股筹资、一人一票、公平交易、利润返还、发展教育、保持中立七大原则。

后来，适应形势的需要，1995 年在国际合作联盟 100 周年纪念大会召开时，国际合作联盟形成了新的原则。

(1)自愿和开放的原则：合作社是人们自愿联合的组织；其中的人包括自然人和法人；入社自愿、退社自由；合作社向所有人开放，无性别、种族、政治、宗教歧视。

① 《毛泽东选集》第 5 卷，第 243-245，117，193，238，257-258，182 页。

(2)社员民主管理的原则:民主包括参与组织、方针和重大事项的决策这些权利和责任;发扬民主精神;合作社代表及管理人员对社员及社员大会负责;基层社一人一票,其他层次的社也要实行民主管理。

(3)社员经济参与原则:社员要公平地入股,并民主管理合作社的资本;分红要受到限制;合作社投资的最终决策权属于社员;盈余分为公积金、交易量分红(惠顾分红或者利润返还)以及社员大会决定的其他项目。

(4)自主和自立原则:合作社若与其他组织(含政府)达成协议,或从他渠道筹资,必须做到保证社员民主管理及合作社的自主性;合作社与政府保持公开、明晰的关系,并成为独立于政府的自治组织;合作社与私营企业的联合不会让合作社消亡,这个趋势也在加强,但合作社必须保持自己的独立性。

(5)教育、培训与信息原则:合作社要为社员、代表、经理和员工提供教育和培训,教育内容包括合作思想和知识,鼓励惠顾的知识与方法等,培训则是指技能培训;合作社要向青年和"舆论名流"宣传合作社的好处和性质;作为公共组织,合作社定期向社员、公众和政府提供业务信息,加强与社员的沟通和对社员的服务。

(6)社际合作原则:包括为地方的、全国的、区域的、国际的社际合作,提供最有效的服务。

(7)关心社区原则:积极推动所在社区的持续发展,包括经济、社会、文化等各项事业的发展和环境保护等。

(二)西方合作理论以及分析工具

进入 20 世纪,各方面的原因导致合作社陷入了信心、经营和思想危机,其中最主要的原因是市场经济的不断成熟和扩展形成的压力,来自跨国企业以及企业集团的竞争同样影响着合作社前进的步态和速度。这使合作社引起了越来越多的经济学家的关注,他们采纳新古典经济学的方法、范畴和经济计量方法,推出了一大批有影响的研究成果。合作经济学也成了当代经济学的主要流派之一。

在这些成果中,富有思想创新意义的首推沃德(Kaselin Ward)-文克(Domar Vanek)模型。他们通过对伊利里亚公司这种特定的合作社的制度分析,形成了著名的"合作社的制度陷阱"论。他们假定,合作社与公司等企业不同,不是追求利润最大化,而是追求社员收益最大化。合作社要使自己的总收益不断增加,就必须不断增加自身的社员数量;但合作社内部的分配规则——盈余返还的原则,又要求合作社社员数量足够少,每个社员分的利润才有可能最大,社员收益最大化的目标才能实现。这就是合作社的制度悖论,也就是一个制度本身形成的陷阱。破解这一制度陷阱的唯一途径,就是使合作社的社员数量保持在既能使总收益最大、又能使社员平均收益最大的最佳规模上,这当然就像走钢丝一样的艰险,甚至有些可遇不可求。在当时的条件下,这一模型既是一个新古典经济学的运用,又是一个合作社危机的有力注解。

受此带动,也就在此后,经济学和计量工具的运用,催生了一大批优秀的学术成果,生命周期模型(Janson and Hellmark)就是另一个重要成就。它认为合作社进入了自己的成熟期,而难免陷入困境,从另一个角度解释了合作社的危机。

差不多与此同时,另一个合作社的关键理论问题,也即合作社是否属于厂商的讨论逐渐展开。1942 年,Emelianoff 的合作社非厂商论与 1954 年 Savage、1962 年 Helmberger 和 Hoos 提出的合作社厂商论,就展开了关于合作社性质的论争。当时双方判断的标准,在于合作社究竟是以个别厂商组成的联合体为主,还是联合体中的个别厂商为主运行自身、展开服务。属于前者则属于厂商,倾向于后者则被看成非厂商。这个论争的意义在于,合作社的属性本身是一个大问题,而合作社为了应对危机,是否转变成为“厂商”就一劳永逸了?因为压力来自市场,来自日益强大的企业和现代公司。从 20 世纪中期、晚期一直到最近,这个问题被升格为“异化”问题,甚至一些合作社渡过危机,重新发展壮大起来,也被看成是因为采取了“异化”的策略,或者是因为固守自我不异化。从这个意义上讲,厂商问题、“异化”问题,提供了一个合作社分析的基本视角,也提供了一个直奔重要主题的关键视角。

后来的合作理论则集中在新制度经济学理论和方法的运用上。产权、制度、交易费用、制度变迁等理论被引入中国后,也首先在农业合作社领域得到运用(林毅夫,1994;周其仁,1995)。

中外合作社秉承的不同传统、传统的不同流变,以及近期的交汇,原因实际上都相当直白;但更耐人寻味的是交汇后如何选择、借鉴和积极扬弃。无论从国内外、还是从历史与现实的角度,这一命题更富理论和实践意义。

第五节 本章结语

本章实际上包括两部分:实践和理论。实践包括过程和分类考察;理论则包括原则以及理论指导和理论分析工具。

一、实践部分

本章在给出合作社的定义、作用等之后,比较了国内外合作社不同的发展历程,明确了中国在世界农业合作社实践中的后来者地位;并通过国外典型合作社的经验借鉴和国内两类合作社的成长、尤其是问题的对比,进一步深化、具体化了中外农业合作社发展的差距。

因此，首先，明确自己的地位，摆正向国外先进经验学习的态度，是推进中国农业合作社发展的第一步。

其次，中国之所以落在后面，一个明显的原因是，我们做了太多重起炉灶、重新建设之类的事，而国外则很少受人为因素的干扰，基本经济制度也相对稳定，农业合作社就能够保持稳定、健康发展的良好势头。怎样在合作社发展过程中减少人为因素的影响，减少重起炉灶的损失，应该是国外经验最重要的启示。

再次，分类考察反映出的问题，与国外合作社典型的经验相比较，说明选择向哪个国家学习，学习什么时候的经验，都非常值得研究。中国农业中专业合作社单兵突进、土地股份合作制发展迟缓的现象，同国外的专业型和综合型合作社都得到充分发展的特征相比较，即突显了我们的差距，也预示了我们学习的方向。

最后，分类考察和典型分析的对象之间存在着巨大的差异，甚至影响了可比性，这正充分说明，任何经验都不可盲从。中国农业合作社的落后，说明中国完全有可能通过谦虚认真的学习，形成我们自己的具有世界性借鉴意义的合作社典范。

二、理论部分

对中外农业合作社指导理论及其流变的比较表明，新中国成立以来中国农业合作社实践和它的指导思想一样，实现了苏俄传统向欧美传统的转变，这实际上是中国从计划经济转向市场经济的经济体制变革决定的，也是与这场经济体制变革相对应的。这个过程本身说明：

第一，对于原则、理论和指导思想非此即彼的选择，是一种多种因素造成的历史的无奈。中国和国外的农业合作社一直在两个轨迹上运行，直到改革开放后才有了交汇的可能，这说明合作社的原则、理论和合作社本身一样，是一定政治、经济、文化因素决定的产物，这些因素的差异是它们各自独行的原因；改革开放之后的交汇，如同合作经济学中，西方经济学理论的引进和运用一样，来自中国的改革开放和经济全球化带来的契机。因为交汇的短暂，作者甚至对中外合作社、合作社的理论和原则的可比性同样无奈，以致本章能做的主要是展示而非严格意义上的“比较”。

第二，选择一种经验模式，选择这种而不是那种经验模式，对于发展的成就起着相当重要的影响。经验模式本身的生命力不同，适应环境变化的能力也不同；因为路径依赖的作用，放弃经验模式的代价也可能不菲。

第三，任何一种经验模式可能都不是毫无破绽的、包治百病的，完全遵循一种模式肯定不如博采众长。如何博采众长，应该是中国人关注的重点。中国有幸兼采了两种经验模式，就绝对不能把模式的转变弄成简单的新老交替，而应当认真仔细地从两种经验模式中，从马列和西方的合作思想宝库中，寻找适合中国农业合作社长久发展的大政方针。学术界也应该从兼收并蓄中，形成既承接马列传统，又兼采西方精华的农业合作社的指导思想。

不言而喻，对任何一种经验模式和指导思想的偏废或者盲目的过度崇拜，都是不能容忍的，也是绝对不应再犯的错误。因为在“左”和“右”两极之间的跳跃，中国已经付出了太大的代价。形成博采众长的合作原则、形成更多适合中国实际的指导性文件、树立中国以及中国各地的农业合作社典型，都是摆在面前的急迫任务。

参考文献

[1] 缪建平. 再论高度重视农民专业合作组织的作用. 农村合作经济经营管理，1999(10).

[2] 蒋省三. 南海土地股份合作制在探索中完善. 中国经济时报，2003-05-16.

[3] 黄祖辉. 农民合作：必然性，变革态势与启示. 中国农村经济，2000(8).

[4] 林毅夫. 集体化与中国 1959—1961 年的农业危机//林毅夫. 制度、技术与中国农业发展. 上海：上海三联书店，上海人民出版社，1994.

[5] 周其仁. 中国农村改革：国家与土地所有权关系的变化. 中国社会科学季刊（香港），1995(6).

[6] 江忠默. 股份合作制与土地规模经营. 福建省社会主义学院学报，2002(2).

[7] 农业部. 2004 中国农业发展报告. 北京：中国农业出版社，2004.

[8] 全国人民代表大会农业与农村委员会课题组. 北京：农民合作经济组织法立法专题研究报告. 农村经营管理，2004(3)和(4).

[9] 冯开文. 合作制度变迁与创新研究. 北京：中国农业出版社，2003.

[10] 冯开文. 时代呼唤农民合作. 中国合作经济，2004(1).

第九章　农 业 政 策

◆ 本章要点

本章将对主要国家的农业政策进行总结与分析。本章共分为三节：第一节介绍中国的农业政策，目的是使读者对新中国成立以来一直到今天的各个主要历史阶段的农业政策有一个基本的了解；第二节介绍美国、欧盟、日本及印度的主要农业政策，目的是使读者对国际上几种代表类型的农业政策有所了解，也便于进一步比较中外农业政策的形成背景和实施条件；第三节总结国外农业政策对我国的启示，洋为中用，以利于我国制定出更科学合理的农业政策来加速发展我国的农业和农村。

第一节　中国的农业政策

新中国成立以后，党和国家一直非常重视农业，始终强调农业是国民经济的基础，并从这一原则出发，根据不同时期国民经济和农业发展状况，实行了一系列农业政策措施，有力地促进了我国农业和国民经济的发展。下面，我们将对我国不同历史发展阶段的农业政策进行总结与分析。

一、土地改革和社会主义改造时期(1949—1956)的农业政策

新中国成立之初，由于受长期战争的影响，我国在财政经济等方面遇到极大的困难，所以党和政府的首要任务就是恢复国民经济。当时高度集中、分配严重不公的地主土地所有制是农业发展的最大障碍，因此当时把实现土地的农民所有作为土地改革最主要的目标。到了 1952 年冬，土地改革基本完成。在这种形势下，中央认为我国的革命和经济建设事业进入了由新民主主义到社会主义过渡的阶段，革命和社会主义建设须同时并举。1953 年，中央提出了过渡时期的“三改一化”的总路线，即对农业、手工业和资本主义工商业进行社会主义改造，以实现国家工业化。根据这一总路线，当时的农业政策主要是对农业进行了社会主义改造。这一

时期的主要农业政策包括以下三个方面。

(一)进行土地改革

1950年6月在北京召开了党的七届三中全会,会后不久就颁布了《中华人民共和国土地改革法》,对占全国三分之二地区的新解放区进行土地改革。其目的是废除地主阶级封建剥削的土地所有制,实行农民的土地所有制,以解放农村生产力,发展农业生产,为新中国的工业化建设开辟道路。该法对土地的没收、征收和分配作出了规定,规定了各阶级和阶层对土地的权利和义务。为了顺利实施土地改革法,中央人民政府还颁布了《农民协会组织通则》、《人民法院组织通则》,政务院作出了《关于划分农村阶级成分的决定》。通过广泛宣传和发动农民群众,扎实稳妥地推进,全国范围内规模巨大的土地改革到1952年冬基本完成,3亿多无地或少地的农民获得了7亿亩土地。

(二)建立农业合作社

土地改革完成后,个体农户生产力弱,抵抗自然风险能力差,部分困难农民还有面临再次失地的危险,过于分散经营既难满足战争和城市建设对农产品的需求,又难以运用农业机械,同时随着土地改革的进行,农村出现贫富两极分化等新现象。在这种情况下,毛泽东同志提出了先合作化后机械化的思想,我国广大农村开始走上了从互助组到初级社再到高级社的社会主义集体化道路。当时发展农业合作的政策方案是"三步走":第一步,发展临时、季节或常年互助组;第二步,组织以土地入股和统一经营为内容的初级农业合作社;第三步,组织土地和其他主要生产资料共同拥有和统一经营的高级农业合作社。在政策实施的规定上,强调坚持自愿、互利原则,强调增加生产和提高农民收入,并且强调大规模的宣传、教育和学习活动,要求对不同地区实行"分类指导"的原则。

(三)对农产品实行统购统销制度

为排挤不法粮贩,稳定粮食市场,保证人民群众的生活,同时也为能更有效地使农业对工业化的发展提供积累,国家在全国范围内对粮食等农产品实行了统购统销制度。1953年11月,国家制定颁布《关于实行粮食的计划收购与计划供应的命令》,开始了对粮食市场流通与价格的国家垄断经营和管理。该命令规定"为了保证人民生活……决定在全国范围内有计划、有步骤地实行粮食的计划经营(简称统购)和计划供应(简称统销)","所有私人粮商一律不允许私自经营粮食,但可在国家严格监督和管理下,由国家粮食部门委托代理销售粮食"。不久还对棉花、油料等重要农产品实行了有计划地供应和收购。后来,这种统购统销政策又不断地得到补充、完善和强化。

二、社会主义改造完成后到改革开放前(1957—1978)的农业政策

1957年,我国对农业、手工业和资本主义工商业的社会主义改造完成,社会主义生产资料公有制已经建立,我国进入了社会主义建设时期,工作重点从社会主义革命转移到社会主义建设上。1958年5月,党的八大二次全会提出尽快把我国建设成为一个具有现代工业、现代农业和现代科学文化的社会主义国家的宏伟目标。建设社会主义现代农业成为我国农业进一步发展的主要目标。后来,1966年5月至1976年10月的"文化大革命"使我们党和国家的工作完全脱离了正确的发展轨道,农业生产力也遭到了极大破坏。这一时期的主要农业政策包括以下两个方面。

(一)建立人民公社

1956年初,我国制定了《1956—1967年全国农业发展纲要》,其中提出了农业生产和农民物质文化生活要达到的较高水平。为了实现该目标,在水利是农业的命脉、农业的根本出路在于农业机械化等认识上,大规模的水利建设和农业机械化建设在全国范围内展开。农业合作比较狭小的规模和范围与水利建设和农业机械化建设的要求不相适应,超出社、乡范围甚至全县范围的协作变得普遍,农业合作社或大社(几社并一社)在一些地方出现。在这种情况下,1958年8月中央公布了《关于农村成立人民公社问题的决议》并付诸实施,要求"先把人民公社的架子搭起来",当年11月,全国农村实现了人民公社化。人民公社的最大特点就是"一大二公",事实上就是搞"一平二调",实行公社内部的平均主义和军事共产主义,对社员、社队的财物、土地等无偿调拨。后来,中共中央还相继发出《关于农村人民公社当前政策问题的紧急指示》、《关于改变农村人民公社基本核算单位问题的指示》及《关于进一步巩固人民公社集体经济,发展农业生产的决定》,经讨论修改的《农村人民公社工作条例(草案)》(简称《农业六十条》)调整人民公社所有制为"三级所有、队为基础"的体制,对社员实行按劳动工分分配政策,加强和改善社、队管理,恢复社员的自留地,发展农村副业生产,同时实行减少粮食征购、提高收购价格、各行各业支援农业、继续开展农业基础设施建设等措施。政策的调整,使农业得到恢复和出现新的发展。但1966年"文化大革命"爆发后,在农业政策上抛弃了《农业六十条》的制度规定,农业生产遭到了极大破坏。

(二)强化统购统销制度

人民公社建立以后彻底取消了粮食自由市场,并实施了一系列政策强化统购统销政策。比如1956年国务院发布了《关于农业生产合作社粮食统购统销的规定》,1957年发布了《关于粮食统购统销的补充规定》,1958年发布了《关于改善粮食管理体制的几项规定》,1971年中共中央发布了《关于继续实行粮食征购任务

“一定五年”的通知》等。其中，规定最为具体的是1958年的两项暂行办法[①]。一是在《市镇粮食暂行办法规定》中对城镇居民每月的粮食定量供应标准做了具体规定。按居民工作类型和年龄的不同，分为九个供应数量级别，如特重体力劳动者22.5～27.5千克，重体力劳动者17.5～22千克，轻体力劳动者13～17千克，脑力劳动者13～16.5千克，一般居民和10周岁以上儿童11～13千克，这是以大米为主食地区的标准，以其他粮食为主食的地区的标准要稍高一点。二是在《农村粮食统购统销暂行办法》中，规定了定产、定购、定销的“三定”政策。定产是指在核定正常年景下粮田单位面积产量，这是计算定购的基础。定购是规定农民的自己用粮标准，再按核定的产量减去自用粮数，就是余粮数，再按余粮的80％～90％计算出粮食的国家统购数量，这个数量一定三年不变。定销是指确定对农村缺粮农民的粮食销售标准，一般按照缺粮农民的用粮低于当地余粮农民用粮的标准计算。此后，为了进一步促进农民生产粮食积极性的提高以及部分地弥补农民因统购统销政策所受到的损失，国家又制定了一系列相关政策，如1960年在全国实行粮食加价政策，1971年实行超产、超购、超奖的政策等等。

三、改革开放初期(1979—1984)的农业政策

党的十一届三中全会提出《关于加快农业发展若干问题的决定》草案，从那以后，伴随着农民群众民主权利的获得，主动性、积极性、创造性的发挥，农村人民公社原有的一些经营管理体制逐步地被突破，各种形式的生产责任制迅速发展起来。这个时期农业政策的目标主要是发展生产力、保护和调动农民的积极性。这一时期的主要农业政策包括以下三个方面。

(一)确立家庭联产承包责任制

家庭联产承包责任制的确立经历了由开始反对包产到户到明确支持包产到户，再到最后确立的过程。1978年12月，《中国共产党第十一届中央委员会第三次全体会议公报》中强调指出：“人民公社要坚决实行三级所有、队为基础的制度，稳定不变。”全会原则通过的《农村人民公社工作条例(试行草案)》中，作出“不许包产到户的规定”。1980年5月31日，针对安徽省凤阳县的小岗等地方率先包产到户后，收到很好效果，邓小平在同中央负责人谈话时指出：“农村政策放宽以后，一些适宜包产到户的地方包产到户，效果很好，变化很快。有的同志担心，这样会不会影响集体经济。我看这种担心是不必要的。”邓小平鲜明地支持了包产到户、包干到户。1980年9月，中共中央根据邓小平肯定“包产到户和包干到户”的谈话精

① 钟甫宁，《农业政策学》，北京：中国农业出版社，2003年，第296页。

神，制定了《关于进一步加强和完善农业生产责任制的几个问题》的文件，指出："在那些边远山区和贫困落后的地区，长期'吃粮靠返销，生产靠贷款，生活靠救济'的生产队……可以包产到户，也可以包干到户，并在一个较长的时间内保持稳定"。"在一般地区……已经实行包产到户的，如果群众不要求改变，就允许继续实行。"这样，顺乎民心的包产到户、包干到户就迅速地漫向全国。1983 年 1 月，中共中央又印发了一号文件，文件指出："联产承包责任制采取了统一经营与分散经营相结合的原则，使集体优越性和个人积极性同时得到发挥……"。1983 年 10 月，中共中央、国务院发出通知，要求改变已不适合农村改革的人民公社体制，建立乡政府。1984 年 1 月中共中央印发第三个一号文件，其基本精神是强调生产责任制的稳定与完善，并决定土地承包期从原来的 3 年延长到 15 年。对于农民调整土地的要求，原则上是"大稳定，小调整"。到 1984 年底，全国基本上完成了政社分设，"建立了 9.1 万个乡（镇）政府，92.6 万个村民委员会"。至此，实行了 26 年的人民公社体制宣告结束，家庭联产承包责任制确立。

（二）调整工农产品价格，控制"剪刀差"

在党的十一届三中全会通过的公报中提出："为了缩小工农业产品交换的差价，全会建议国务院作出决定，粮食统购价格从 1979 年夏粮上市的时候提高 20%，超购部分在这个基础上再加价 50%。棉花、油料、糖料、畜产品、水产品、林产品等农副产品的收购价格也要分别视情况，逐步作出相应的提高。"这一原则性决定到 1979 年 9 月被党的十一届四中全会予以肯定和吸收，并被写进《中共中央关于加快农业发展若干问题的决定》。党的十一届三中全会还作出决定："农业机械、化肥、农药、农用塑料等农用工业品的出厂价格和销售价格，在降低成本的基础上，在 1979 年、1980 年降低 10%～15%，把降低成本的好处基本上给农民。"农副产品的全面大幅提价，同时又降低农用物资的价格，这在一定程度上控制了工农业产品价格"剪刀差"。

（三）放松统购统销政策

这一时期，对于自由市场粮食贸易，从严格禁止，发展到允许农民直接零售、禁止长途贩运，再发展到默认的过程。在 1981 年 6 月由国务院批转的粮食部《关于夏季粮油征购的报告》中指出："要重申国务院关于粮油议购议销由国家粮食部门统一经营的决定，其他单位不得插手……集市和社队采购粮油。严禁买卖粮油票证"。而在 1983 年中共中央一号文件中则指出"对农民完成统派购任务之后的产品（不包括棉花）和非统派购产品，应当允许多渠道经营。国营商业要积极开展议购议销业务，参与市场调节。供销社和农村其他合作组织可以灵活购销。农民私人也可以经营。可以进城，可以出县、出省"。

四、改革重点从农村转向城市时期(1985—1991)的农业政策

20世纪80年代中期,我国粮食产量创历史最高水平。为了解决因国有粮食部门收购能力不足所造成的农民“卖粮难”问题,非国有渠道的粮食经营活动不仅得到了允许,而且得到了鼓励,粮食市场上的“双轨制”正式确立。但随着国家改革重点逐渐从农村转向城市,我国农业在上了一个新台阶以后,又出现了新矛盾,面临新挑战。当时面临三个矛盾:一是人口增加与耕地减少的矛盾;二是粮食需求增长与粮食供给总量不稳的矛盾;三是农副产品出口创汇比例下降与国家外汇需求的矛盾。当时为解决这些矛盾,开始实施大规模的农业综合开发。这个时期的农业政策的主要目标是缓解“卖粮难”和稳定粮食生产。这一时期的主要农业政策包括以下两个方面。

(一)粮食流通经营双轨制

1985年1月中共中央一号文件《中共中央、国务院关于进一步活跃农村经济的十项政策》指出:“粮食、棉花取消统购,改为合同订购。由商业部门在播种之前与农民协商,签订订购合同。订购的粮食,国家确定按‘倒三七’比例定价(即三成按原统购价,七成按原超购价)。订购以外的粮食可以自由上市”,“取消统购派购之后,农产品不再受原来经营分工的限制,实行多渠道流通。农产品经营、加工、消费单位都可以直接与农民签订收购合同”,同时,“任何单位不得再向农民下达指令性收购计划”。粮食流通经营双轨制主要表现在:在经营组织方面,国有粮食专营部门和其他组织并存;在国有粮食部门内部的经营活动方面,计划内(订购统销)与计划外(议购议销)并存;在价格体系方面,计划价格与市场价格并存,即计划内的经营按计划价格进行,计划外的经营按市场价格进行。

(二)实施农业综合开发

为了促进农业的稳定发展,我国于1988年开始设立国家土地开发建设基金,后改为农业综合开发基金,专项用于农业综合开发。农业综合开发项目分为三大类:第一类为土地治理项目,包括中低产田改造、宜农荒地开垦、生态工程建设、草场改良等;第二类为多种经营项目,包括种植业(粮棉油等主要农产品以外的)、养殖业、农副产品初加工等;第三类为农业高新科技示范项目,包括生物、信息、材料等方面的高技术和先进适用的新技术。农业综合开发自1988年实施以来,投入的资金不断增加,带来了巨大的社会效益、经济效益和环境效益,成为促进农业可持续发展的有力措施。

五、经济体制市场化改革时期(1992—2003)的农业政策

1992年邓小平视察南方讲话之后，市场化改革的意识被进一步强化，改革事业得到了加速推进。在这种特定时期和场景中，旧的粮食购销体制的诸多弊端更加显现，成为整个经济改革的羁绊，成为重点的改革对象。同时，随着城市改革的启动，工农业产品价格“剪刀差”扩大，粮棉等农作物的比较效益低下，农民的生产积极性降低，收入增长缓慢。为了稳定城乡社会秩序，促进农业经济发展，振兴农村，提高农民生产积极性，中央决定延长土地承包期限。这一时期，中央在人口、资源、环境问题上的认识在不断提高，非常重视农业的可持续发展，随即实施了退耕还林、还草政策。这一时期农业政策的主要目标是促进粮食流通市场化、稳定家庭联产承包责任制和促进农业可持续发展。这一时期的主要农业政策包括以下三个方面。

(一)粮食流通体制市场化改革

这一时期，率先进行的改革是实行粮食“购销同价”[①]。1991年底，国务院发出《关于进一步搞活农产品流通的通知》，要求在保证完成国家定购任务的情况下，对粮食实行长年放开经营政策。1991年5月，广东、海南开始“购销同价”的改革实验，拉开了新一轮粮食购销体制改革的序幕。1992年4月1日，中央政府决定在全国范围内推行这一改革，从而结束了长期维持的购销价格倒挂局面，减轻了政府财政补贴的负担。在此基础上，很快又通过省区分散决策的方式取消了国家定价收购，放开粮食市场经营。由于放开的做法得到了生产者、经营者、消费者和政府“四满意”的效果，到1993年10月中旬，便已有98%的县市宣布放开粮食经营和价格。但是，到了1993年年底，一些地方粮价暴涨。中央认为，这样的粮食形势可能危及大局，又采取了行政干预的办法，加强粮食合同订购，确定要由国家控制贸易粮的70%～80%，同时限定粮食销价，清理整顿粮食批发企业并关闭市场以恢复粮食的垄断经营。1994年5月，国务院发布了《关于深化粮食购销体制改革的通知》，一些原有做法又被启用。该通知的要点如下：继续坚持政府订购；适当增加订购数量；鼓励产区和销区建立长期稳定的购销关系，销区粮食批发企业必须到产区县以上粮食批发市场采购，不得直接到产区农村向农民收购粮食；健全粮食储备体系，计划由主产区向主销区和多灾区转移一部分国家储备，充分利用国际、国内两个市场适时进行品种余缺调剂，同时加强对国家储备粮的管理；改革国有粮食企业，在1994年内，实行粮食的政策性业务和经营性业务“两条线”运行，在业务、机

① 钟甫宁，《农业政策学》，北京：中国农业出版社，2003年，第298页。

构、人员等方面彻底分开。秋粮下来之后，由于粮食价格涨幅太大，达到50%左右，政府粮食部门的收购工作发生了困难。有些地方政府为了完成中央政府确定的收购计划，不得不对订购的粮食加价收购。中央政府对这种做法既不鼓励也不制止，只是指出这个加价部分所引起的费用，不准计入粮食的调运和销售成本，而必须由地方财政负担。在这种情况下，一些地区为了完成收购计划，将议购任务当作订购任务，一同下达给农户，议购遂蜕变为"二订购"。这样，收购价格未能在真正意义上放开。

1995年2月，中央农村工作会议更明确提出"米袋子"省长负责制，要求各省一把手亲自抓粮食问题。1995年，粮食购销政策仍是实行"双轨制"，即在保证政府能够稳定地掌握一定数量的粮食，以稳定粮食供给的前提下，放开粮食市场购销。但政府重申了议购粮食应随行就市，不允许搞"二订购"。

1997年的中央农村工作会议提出要加快粮食流通体制改革，逐步建立起适应社会主义市场经济要求、适合我国国情的粮食流通体制。1998年4月，国务院召开了关于进一步推进粮食改革的会议①，此次粮改的原则是"四分开一完善"，即政企分开、中央与地方责任分开、储备与经营分开、新老财务账目分开，完善粮食价格机制。1998年5月，国务院下发了《关于进一步深化粮食流通体制改革的决定》。决定中规定，1992年3月31日之前的亏损(旧账)应该与1992年4月1日至1998年3月31日间产生的亏损(新账)分开，并用不同的方法进行弥补；1998年6月1日之后不允许产生新的亏损。中央政府承认，1992年以前由于粮食零售价低于收购价，亏损属于"政策性"的，因此采用财政预算补亏；而1992年以后的粮食零售价已足以弥补收购和销售成本，所以这一部分亏损是"运营性"的，国有粮食部门及地方粮食管理部门有责任弥补。决定同时要求国有粮食企业应该使用其未来5～10年的盈利弥补1992年以后产生的亏损。为了落实新的粮食改革政策，国务院还于1998年6月1日通过了《粮食收购条例》，该条例适用于小麦、玉米、大米等指定品种。条例明文规定，除了国有粮食部门和国有农产品加工企业，其他机构不得向农民直接收购粮食。条例明文禁止亏损销售粮食，即粮食的零售价应该能够弥补收购成本和销售价格。

1998年11月，国务院《关于当前推进粮食流通体制改革的意见》指出：当前粮食流通体制改革的重点是确保"三项政策、一项改革"的贯彻落实。"三项政策、一项改革"即按保护价敞开收购余粮、粮食收储企业实行顺价销售、粮食收购资金实行封闭运行，加快粮食企业自身改革。这一轮粮食流通体制改革政策中规定，正常

① 钟甫宁，《农业政策学》，北京：中国农业出版社，2003年，第301页。

年份的粮食价主要由市场决定，国有粮食部门应该按照市场价格运作；丰产年份，政府设立“保护价”收购剩余粮食。政策强调建立中央和省级的“粮食风险基金”，以弥补执行新的粮食改革政策可能产生的费用。

为了进一步优化全国粮食生产布局，调整粮食生产结构，2000 年 2 月，国务院办公厅发出了《关于部分粮食品种退出保护价收购范围有关问题的通知》。通知明确规定：“黑龙江、吉林、辽宁省以及内蒙古自治区东部、河北省北部、山西省北部的春小麦和南方早籼稻、江南小麦，从 2000 年新粮上市起退出保护价收购范围”。2000 年经国务院批准，浙江成为全国第一个实行粮食购销市场化改革的省份。2001 年 8 月，国务院召开全国粮食工作会议，正式出台了《关于进一步深化粮食流通体制改革的意见》，将改革范围扩大至全国，重点是浙江、上海、广东、福建、海南、江苏、北京、天津八省(直辖市)。意见将改革浓缩为 16 个字，即“放开销区、保护产区、省长负责、加强调控”。

(二)延长土地承包期限，完善家庭联产承包制度

随着城市改革的启动，农用耕地持续减少，农业生产的有效财力、劳动力流失严重，城乡收入差距日益拉大。为了提高农民生产积极性，中央在 1993 年 11 号文件中作出决定，要求关于农村土地承包在原承包期之后再延长 30 年不变。文件规定：第一轮承包 15 年到期后，再延长 30 年不变；开发式的农业承包期可以更长；提倡实行“增人不增地，减人不减地”的办法；在农民自愿的基础上，只要不改变土地的所有权，不改变土地的使用方向，允许土地的使用权在承包期内依法有偿转让；在确实具备条件的地方，在农民自愿的基础上，可以适当的调整土地，实行土地适度规模经营。农业部在《关于稳定和完善土地承包关系意见》中提出了许多政策标准和政策界限，比如“严禁发包方借调整土地之机多留机动地。原则上不留机动地，确需要留的，机动地占耕地总面积的比例不得超过 5%”；“延长土地承包期和进行必要的土地调整时，不得随意提高承包费，变相增加农民负担”；“在坚持土地集体所有和不改变土地农业用途的前提下，经发包方同意，允许承包方在承包期内，对承包标的依法转包、转让、互换、入股，其合法权益受法律保护，但严禁擅自将耕地变为非耕地”。

(三)实施退耕还林、还草政策

2000 年，针对西部地区水土流失严重、生态环境恶化的问题，有关部门在长江上游、黄河上游地区开展退耕还林还草试点。《国务院关于进一步做好退耕还林还草试点工作的若干意见》指出：试点范围为长江上游和黄河上游的 13 个省、自治区、直辖市的 174 个县、团场。试点坚持全面规划、分步实施、突出重点、先易后难、先行试点、稳步推进的方针，按照“退耕还林(草)、封山绿化、以粮代赈、个体承包”

的要求行动。国家向退耕户无偿提供粮食，给退耕户适当现金补助，向退耕户无偿提供种苗。2002年，国务院决定对有利于改善生态环境、水土流失严重、有沙化趋势的已垦草原，施行退耕还草。《国务院关于加强草原保护与建设的若干意见》提出：近期要把退耕还草重点放在江河源区、风沙源区、农牧交错带和对生态有重大影响的地区。要坚持生态效益优先，兼顾农牧民生产生活及地方经济发展。国家向退耕还草的农牧民提供粮食、现金、草种费补助。2002年12月，国务院正式批准在西部11个省区实施退耕还草，重点治理蒙甘宁西部荒漠草原、内蒙古东部退化草原、新疆北部退化草原和青藏高原东部江河源草原。实施退牧还草工程后，退化十分严重的草原和山地草场要实行全面禁放，一部分草场实行半年禁放，还有一部分要实行季节性休牧，国家给予退牧户一定的粮食和饲料粮补助。

六、以工促农、以城带乡、工业反哺农业时期(2004—)的农业政策

20世纪90年代末，随着我国农产品供求由长期短缺向供求基本平衡、丰年有余的历史性转变，农业发展的市场约束强化，农业发展出现一些新的矛盾。由于粮食供大于求，出现销售不畅、价格下跌，粮食生产连续滑坡，到2003年下降到4 307亿千克，为1990年以来的最低水平，在这种情况下，国家需要采取措施确保粮食安全。同时，根据国际经验，一个国家的经济总量指标及其主要结构指标达到一定水平，如人均GDP水平达到1 000美元以上，农业GDP比重降到15%以下，农业劳动力比重降到55%以下，城镇居民人口比重上升到35%以上，这个国家就进入了工业化中期阶段，可以实行工业反哺农业，城市支持农村的政策[①]。改革开放以来，我国的经济实力和综合国力不断提高，到2005年，我国人均GDP水平按当时汇率计算已达到1 700美元，农业GDP比重已降到12.5%，农业劳动力比重已降到44.7%，城镇人口比重已提高到43%，我国总体上已经进入以工促农、以城带乡的发展阶段，实行工业反哺农业、城市支持农村政策的时机已经成熟。这一时期的农业政策主要目标是确保粮食安全、增加农民收入和深化农产品市场改革。这一时期的主要农业政策包括以下六个方面。

(一)完善土地制度和保护耕地

2003年，党的十六届三中全会又提出要进一步完善农村土地制度，在长期稳定并不断完善以家庭承包经营为基础、统分结合的双层经营体制前提下，依法保障农民对土地承包经营的各项权利。农户在承包期内可依法、自愿、有偿流转土地承包经营权，完善流转办法，逐步发展适度规模经营。2008年10月，党的十七届三

① 宋洪远等，《"十五"时期农业和农村政策回顾与评价》，北京：中国农业出版社，2006年。

中全会要求“坚持最严格的耕地保护制度，层层落实责任，坚决守住18亿亩耕地红线。划定永久基本农田，建立保护补偿机制，确保基本农田总量不减少、用途不改变、质量有提高。继续推进土地整理复垦开发，耕地实行先补后占，不得跨省区市进行占补平衡”。

(二)减免农业税

为了减轻农民负担，中央决定从2004年开始减免农业税、取消除烟叶外的农业特产税，5年内取消农业税。2004年，吉林、黑龙江等8个省份全部或部分免征农业税，河北等11个粮食主产区降低农业税税率3个百分点，其他地方降低农业税税率1个百分点。全国共减免农业税234亿元，免征除烟叶外的农业特产税68亿元，两项合计减轻农民负担302亿元。2005年，中央加大了减免农业税的力度，只剩下河北、山东、云南还保留少量农业税。2006年，又在全国范围内全面取消了农业税。至此，在中国历史上已经延续2 600多年的农业税不复存在。

(三)对农民进行补贴

我国现阶段对农民的补贴包括以下几个方面：一是粮食直补。2002年在安徽、吉林进行粮食直接补贴试点，即将对流通环节的补贴改为向粮农直接支付补贴，2003年试点工作扩大到全国13个粮食主产省区，2004年粮食直接补贴政策在全国全面推开，中央财政从粮食风险基金拿出100亿资金，加上地方财政的投入，2006年此项补贴支出规模在粮食风险基金中的比重达到50%以上，力度不断加大。二是良种补贴。2002年中央安排1亿资金，在东北三省和内蒙古进行大豆良种的推广补贴，2003年补贴品种扩大到河南、山东、河北等小麦主产区，2004年良种推广补贴扩大到水稻、优质专用小麦、专用玉米、高油大豆。三是农机补贴。2004年中央财政安排农机具购置补贴资金7 000万元在河北、辽宁等16个省(直辖市、自治区)进行试点，补贴对象是农民和从事农业生产的农机服务组织，补贴农机具为粮食生产中急需的机械，重点是大中型拖拉机、深松机、播种机、插秧机、收获机和秸秆综合利用机械，补贴标准不超过机具价格的30%，且单机最高补贴额不超过3万元。四是农资综合直补。为了更好地保护农民利益，弥补农资涨价对农民种粮收益的影响，从2006年开始，中央财政每年安排资金对农民进行农资综合直补。随着时间的推移，上述对农民各项补贴资金的规模逐年增大。

(四)实施粮食最低收购价格政策

2004年，在全面放开粮食购销市场和价格放开的同时，为防止粮食价格下跌对农民收入的影响，稳定粮农预期收入和粮食市场，保证国家粮食安全，在主产区实行最低收购价格政策。如2004年出台了早籼稻、中籼稻和粳米的最低收购价标准，2006年2月又公布了小麦最低收购价为每50千克白小麦72元、红小麦69元，早籼稻最低收购价为每50千克70元，中晚籼稻最低收购价为每50千克

72 元，粳稻最低收购价为每 50 千克 75 元。2008 年 10 月，中央决定从 2009 年新粮上市起，白小麦、红小麦、混合麦每 500 克最低收购价分别提高到 0.87 元、0.83 元和 0.83 元，比 2008 年分别提高 0.10 元、0.11 元和 0.11 元，稻谷最低收购价格水平也将作大幅度提高。

(五)其他补贴

其他补贴包括农业政策性保险保费补贴和测土配方施肥技术推广补贴。从 2007 年开始，我国选择内蒙古、吉林、江苏、湖南、新疆和四川六省区开展中央财政农业保险保费补贴试点。补贴的品种在种植业方面，主要是小麦、玉米、水稻、棉花和大豆等，养殖业方面主要品种是能繁母猪。2008 年中央财政扩大了农业保险补贴试点的范围，扩展到主要粮食产区，种植业品种新增了花生和油菜，养殖业方面对于产奶大省的奶牛养殖也给予保费补贴。从 2005 年开始，中央提出“要大力加强耕地质量建设，实施新一轮沃土工程，科学施用化肥，引导增施有机肥，全面提升地力，增加测土配方施肥补贴”，到 2008 年，全国推广测土配方施肥 9 亿亩，覆盖 2/3 以上的农业县。

(六)加强农产品市场体系建设

2003 年，中央提出深化粮食购销体制改革，加强农村市场体系建设，发展农产品行业协会和农民专业合作经济组织。清理和修改不利于粮食自由流通的政策法规，加快国有粮食购销企业改革步伐，转变企业经营机制，完善粮食现货和期货市场，严禁地区封锁，搞好产销区协作，优化储备布局，加强粮食市场管理和宏观调控。从 2004 年开始，国家全面放开粮食收购和销售市场，实行购销多渠道经营，除烟叶、蚕茧外，所有农副产品市场全部放开。大部分省、自治区、直辖市开通了减免鲜活农产品运输过路过桥费的“绿色通道”，初步形成了全国鲜活农产品主要产销区之间的“绿色通道”网络。

第二节　其他主要国家的农业政策

由于农业在国民经济中的基础性地位，所以无论是发达国家还是发展中国家在经济发展过程中对农业都给予了充分重视。各国政府依据本国在经济发展过程中不同阶段面临的不同农业问题作出了相应的政策选择。本节以发达国家美国、欧盟和日本以及发展中国家印度为例，简要介绍它们的农业政策。

一、美国的农业政策

美国是世界农业发展水平最高的国家之一，也是世界最大的农产品出口国。美国农业的成功，既源于美国得天独厚的自然条件，又源于美国政府有力的农业政策措施。美国农业政策经过了200多年的发展历程，在不同发展阶段的农业政策措施也不一样。

(一)美国早期农业政策

美国自独立到20世纪30年代"罗斯福新政"以前，主要农业政策是通过公有土地的分配来确立家庭农场制度和建设发达的农业基础设施。

1862年5月美国颁布了《宅地法》，该法规定，凡一家之长或年满21岁、从未参加叛乱之合众国公民，在宣誓获得土地是为了垦殖目的并缴纳10美元费用后，均可登记领取总数不超过160英亩(64公顷)的宅地，登记人在宅地上居住并耕种满5年，就可获得土地执照而成为该项宅地的所有者。于是，大批移民涌入西部，耕地面积迅速扩大。这种"西进"的浪潮，延续到19世纪末，直到土地被分光。这个法令解决了美国建国以来一直未能彻底解决的西部土地问题，使美国建立了大量的家庭农场。

1862年和1887年，美国政府先后颁布了《莫里尔法案》(*Morrill Act*)和《哈奇法案》(*Hatch Act*)，根据这些法案，政府免费拨赠土地给各州建立农业高等院校和拨款兴建农业试验站。1862年和1864年，美国国会通过了两项建筑横贯大陆铁路的方案，为鼓励私营公司向铁路投资，联邦政府实行了补贴制度，规定每修筑1英里(1.6千米)铁路，便拨给铁路公司路线两旁各10英里(16千米)土地，并发给16 000～48 000美元的补助金，还给铁路公司特殊的银行信贷便利，允许公司享有长期或短期的免税特权。同时政府还拨款资助兴办灌溉工程，加强农地改良工作等。这些政策都有力地促进了美国农业基础设施的建设，为后来美国农业的发展奠定了良好基础。

1862年美国建立联邦农业局，到1869年，农业局升级为农业部，下面设立了农业化学局、植物工业局和工程局等机构。到了20世纪初，农业部已发展为一个拥有40个局和处的庞大机关。农业部的设立对美国农业发展作出的贡献远远超过成立时预期的目的。

(二)1933—1996年的农业政策

美国近现代农业政策的发展过程也是美国农业立法的过程。美国第一部系统的农业法产生于1933年，称为《农业调整法》，此后该法案又经过了多次修订。1933—1996年，农产品价格支持和收入支持政策是美国农业政策的核心内容。

1933年的《农业调整法》试图通过限制农产品产量、提供有利的贷款支持来提高农产品价格，稳定农场主收入。该法案采取的主要措施是：制定"限额耕种"计划，政府与农场主签订合同，通过"无追索权贷款"具体执行农产品的价格与收入支持政策。所谓"限额耕种"计划是指政府依据上一年度的农产品期末库存以及对下一年度国内市场需求和单产的预测,估计出下一年度的总产量和播种面积总数。凡是和政府签订合同按计划休耕或生产的农场主,都会得到政府相应的价格支持。

"无追索权贷款"是政府给参加农产品计划的农场主提供的低息或无息的短期贷款,实际是对合同面积内生产的农产品实行的价格支持政策,由联邦政府的商品信贷公司(Commodity Credit Corporation,CCC)来执行。具体操作是:商品信贷公司对属于价格支持政策范围内的农产品规定一个"贷款率",也称抵贷价格(抵押单位农产品所获得的贷款)。当市场价格低于贷款率时,农场主可以以农产品为抵押,从商品信贷公司获得一笔贷款,然后在规定的贷款期限内,如果市场价格低于贷款率,农场主就不必归还贷款,这样就相当于农场主将农产品按贷款率卖给了商品信贷公司;如果市场价格高于贷款率,农场主可以将农产品赎回并在市场上出售,以现金形式还贷款及利息。无追索权贷款规定的"贷款率"实质上是农场主可以得到的最低保证价格,保证了农场主可以得到的农产品价格不低于"贷款率"。

以上价格支持政策取得了明显的效果,农民收入水平得到显著提高,保证了农场主的生产积极性。

到了20世纪70年代,新修定的农业法中提出了目标价格和差额补贴。所谓目标价格是被认为合理的农产品价格,最早的目标价格是以生产成本为基础加上合理利润,后来的农业法中对目标价格的认定作了修改。当市场价格低于规定的目标价格时,政府就对那些参加农产品计划的农场主进行差额补贴。与直接的价格支持政策相比,价格支持调节的是农产品市场价格;而目标价格和差额补贴的好处在于它是一种收入支持政策,理论上不影响农产品市场价格,市场价格仍能反映市场供求关系。后来面对国内巨额的农业补贴与农产品过剩的矛盾日益突出,美国政府还采取了对外援助、对内发放食品券等措施缓解矛盾。

20世纪80年代的农业法案虽然继续维持着价格支持、政府调控种植面积及差额补贴等传统政策工具,但因里根总统强力主张自由市场经济,减少政府财政赤字,削减了农业补贴。在拓展海外市场方面,美国则以国际多边贸易谈判为手段,逐渐削减世界市场的贸易障碍,促进农产品的市场流通。

(三)1996—2002年的农业政策

克林顿政府于1996年制定了联邦农业完善与改革法,该农业法名为《自由种植法》(FAIR),并于当年开始执行。该法对自20世纪30年代以来,沿袭了60多年的传统农业政策作了重大变革和调整,改革原来的农产品价格和收入支持政策,实行7年过渡性的政府补贴,最终将美国农产品完全推向市场。

这次农业政策调整有两大原因:一是美国政府财政包袱沉重,仅1995—1996

年，美政府用于对农场主的直接补贴就达 1 081 亿美元(1996 年的农业法案原本就是 1995 年联邦预算法案中的附带条款)，为了减轻财政赤字，不得不削减对农场主的补贴。二是为实现美国倡导和积极参加的乌拉圭回合谈判所达成的限期实现农产品贸易自由化的允诺。

具体政策如下：

通过 7 年过渡期(1996—2002)，联邦政府将停止对农场主有关价格和收入支持方面的补贴。该农业法规定，自 1996 年起逐步取消长期实行的农产品目标价格和差额补贴政策，同时取消农场主在播种面积和种植品种上的限制，2002 年后将停止向农场主提供农产品价格和收入支持方面的补贴，使美国农业"完全过渡到市场经济"。

为保证农场主收入稳定，政府采取种种措施引导农场主在市场中分散风险，同时在过渡期实行了"弹性生产合同补贴"，只要农场主自愿执行政府制定的环境资源保护计划和沼泽地保护条款等法规，并一次性签订 7 年"弹性生产合同"，即可得到这种补贴，其补贴额按平均补贴基准和农民种植合同面积计算。

但本次农业政策调整依然保留了对主要农产品的无追索权贷款政策，方法上有所创新，并规定将贷款利率在原有基础上提高了一个百分点。

1996 年农业法的实施，加快了美国农产品市场化进程，使美国农产品在世界市场上的竞争力进一步提高，同时财政负担也有所减轻。

(四)2002 年以来的农业政策

2002 年，美国制定了《农场安全与农村投资法案》(*The Farm Security and Rural Investment Act*)。仅从名称上看，1996 年和 2002 年的两个法案就存在明显的区别，1996 年的农业法案是鼓励农场主自由种植，2002 年的农业法案是为了保护农场安全和扩大对农业的投资。

2002 年农业法出台的背景：一是 20 世纪 90 年代后期世界粮食市场需求增长速度低于供给增长速度，从而造成粮食供大于求和价格大幅度下跌，美国农业生产受到严重影响，美国农场主严重担忧甚至产生恐慌，这引起了美国政府和国会的密切关注，决定扩大对农业的支持和援助；二是美国政府本来期望通过 WTO 农业协定来迫使欧盟、日本等国家削减对农业的补贴和开放市场以获得更多出口，但这些国家改革缓慢，补贴额削减较少，贸易自由化进展缓慢，再加上新一轮农业谈判多次失败，使美国政府意识到完全靠 WTO 来推动农产品贸易自由化是不可行的。因此，布什政府利用中期选举年和旧农业法正好期满的契机，推出了这项引起世界较大争议的新农业法。

2002 年农业法大幅度增加了对农业的投入和补贴，并且改变了以往的补贴方式，主要政策措施有销售贷款差额补贴、直接收入补贴和反周期补贴。

销售贷款差额补贴，是政府为保证农场主顺利出售农产品而提供的一种补贴，实质是无追索权贷款政策的延续。如市场价格高于贷款率，政府就不给予补贴；但如果市场价格低于贷款率，农场主就可得到市场价格与贷款率二者之差的补贴。不同的是，2002 年农业法把花生、羊毛、蜂蜜、各种干豆等品种也纳入了销售贷款差额补贴范围，而且进一步提高了大多数贷款农产品的贷款率。

直接收入补贴，是一种与农产品的生产、价格不挂钩的固定补贴，是政府从价格补贴转向收入补贴的主要标志。补贴额度为补贴率与该产品的补贴面积与补贴单产的乘积。补贴面积是按农场基期的种植面积，也就是 1998—2001 年四年的平均值的 85％计算，补贴单产是 1995 年确定的产量水平。此次补贴比 1996 年农业法中补贴的品种进一步扩大，但维持和适当降低了已存在补贴农产品的补贴率。

反周期补贴，是 2002 年农业法提出的新补贴工具。其实施过程是：事先由农业部确定一个目标价格，产品的反周期补贴额等于目标价格与有效价格之差。有效价格等于全国市场平均价格和抵贷价格中较高的一个与直接收入补贴之和（若市场价格高于抵贷价格，则有效价格等于全国平均市场价格与直接收入补贴之和，若市场价格低于抵贷价格，则有效价格等于抵贷价格与直接收入补贴之和）。当有效价格低于目标价格时，就按二者之差进行补贴，当有效价格高于目标价格时不补贴。另外，在 2002 年农业法中由于受世贸规则的压力，将部分农产品的目标价格适当调低，但享有目标价格的农产品品种又扩大了。

2002 年农业法也扩大了对农业资源保护的投入资金，计划在 2002—2007 年再投资 220 亿美元用于农业资源保育计划项目，主要包括土地休耕计划、农田水土保持、湿地保护、草地保育、农田与牧场环境激励项目等。

为了扩大农产品出口，在 2002 年农业法中还增加了对农产品出口的一些直接补贴和间接补贴。如政府投资拓宽农产品国际市场，补贴那些因国外有关农产品实施出口补贴而受到损失的美国出口商，免费提供国际农产品综合信息服务，实施出口信贷等。

由上可以看出，2002 年美国农业法规定的主要农业补贴政策呈现出大幅度提高农业补贴水平、调整了补贴方式、扩大了补贴范围等特点。2002 年美国农业法的出台，在国际上引起了广泛的批评。美国通过巨额补贴，一方面使美国农产品占据了更大的世界市场份额，强占了其他发达国家的市场；另一方面补贴抑制了世界市场价格，削弱了发展中国家农产品的比较优势。此法加大了全球世界贸易谈判的难度，同时在美国国内也被认为是美国历史上最有争议的一部农业法。

二、欧盟的农业政策

欧盟实行共同农业政策，建立了统一的农产品市场，粮食等农产品在欧盟内部可以自由流动，制定共同的对外贸易政策来对各成员国的农业及农产品市场进行保护。随着时间的推移，欧盟共同农业政策也经历了一系列改革。

(一)1962—1991 年的共同农业政策

1962 年 1 月 14 日欧共体 6 国（法国、德国、意大利、荷兰、比利时、卢森堡）通过了“建立农产品统一市场协议”，这一协议被视为欧共体最早的共同农业政策。1962 年的共同农业政策是在当时各成员国农产品供给不足的背景下出台的，其主要目标是通过技术进步和提高农业生产率，保障农产品供给，增加农民收入，稳定农产品市场。为了实现这些目标，欧共体 6 国采取了一系列保护、促进和支持农业生产发展的措施。

为了促进共同体内部农业生产的稳定发展，抵御外来竞争，欧共体共同农业政策主要采取两个方面的措施：其一就是制定实施统一的支持价格政策和财政预算，由各成员国按其国民生产总值的一定比例缴纳费用，建立欧洲农业指导和保证基金，用于支持价格和对农业补贴；其二就是通过实行差价关税（撇油关税）和出口补贴政策保护欧共体内部市场和提高欧共体农产品的国际竞争力。具体而言，最为重要的政策工具就是以干预价格、目标价格和门槛价格为基础形成的政策体系。

干预价格实质上是一种支持价格或保护价格，它是农民出售农产品时可以得到的最低价格，也是政府所允许的欧共体内部市场价格波动的下限。不同农产品干预价格水平的确定方法不完全一致，如粮食的干预价格水平在理论上是按照欧共体内部最大的粮食主产区——法国奥尔姆地区的粮食生产成本确定，但在实践中它是一个欧共体各个成员国参考以往市场价格水平争论而形成的一个妥协价格。当农产品价格低于干预价格时，农民就可将农产品按干预价格卖给农产品干预中心。通过这种支持价格政策，确保了在农产品市场价格下跌时农民能够得到一个最低价格，从而保证了农民收入，保护了农民生产的积极性。

目标价格与干预价格相反，它是一个最高限价，即政府所允许的欧共体内部农产品市场价格波动的上限。如果市场价格超过目标价格，政府相关机构就要动用储备等措施平抑价格。目标价格是针对欧共体内部某一农产品最紧缺地区的价格，如粮食目标价格是针对欧共体内部粮食最紧缺地区（德国的杜伊斯堡）的价格，在具体计算上目标价格等于干预价格加上从法国奥尔姆地区到欧共体内部粮食最紧缺地区（德国的杜伊斯堡）的运输费等营销费用和一个合适的营销利润。

门槛价格是欧共体以外的农产品进入欧共体市场的最低进口价格，它等于目标价格减去进口港的卸装费、从进口港到欧共体内部农产品最紧缺地区(如粮食是德国的杜伊斯堡)的运输费和一个适当的营销利润。如果进口农产品的价格低于门槛价格,那么就对进口农产品按进口价格与门槛价格之间的差额征收关税(撇油关税),这样保证进口农产品不会以低于门槛价格的价格进入欧共体内部市场,从而使欧共体内部的农产品市场免受国外低价农产品的冲击,对欧共体内部农产品市场起到了巨大的保护作用。

1962 年后的以干预价格和撇油关税为主要措施的共同农业政策极大地推动了欧共体的农业的发展,为解决欧共体农产品短缺问题作出了巨大的贡献,到 20 世纪 80 年代中期,欧共体彻底解决了农产品供给不足的问题,农产品开始出现过剩。

(二)1992—2002 年的共同农业政策

进入 20 世纪 80 年代中期,欧盟的农产品开始出现过剩,过剩使得政府财政补贴支出大量增加,在 1982—1988 年短短几年内,欧盟每年的农业补贴支出就从 124 亿欧元增加到 252 亿欧元,增加了 1 倍多。迫于财政压力,欧盟于 1992 年对原有的共同农业政策进行了较大幅度的改革,形成了新的共同农业政策。这次共同农业政策改革的总体思路是降低干预价格水平,限制农产品产量,为保证农民收入不至于因为干预价格水平的降低而降低,对农民实行直接收入补贴。1999 年 3 月,欧盟又在 1992 年共同农业政策改革的基础之上通过了“2000 年议程”共同农业政策再改革方案,这次改革应该说是 1992 年改革的延续和推进,因此我们将它们放在一起介绍。1992—2003 年欧盟共同农业政策的措施主要有降低干预价格水平,实行直接收入补贴、环保补贴以及其他补贴等。

1. 降低干预价格水平

欧盟在 1992 年和 2000 年共同农业政策的改革中仍然保留了干预价格政策,但是干预价格水平大幅降低,如对粮食规定,1992 年随后 3 年中粮食干预价格水平降低 29%,从而使得欧盟的粮食价格更接近于国际市场价格。在“2000 年议程”中继续降低对粮食的干预价格水平,确定在 2000—2002 年期间,对粮食的干预价格水平平均每年降低 7.5%,2 年共降低 15%。

2. 实行直接收入补贴

为了弥补因干预价格水平降低而导致的农民收入损失,欧盟在 1992 年的共同农业政策改革中实行对农民的直接收入补贴政策,对于粮食生产者来说最为重要的就是作物面积补贴和休耕面积补贴。

(1)作物面积补贴。这种补贴与以往跟产量挂钩的价格补贴不同,它与产量脱钩而与作物种植面积挂钩。软粒小麦、硬粒小麦、大麦、燕麦、黑麦、小黑麦、高粱、谷子、荞麦和玉米属于欧盟规定的可以享受作物面积补贴的粮食作物，因此种植这些粮食作物的农民可以享受此项补贴。具体确定补贴额的步骤是：首先，以1989—1991年的平均单产作为各个成员国享受面积补贴的平均单产，然后各个成员国在保持本国平均单产不变的基础上，根据本国不同地区的单产水平将本国划分为不同的生产区，再确定不同生产区的单产水平；其次，用生产区的平均单产乘以粮食作物的每吨补贴额（欧盟规定谷物每吨补贴额为58.67欧元），从而得到粮食作物每公顷面积支付金额；最后，用生产区粮食作物每公顷面积补贴额乘上某农户粮食作物种植面积，得到该农户应该得到的粮食作物面积补贴金额。

(2)休耕面积补贴。为了解决粮食等农产品过剩问题，同时又保护耕地和农业生产能力，欧盟采取了休耕面积补贴政策，对于符合休耕条件的农户按休耕面积给予直接补贴。欧盟规定凡是申请作物面积补贴并且折合谷物产量超过92吨的农场必须休耕至少10%的耕地，10%的部分属于强制性休耕，超出10%的部分则为其自愿休耕，这类农场称为强制性休耕农场，而对于折合谷物产量小于92吨的农场没有强制性休耕义务，但可以自愿选择休耕比例，并且没有10%的下限约束，对强制性休耕农场和自愿性休耕农场都规定了一个统一的休耕上限，即休耕面积不得超过申请作物面积补贴的总面积的33%，超过部分则不能享受休耕面积补贴，同时还规定休耕的地块最小面积为0.3公顷。欧盟规定不同国家、不同生产区每公顷休耕土地的休耕面积补贴额应与当地每公顷作物面积补贴金额相当。

3.环保补贴

随着农业生产的发展，农业对环境的压力越来越大，在欧盟出现粮食等农产品过剩之后，保护环境受到了更高程度的重视，特别是在1992年共同农业政策改革后，欧盟采取补贴政策鼓励农民进行粗放式经营，以促进环境改善。欧盟规定对于因为自愿在农业生产中减少化肥、除草剂、杀虫剂等化学药剂施用量而遭受经济损失的农民，政府将给予最高每公顷250欧元的补贴。环保补贴措施对于耕地质量的保护、进而对于农业生产能力的保护具有重要的作用。

4.其他补贴

除上述各种措施之外，欧盟还有基础设施建设补贴（规定成员国进行土地改良、兴修水利等基础设施建设时，欧盟将给予建设总费用25%的补贴）、税收优惠（包括减少农业税种、降低税率）、信贷支持（提供低息短、中、长期贷款）等各种支持政策，对粮食及农业的发展起到了非常有效的支持作用。

(三)2003年以来的共同农业政策

由于新成员的加入和WTO谈判的压力，欧盟于2003年6月再次通过决议对其共同农业政策进行改革，以“彻底改变欧盟对农业的支持方式”为方向，使得农业政策更加市场化。这次改革的核心是直接补贴方式的变化，即由原来的与当年种植面积挂钩补贴（“蓝箱”支持）变为不与当年生产挂钩的“单一农场补贴”（“绿箱”支持），继续保留干预收购政策，但干预价格水平有所降低，同时更加强调环境、食品安全和农村发展。

1.改革直接补贴方式

按照新的改革方案，取消原来的“面积补贴”，实行“单一农场补贴”。每个农民获得的补贴额根据以2000—2002年为基期的情况确定，数额一经确定，补贴就与当年种植的作物种类和面积多少无关。可见，欧盟直接补贴由原先的“蓝箱”政策转向“绿箱”政策。但是，这一政策改革也做了一些妥协和保留：如果某成员国认为有必要防止遗弃土地的危险，则可以将原来面积补贴的25%予以保留，仍然与实行当年的种植面积挂钩，而其余的部分改为不挂钩补贴；如果成员国愿意，对谷物干燥方面的补贴和对边远地区的直接补贴，可以不改变原来的挂钩补贴方式。上述改革政策从2005年开始实行，如果某个成员国需要一个过渡期，则最迟要在2007年开始执行。

2.保留干预收购政策，但继续削减干预价格水平

新方案保持自1992年以来加强以市场为导向的改革方向，保留某些重要农产品的干预收购政策，但进一步削减谷物等农产品的干预价格水平，以减少对生产和贸易的扭曲作用。谷物的基础干预价格水平不变，仍然为每吨63欧元，仍然实行季节变动，但是每个月的增加幅度减少一半。为了减少过剩，取消对黑麦的干预收购政策。稻米原来实行的是干预收购与挂钩直接补贴政策。改革方案是继续实行干预收购政策，但干预价格水平降低一半到与世界市场价格大体持平，为每吨150欧元。每年的干预收购数量上限为7.5万吨。为保持农民的收入不变，将对农民的直接补贴提高到每吨177欧元，其中102欧元作为单一补贴，不再与生产挂钩，其余75欧元作为挂钩补贴保留。

3.加强对环境、食品安全、动物健康和动物福利标准的要求

欧盟在改革直接补贴方式后，补贴额尽管要求不再与生产挂钩，但是却要求与遵守环境、食品安全、动物健康和动物福利标准等方面的法规相联系。这种要求最早是在“2000年议程”中提出来的，主要原因是实行直接补贴之后，农民享受的补贴变得明显了，为了向纳税人和消费者说明这种补贴的正当性，对农民提出了环境保护等方面的要求，称之为“交叉达标”要求。如果农民没有能够很好地达到有关的要求标准，则视情况按比例削减给予该农民的直接补贴额。

4.加强农村发展

欧盟用于促进农村发展的资金大幅度增加，范围也在扩大，具体措施由成员国

或地区政府决定。促进农村发展主要有四个方面的内容：一是鼓励农民生产高质量的更好地满足消费者需求的产品。最高补贴额为每个农场每年3 000欧元，最多补5年。二是支持农民按照欧盟标准进行生产。这种补贴是临时性的，时间最长不超过5年，每年每个农场最高补贴额不超过1万欧元。如果农民需要有关的咨询服务，则可对该咨询费用进行补贴，数额不超过1 500欧元。三是对实行高标准动物福利的农民实行补贴。如果农民采取的畜牧饲养方式比一般饲养方式标准高，并且至少连续5年实行同样的措施，则可视情况给予补贴。补贴的幅度依据采取这种高标准所增加的成本或者减少的收益情况确定，最多每年每个牲畜单位（成牛）可以补贴500欧元。四是增加对青年人进入农业所进行的投资补贴，目的是鼓励青年人进入农业行业和从事农业生产。

5.建立一个新的"农场咨询系统"

在2006年以前，各成员国可以在自愿的基础上，建立起一个新的农场咨询系统（Farm Advisory System）。2007年以后，各成员国必须都建立起这样的系统。在2010年以前，农民可以自愿选择是否参加这个系统。2010年，农业委员会将报告这个系统的运行情况；在此基础上，欧盟部长理事会将决定是否将该系统变为强制农民参加的系统。这个系统的主要任务是向农民提供如何在生产过程中按照有关标准和良好操作规范的咨询服务。农场审计部门将定期地对农场投入物的投入水平进行审查，以确定是否符合有关的环境、食品安全和动物福利要求。有关的费用由欧盟的农村发展基金支付。

2003年欧盟共同农业政策改革与以前改革明显的不同之处在于，完成了从对农产品支持到对生产者支持的转变，建立了单一农场补贴制度，使欧盟农业支出大部分归入"绿箱"之中，符合WTO关于贸易自由化的总体要求。这项改革已从单纯关注农业发展转移到农业和农村的发展，形成了农业发展和农村发展两大政策支柱，将使欧洲农业和农村经济结构更趋合理，农业更具竞争力，进一步加强了农村可持续发展能力，形成了农业与农村发展的良性循环。

三、日本的农业政策

"二战"以来，日本比较重要的农业政策改革有三次，分别是1945年的农地改革、1961年出台的《农业基本法》和1999年国会通过的《食品·农业·农村基本法》。这三次改革对现代日本农业的影响深远，奠定了日本农业的基本模式。根据这三次改革，下面将分阶段介绍日本的农业政策。

（一）1945—1960年的农业政策

明治维新后，日本走上了资本主义道路，但农业领域内的封建生产关系仍严重存在,这种封建的土地所有制严重阻碍了农业的发展,也给日本的工业化、市场化和现代化建设带来威胁。到了1945年,日本战败,为了把日本改造成和平民主的国家,日本开始致力于土地制度改革。

土地制度改革的主要内容是:政府采取强硬措施废除封建半封建土地所有制,确立自耕农体制,实行"耕者有其田"的小规模家庭占有和经营,使农地所有权和使用权相结合。具体措施:政府在2年之内,强制收买在外地主的全部耕地,并在原则上将这些土地再度卖给佃户,支付期限为30年,并有利息;规定农地价格,全国平均0.1公顷水田60日元,旱地450日元。为了巩固此次土地改革成果,日本于1952年制定了《农地法》,把以上规定用法律形式固定下来,从此日本形成了以小规模家庭经营为特征的农业经营方式。

1945年的农地改革取得了巨大的成功,对战后日本的重新崛起发挥了积极的作用。首先,农地改革产生了庞大的自耕农和自耕地,到1950年自耕农在总农户中的比重占到88%,自耕地占到90%,不但农村获得了前所未有的稳定,而且刺激了农民对农业的投资,提高了农业生产力。其次,农业的发展和农民生活水平的提高,为工业的发展提供了丰富的原料和广阔的市场。耐用消费品在农村逐渐流行。再次,农业的发展使大量劳动力得以解放出来,涌向城市和工业,为城市和工业提供了丰富的人力资源。最后,农地改革带来的农协成为农民利益的代言人和保护者,为维护农民利益发挥了极为重要的作用,成为战后日本农村一项基本的社会制度。日本首相吉田茂曾称这次改革为"非共产主义世界进行得最彻底的土地改革"。

(二)1961—1998年的农业政策

为了配合日本战后整个国民经济的高速增长,1961年6月12日,日本出台了《农业基本法》(1978年7月5日修改)。此法堪称日本农业的"宪法",它反映了政府对农业的基本方针政策,确定了日本农业经济的基本制度。

《农业基本法》的主要目标是通过扩大日本农户零散小片的经营规模,实现农业机械化,提高农业劳动生产率,同时缩小城乡之间的收入差距。

在1999年农业法出台前,价格支持政策是日本支持农业发展的主要措施。日本农产品价格支持管理有五种类型:管理价格制度,价格由政府制定,政府按制定的价格收购产品,属于这种价格支持的主要是稻米和烟草;价格稳定带制度,是政府在自由贸易的前提下,通过买进和卖出的方式,使产品的市场价格稳定在一定的范围内,这种方式主要适用于肉类和奶类产品;最低保证价格制度,是当市场价格低于政府制定的最低价格时,产品由政府有关机构按规定保证价格收购,这种方式主要适用于小麦、大麦及土豆、甘蔗等;另外还有差额补贴制度和价格平准基金制度，价格平准基金制度实质上也是一种差额补贴，只是价格差额不是全由政府支出，而是由政府、农协和生产者三者共同出资建立的“价格平准基金”支付。

为了便于《农业基本法》的实施，日本还推行了“农业构造改善事业”，“土地与水利的基本建设”，资助农户购买农用机械等。

经过多年的实施，《农业基本法》中预期扩大农业经营规模的目标并没有达到。主要原因有两方面，一是土地私有化使土地流转较为困难，二是日本实施的高关税和补贴，使农产品的价格大幅上涨，日本农民宁可兼职务农也不愿退出农业生产。这不仅使经营规模进一步扩大难以进行，而且出现了一些如农业劳动力老龄化加速、农产品自给率日益降低等一系列问题。同时随着农业补贴不断增加，日本财政负担日益沉重。

为了解决上述问题，同时面临乌拉圭回合谈判中承诺的农产品关税化和削减国内补贴的压力，日本进行了第三次大的农业政策改革，这就是 1999 年出台的《食品・农业・农村基本法》。

(三)1999 年以来的农业政策

1999 年 7 月，日本国会通过了新的《食品・农业・农村基本法》，同时废止了 1961 年制定的《农业基本法》。

新基本法的基本精神是：确保食品的稳定供给，努力提高粮食和食品的自给率；提出并强调农业的多功能性(这是新基本法的一大特色)；强调农业的可持续发展，为农业多功能的发挥创造条件；振兴农村，促进不同地区及城乡的协调发展。具体采用了以下几个主要政策措施：

1. 收入补贴政策

新农业法以各种直接或间接补贴政策措施取代原来的价格支持政策。具体补贴方式主要有农户直接支付制度、稻作安定经营对策、自然灾害补贴、农业保险补贴和其他补贴等。

(1)农户直接支付制度。日本耕地中有 40%左右是在山区或半山区，由于自然和历史原因，这些地区的农业发展相对落后。为了提高山区和半山区生产力水平，实现农业发展以及充分发挥农业多功能性，日本政府于 2000 年出台了《针对山区、半山区地区等的直接支付制度》，旨在通过对当地农民实行直接收入支付，弥补这类地区与平原地区生产成本的差异，从而调动当地农民发展生产的积极性。

(2)稻作安定经营对策。为了适应 WTO 农业规则的要求，日本政府提出了既能保证农民收入又不违背 WTO 规则的稻作安定经营对策。这项制度的目的是为了防止自由流通米价格下跌给农户收入造成较大损失，实质是对因价格下跌而带来收入损失的一种补偿制度。补贴资金来源于由政府和农户共同出资建立的稻作安定经营基金，补贴对象是100%完成政府规定的生产调整任务的农户，补贴办法是根据前3年的自由流通米价格平均数核算出基准价格，然后从稻作安定基金中支付基准价格与当年价格差额的80%。

(3)自然灾害补贴和农业保险补贴。自然灾害补贴是对遭受自然灾害破坏的公共基础设施、农业设施及农地由国家进行补贴，确保农民在遭受自然灾害时，依然能够保持稳定的收入水平和生活水平。灾害补贴的费用主要由国家承担。农业保险补贴是政府对一般的商业保险公司无力承担的农业保险需求提供的财政补贴。日本农业保险制度的特点是由政府直接参与保险计划，并具有强制性，凡是生产数量超过规定数额的农民和农场都必须参加保险。

(4)其他补贴。除了上述几种补贴之外，日本政府还为农民提供了生产资料购置补贴等。

这些直接或间接的补贴措施有效地调动了农民生产者的积极性，促进了日本农业生产的发展。

2.实行“农业经营对象培养制度”

在1999年新农业基本法出台以前，主要通过转移农业劳动力，扩大生产经营规模，调整生产结构等措施来实现提高劳动生产率的目标，但是从实际情况来看，效果并不明显。1999年出台的新的农业基本法，政府改变了以往对所有农民实行统一的支持政策，提出了把农业支持政策的重点对象由过去的所有农民变为现在精明能干的农民，即所谓的“农业经营培养对象”。农户必须经过审查合格后，成为“认定农业者”，才能成为“农业经营培养对象”。日本政府想借助这项新的政策来尽可能地提高各种政策措施的效率，并期望以此推进农业结构调整，提高农业劳动生产率，从而更有效地促进日本农业生产的进一步发展。

3.强化农业基础设施建设和科技推广

日本政府还十分重视农业生产基础设施建设，每年都有大量的资金通过各种资助和项目的方式被投入到农田水利设施建设中去。日本拥有完善的农业科研和推广体系，科研机构主要由国家或地方政府开办的公立科研机构、各种高等学校和民间科研机构(包括企业)三部分组成，科研经费的来源主要由政府投入和民间资金两部分组成，同时日本政府也加大对农业推广体系和农业推广人才培养的投入，每年都从财政预算中拨款用以扶持日本农业推广体系的发展和农业推广人才的培养。

四、印度的农业政策

从1947年独立到现在，印度政府一直注重农业的发展，到目前为止，印度农业政策经历了土地革命、绿色革命、市场化改革和第二次绿色革命四个阶段。

(一)1947—1965 年以制度变革为主的农业政策

印度独立后,尼赫鲁政府制定了以制度改革为主的农业发展战略。从 1949 年开始实行了以废除“柴明达尔”地主为中心的土地改革。

土地改革的主要目的有两方面:一是消除土地所有制结构中阻碍农业生产的因素;二是创造条件使农业实现高效高产。最终目的是要建立一个有效、进步的农业生产制度。改革主要包括三项内容:一是废除柴明达尔制,柴明达尔制即政府通过中间人“柴明达尔”向农民征收田赋的一种土地制度,“柴明达尔”就是土地持有者的意思,废除柴明达尔制也就是废除了对土地享有极大特权的中间人地主;二是进行租佃改革,使佃农直接与国家发生联系,增加农村经济的稳定性;三是限定土地最高限额,规定超出限额以外的土地,由国家交给“村评议会”,由“村评议会”交给无地、少地的农民耕种,从而限制了大地主对土地的垄断。

土地改革的直接结果是:地主中的中间人地主基本消失,原来地主拥有的土地有相当部分转到佃农手中;大土地所有者拥有的土地面积大大减少,极少数无地工人和小农分到了“剩余”土地;部分佃农得到了或多或少的佃权,土地得到了较公平的分配。但土地改革没有从根本上铲除封建土地制度,农村土地问题始终没有得到根本的解决。

1950 年政府成立了全印度农产品价格委员会,对农产品实行价格管制措施,通过规定有利的价格鼓励农民增加生产。同时建立了一个全面的粮食收购储存和公共流通管理系统,以便按合理价格向消费者提供粮食。

(二)1966—1990 年以科技为导向的农业政策

尼赫鲁去世后,印度政府放弃以制度改革为主的战略,采取各种措施鼓励有条件的地区和个人率先采用各种现代投入以解决粮食短缺问题(20 世纪 60 年代初,印度发生了独立以来的第一次全国性饥荒),也即一场“绿色革命”在印度全面展开。

政府首先建立了农业科技研究、推广、应用体系。在中央层面上,由印度农业科研委员会及其所属的科研院所来从事科研任务;在各邦层面上,由邦农业大学和一个中央农业大学来从事教育和科研活动;另外还有 120 个地区性的科研站在不同地区进行实用技术研究。形成了富有特色的政府、科研部门和农业大学相结合、公共部门与私人部门相补充的农业科研和推广体系;同时建立了一个设计良好的农业技术推广网络,向农民传播新技术;不断增加中央和邦政府用于农业科研和教育的投资,农业科研人员的数量、教育程度与科研经费支出几乎与美国相同。

另外,政府也采取了一系列农业扶持政策:从事农业生产基本不需要纳税,也不必负担基础设施投资;政府出资修建农村基础设施,农村的电力、道路等基础设施建设全部由邦政府出资;给农业发展相应的金融支持,如政府要求商业银行要在其所在地区的农村开设分支机构,创立了地区农村银行等;对化肥、农机等生产资料实行价格补贴;对农产品贸易实行诸多限制,如规定某些农产品只能由邦政府收购,设定某些农产品如小麦、大米等的收购价格,禁止粮食区际贸易,由国家垄断经营;等等。

以科技为导向的"绿色革命"在印度的农业发展中取得了巨大成效,到了20世纪80年代印度已从一个吃粮靠进口的国家变成粮食基本自给并略有出口的国家。而在"绿色革命"之后,印度政府还实施了旨在发展牛奶生产的"白色革命"和发展渔业的"蓝色革命",都取得了很好的效果。

(三)1991—2003年"市场化改革"阶段的农业政策

印度独立后,在尼赫鲁立国思想的主导下,一直实行的是封闭的民族经济发展模式。到1991年拉奥执政后,印度开始了以私有化、市场化、全球化、自由化为导向的改革。

这次农业政策改革整体朝着市场化方向发展。政府逐渐减少对化肥、农药和农用电力等的补贴;提高农产品价格,更多地利用价格机制来刺激农业生产;逐渐削减对农业的优惠贷款。在进行市场化改革的同时,政府也在WTO(1995年印度加入WTO)农业协议框架内,逐步形成了符合本国国情的农业支持体系,以促进本国农业发展和增加农民收入。

(四)2004年开始"第二次绿色革命"以来的农业政策

为了应对全球化进程对印度农业提出的严峻挑战,印度政府采取了一系列新的政策措施,发起"第二次绿色革命"。

政府建立了一批生物技术研究中心,力图通过农业新科技来进一步推动农业生产的发展。同时鼓励农业专业的毕业生到农村去,资助他们建立"农业门诊部",向农民提供指导和传播科学知识;政府还专门为农业设立了呼叫中心和广播、电视频道,由农业专业的毕业生接听热线电话,接受农民的询问等来进一步完善农业技术推广体系。

政府加大了对农业的资金投入,并积极引导社会投资。2004年中央储备银行决定在5年内向农业部门提供总额为5 000亿卢比(约合115亿美元)的信贷资金,明确规定了从开垦荒地、选育良种到改造农业基础设施、增加灌溉面积、提高粮食加工贮藏能力、完善粮食市场流通环节以及鼓励在农业生产中应用新科技等具体环节中的投资导向。

在实现本国农产品基本自给并略有剩余的新时期,印度农业的"第二次绿色革命”是一个以新技术为主导，以政府投资为导向的综合发展战略。这次改革进一步提高了印度农业的综合生产效益，增强了印度农业整体竞争力。

第三节 国外农业政策对我国的启示

半个多世纪以来，我国农业政策根据不同阶段农业发展目标的需要，进行了相应的调整，在 2004 年以前我国实施的农业政策和发达国家有较大差异，从 2004 年我国实施以工促农、以城带乡、工业反哺农业战略以来，我国的农业政策和发达国家的农业政策有许多相近的地方。国外农业政策对我国农业政策在以下几个方面仍有借鉴意义。

一、完善农业立法，将农业保护纳入农业法律体系

美国、欧盟、日本这些发达国家和地区的农业法律体系比较完备也比较系统，有许多政策措施都是依照法律来贯彻实施。比如美国每隔几年都要对实施的农业法中的有关条款进行修改，欧盟除了整个欧盟有共同的农业法外，还有各个成员国根据自身的实际情况制定的农业法，日本在农业方面也制定了一系列的法律。而我国在农业立法方面还比较滞后，1993 年我国才制定了《农业法》，2002 年进行了一次修改。我国现行的《农业法》虽然为农业稳定和持续增长提供了法律保障，但是也有不少缺陷。比如，比较侧重于农业生产、农业资源的保护，而对于农业支持保护体系的规定方面仍然薄弱。我国每年的农业政策大多是以政府文件的形式发布的。目前我国对农业的支持政策已经实施了一段时间，对于比较成熟的政策可以考虑用立法的形式使其稳定化、常态化。对于不太成熟的政策要加强探索和研究，加快其立法进程。同时要结合我国的实际情况，让这些农业立法具有较强的适应性和可操作性。

二、根据农业发展的不同阶段，确定不同的政策目标，采取不同措施

美国、欧盟、日本这些发达国家和地区的农业较早进入了现代农业阶段，它们在从传统农业向现代农业转变的过程中在不同的时期，确定了不同的政策目标。比如，具有得天独厚农业生产条件的美国早在 1933 年的《农业调整法》中就为农民提供最低的保证价格。1973 年，为了保证农民收入，开始实施差额补贴。到 1996 年为了适应乌拉圭回合谈判农业协议的要求，同时为了减少财政支出、适应国内农业生产新形势的需要，开始实行直接补贴。再如欧共体 6 国通过了“建立农产品统一市场协议”来实施包括干预价格政策等在内的共同农业政策，解决当时各成员国农产品供给不足问题。到了 20 世纪 80 年代，欧盟的粮食等农产品开始出现过剩，

为了限制粮食产量且保证农民收入不至于因为改革而降低，对农民实行直接收入补贴。随着农业生产的发展，农业对环境的压力越来越大，欧盟规定对于因为自愿在粮食生产中减少化肥、除草剂、杀虫剂等化学药剂施用量而遭受经济损失的农民，政府给予一定的补贴。日本也结合自身的情况在不同的发展阶段采取了不同的政策和措施。目前我国的农业正处于从传统农业向现代农业转变时期，结合自身的具体情况，在发展的过程中除了坚持粮食安全这个基本的目标外，还要重视农民增收和环境保护的目标，也应该结合我国具体国情和 WTO 相关规则的要求，进一步完善我国的农业政策体系。

三、加强农业科技、教育投入，加快技术转化

美国、欧盟、日本和印度这些国家和地区都十分重视农业技术的应用。美国、欧盟、日本这些已经进入现代农业的发达国家和地区的农业生产已经实现了精准农业。它们不但重视农业科技、教育的投入，也十分重视技术的推广和转化。印度也成功实施了“绿色革命”。对于我国来说，人多地少的国情决定了只能靠提高粮食单产确保粮食安全，而提高粮食单产主要依靠科学技术进步。发展现代农业更需要科学技术。目前我国在农业技术、教育领域的投资不断增加，但是科技成果的转化和推广率与发达国家相比还比较低，我国的农业推广体系在不少地方出现线断、网破的情况。今后我国在作好农业科技创新的同时也要探索出加快科学技术转化的长效机制。

四、促进农业可持续发展

在农业发展的高级阶段，农业的可持续发展问题越来越受到重视，目前农业的功能不再是单一的提供粮食和饲料，而且还在改善环境、保持生物多样性、传承农业文化、娱乐休闲等方面发挥着重要作用。美国、欧盟、日本等发达国家和地区十分重视农业的可持续发展，在发挥农业多功能性方面作出了很多详细的政策规定。这些规定都是属于“绿箱”政策的内容，不但促进了农业的可持续发展，也是为农业提供各种支持的重要依据。我国是发展中国家，目前已经在耕地、草原和水资源的保护方面作出了努力，但是与发达国家相比，我们在这方面还有较大差距，今后一方面要努力采取措施促进农业的可持续发展，另一方面也要善于利用农业的多功能性在 WTO 规定中为我国的农业保护寻找依据。

参考文献

[1] 财政部农业司. WTO 与国外农业财政政策. 北京：经济科学出版社，2005.
[2] 董运来，郭丽娜. 印度农业贸易政策改革的问题及评述. 中国农学通报，

2007(10):268-273.
[3] 冯青松,孙杭生.美国、欧盟、日本农业政策的比较研究及启示.世界农业,2004(6):7-10.
[4] 郝冰.美国农业支持政策的演进逻辑.农业经济问题,2005(9):73-75.
[5] 何庆斌.农业政策与法规教程.上海:上海三联书店,2004.
[6] 侯石安.日本政府支持农业发展的新举措.世界农业,2002(3):13-15.
[7] 李建平.我国农业保护政策研究.北京:人民出版社,2007.
[8] 李西林.印度农业支持政策改革的经验及其对中国的启示.世界农业,2007(10):29-32.
[9] 李应春,翁鸣.日本农业政策调整及其原因分析.农业经济问题,2006(8):72-75.
[10] 李正东.世界农业问题研究.北京:中国农业出版社,2005.
[11] 陆世宏.中国农业现代化道路的探索.北京:社会科学文献出版社,2006.
[12] 毛育刚.中国农业演变之探索.北京:社会科学文献出版社,2001.
[13] 秦富,王秀清,辛贤,等.国外农业支持政策.北京:中国农业出版社,2003.
[14] 任卫峰.战后日本农业政策的三次改革及其对中国的启示.生产力研究,2008(4):96-98.
[15] 宋洪远,等."九五"时期的农业和农村经济政策.北京:中国农业出版社,2002.
[16] 宋洪远,等."十五"时期的农业和农村经济政策.北京:中国农业出版社,2006.
[17] 汪登伦.印度的农业政策与农业现代化略论.河北农业大学学报,2007(3):90-93.
[18] 王德文.美国农业政策的调整与实施.世界农业,2002(1):12-13.
[19] 王三兴.美国、欧盟农业政策的调整及思考.石家庄经济学院学报,2006(12):709-713.
[20] 文富德.印度农业的全球化对策.南亚研究,2005(1):1-7.
[21] 叶静怡.欧盟农业政策目标及其保护性.经济科学,1998(4):121-126.
[22] 钟甫宁.农业政策学.北京:中国农业出版社,2003.
[23] 周志强.中国共产党与中国农业发展道路.北京:中共党史出版社,2003.
[24] 朱道华.外国农业经济.北京:中国农业出版社,1999.
[25] 庄小琴.农业政策学.北京:气象出版社,2000.

第十章 农业现代化

◆ 本章要点

国家现代化是任何一个民族所追求的，国家现代化的一个主要和重要内容是农业现代化，阐述农业现代化是本章的任务。由于本章的理论部分在前面的农业发展阶段章节已经表述过了，所以本章将致力于实证和操作方面的阐述，即侧重介绍关于现代农业和农业现代化的概念、意义、目标、主要内容、具体的实践过程，以及发展中国家在农业现代化过程中遇到的问题。

第一节 农业现代化的概念和意义

一、农业现代化的相关概念

（一）现代化的概念

“现代化”一词大约出现于18世纪，在《不列颠百科全书》中，“现代化”词条另见“工业化”词条，其意即“现代化”等于“工业化”。目前通常的“现代化”含义一般指18世纪工业革命以来，人类社会从农业社会形态到工业社会形态的深刻变化。依据已发生的现代化进展，我国一些学者把现代化分为第一次和第二次现代化。第一次现代化指从农业时代向工业时代、从农业经济向工业经济、从农业社会向工业社会、从农业文明向工业文明的转变过程；第二次现代化指从工业时代向知识时代的转变过程。

目前也有一种观点认为，现代化是一个相对于过去、相对于落后状态而言的动态概念，任何时代都存在现代化的过程，广义上说，不能把现代化定义在某一个具体的时点（例如某一重大事件）之后，因为所谓的重大事件本身并不是突然出现的，而是渐变过程的累积。因此，从“现代化”一词的表面含义来看，不应当把时间局限在工业革命之后，而是应当贯穿于整个人类社会发展史。

(二)农业现代化的概念及其拓展

说到农业现代化,除了要明确“现代化”的含义外,还必须明确“农业现代化”这一概念,即什么是农业现代化?对于“农业现代化”这一概念,至今没有公认的定义。但从“农业现代化”字面看,一个“化”字清晰地表明,这是指一个转变过程。联系农业发展的背景和上面所说的现代化的含义,我们可以得知目前通指由传统农业向现代农业的转变过程。因此,关于农业现代化的一个不起争议的理解是:它是一个过程,一个转变过程,一个走向现代农业的转变过程。因此,关于什么是农业现代化的内涵争论,实质上是关于现代农业的内涵争论,即什么是现代农业?农业现代化和现代农业是同一个事物对象的不同叫法。

国外学者虽然经常使用“现代化”一词,但较少使用“农业现代化”一词,通常使用“农业发展”或“传统农业改造”等词来表达从传统农业向现代农业的转变过程;我国普遍使用“农业现代化”一词来表达传统农业向现代农业的转变过程。

工业革命阶段的早期,人们把农业现代化理解为工业要素投入农业的过程,因此,当时就把农业现代化具体体现为水利化、机械化、良种化、化学化、电气化等衡量指标,这种农业现代化观点是一种追求生产手段现代化的观点,目前仍有相当一部分人坚持这种观点。

随着各国,特别是发展中国家的农业现代化实践,对农业现代化的理解逐渐出现了新的认识。不少国家追求工业要素投入农业,但并没有取得预期的效果,由此人们逐渐认识到,一定有其他因素影响着工业要素投入农业的过程。当时不少国家和地区具有封建的农业生产关系,难以推动传统农业向现代农业的转变。因此,战后出现的一些新兴工业国家和地区的农业现代化基本上都是从土地改革开始的,如拉美国家在 20 世纪 50 年代起兴起土地改革高潮,废除大庄园的债务劳役制和实物地租制以及大庄园主对农民的人身控制和超经济剥削,日本也在“二战”后进行了土地制度改革,中国的台湾省也是在 20 世纪 50 年代进行了土地改革,通过土地制度改革消灭了封建土地关系。越来越多的人认识到,农业现代化不仅仅只是工业要素投入农业的生产手段现代化,还应该包括农业制度的变革。对此,诺贝尔经济学奖获得者舒尔茨(Theodore W. Schultz)认为,农业现代化是一个将工业要素投入农业来替代传统要素的过程,但要充分发挥现代投入要素的作用,必须有两个重要条件:相配套的农业制度(即制度的现代化);相配套的新型农民(即农民的现代化)。随着实践的进一步丰富,人们对于农业现代化的认识也进一步深化,在市场化和工业化的进程中,关于农业现代化内涵和外延的认识也从早期认识的土地生产关系逐渐扩展到政府支持、社会服务体系、农民组织化等农业制度环境。

在农业现代化过程中,工业要素大量投入农业生产,形成了对石油能源高度依赖的问题。"石油农业"虽然带来了高产出和高效益,但也带来了高投入、高污染、土壤退化等问题,甚至引起了人们对能源枯竭等问题的担心。面对上述问题,对农业现代化的认识有了新的升华,即出现了一种疑问:难道农业现代化就是追求这种高产出、高效益但高投入、高污染的农业状态吗?显然这种农业现代化是不可持续的,农业现代化应当不仅要追求高产出,也要追求资源的集约节约利用,减少环境污染。因此,又有许多学者认为有机农业、生态农业等形态的可持续农业才可算为现代农业。

大规模的城镇化和全球化使农场规模问题和国际农业竞争力问题凸显出来,因此,农业的经济可持续性进入了农业现代化的视野。平时人们常听到一种说法:日本实现了农业现代化,但谁都知道日本的农业是最缺乏竞争力的。人们不禁设问:尽管日本的农业生产手段和社会化生产条件都很好,但一个不能自我持续下去的农业能是农业现代化所追求的吗?我们要这样的现代农业吗?

关于什么是现代农业或农业现代化,大约可以找出无数的解释,人们也时常用具体的特征来刻画它们。但由于不同时代阶段、不同视角的具体特征是有所不同的,所以关于现代农业或农业现代化概念内涵的争论一直持续着。准确的和经得起历史考验的现代农业概念应当是哲学高度的,即应该普适于各种场合、不同历史阶段。目前看到的关于现代农业的种种定义往往只是特定时空的具体表现。一个通用型的现代农业可以定义为:现代农业是代表农业发展史上最新阶段生产力水平的农业形态,它是一个动态的或者说相对的、多维度的概念。

工业革命时期的现代农业是相对于传统农业而言的,因为当时的比照对象是传统农业。而今天所说的现代农业的比照对象,事实上已经主要不是传统农业,而是世界先进水平。这也就是说,即使各国农业都实现了机械化、水利化、电气化、信息化,依然还会存在一个现代和非现代之分,那时未达到最新农业生产力水平的农业形态就成了非现代农业,就存在现代化的任务。这犹如我们可以笼统地说电视机时代,但黑白电视机时代是绝不能与高清电视机时代同日而语的,相对于后者,前者就意味着落后,在同一个名词中装的却是淘汰货,需要发生一个淘汰更新的过程。

依照这里提出的现代农业的定义,具有时空的广义性,同样可以用来评价以往历史上的所谓"现代(先进)"农业,比如汉唐时代,我国的农业就是当时全球历史发展阶段的"现代农业",因为汉唐时期的我国农业形态是当时世界上具有最高农业生产力水平的农业形态。工业革命后,我国的农业形态渐渐失去了世界最高农业生产力水平,所以我们渐渐落后了,需要农业现代化。

今天国内普遍存在一种认识偏差,即把农业现代化作为一种静止的状态来介绍,因此,它们往往使用"实现了农业现代化的国家和地区"这个词眼,针对一个阶段的具体内容也许可以这样说,但在历史长河中的正确词眼应当是"农业现代化水平较高的国家和地区”，因为农业现代化实际上是一个动态的、相对的、永无止境的过程，它不是一劳永逸的一次性过程。如果一个国家在认识上忘记了这一点的话，就可能在不断发生的农业现代化过程中落伍。

正因为“现代农业”有不同的参照对象，世界各国甚至一国内的农业形态会分布在多种农业形态中，美国农业已经进入了利用GPS作业阶段，而非洲某地还停留在类似刀耕火种的阶段；中国大都市附近的农业已经步入现代农业轨道，而偏僻边陲的农业依然重复着千百年前的轨迹。因此，今天世界角度的农业现代化也相应地具有了双重的内容：①将“基本上以农民世代使用的各种生产要素为基础”的传统农业改造为利用现代科学技术和物质装备的农业；②将具有现代科学技术和物质装备外观的农业改造为达到世界先进水平的现代农业。对于地域广袤、社会经济发展水平不一的中国来说，建设起现代农业也肩负着双重的改造内容。

二、农业现代化的意义

在追求农业现代化时，首先需要为下面的疑问找到答案：为什么要追求农业现代化？如果不追求农业现代化又会怎样？只有对此找出答案，才能明白追求农业现代化的意义所在，才能心怀明确目标、有动力地去进行农业现代化。

为什么许多国家都在追求农业现代化？今天许多国家追求农业现代化的目标是人类能以相对较少的资源耗费（包括经济、生态、劳动强度等等）来有效生产出满足人类需要的农产品。但早期的农业现代化目标是希望得到更多更好的农产品来满足人类对农产品的要求，这也是千百年来农业进步所一直在追求的目标。因此，与过去的技术进步相比，追求农业现代化只是希望通过明确的追求目标来更快地提高这种物质生产能力。但当人类对农产品的需求不仅仅满足于食物，更希望满足工业对农业的原料需要和人类的良好生存环境时，农业现代化就变得更为紧迫和更为丰富了。实践表明，大多数实现农业现代化的国家和地区都比以往更好地满足了人类的农业目标，从而进一步激励了更多的国家去追求农业现代化。

提高技术效率是人类社会进步的主要标志之一。实现农业现代化的首要目标就是提高技术效率，从各国各地区农业现代化的普遍结果来看，农业现代化明显提高了农业中现代生产要素投入和装备水平，从而大幅度提高了以土地产出率、劳动生产率和资源利用率三大指标为主要标志的农业技术效率。

现代经济体系得以高效顺利运转的重要条件是形成一个有利于农业的良好产业环境。从各国各地区农业现代化的普遍结果来看，随着农业现代化水平的提高，逐渐形成了一整套完备的组织、服务、支持保护、教育科研和技术推广体系，突出表现为农民组织化程度提高了，社会化服务体系渐渐健全了，以政府公共财政为主的支持保护体系逐渐完善了，教育科研和技术推广体系逐渐发达了。

专业分工和市场效率是现代市场经济得以成功的至关重要的基础。从各国各地区农业现代化的普遍结果看,农业现代化明显提高了农业的专业化和商品化水平,与传统农业相比,农业现代化过程是一个增强农产品供给能力、提高农业竞争力、增加农业生产者收入的过程。

从各国各地区农业现代化的普遍结果还可以看到,农业现代化明显提高了农业与社会经济发展的关联度。农业现代化大幅度地减少了农民,为非农产业提供了劳动力;农业现代化提高农产品有效供给的结果增强了农业对国民经济的基础性支撑作用;在进行农业现代化的同时,也不可避免地促进了农村的综合发展,改变了农村的面貌。

在国家现代化讨论中,最热门的是经济现代化、社会现代化和政治现代化。一个共识是一个没有较高农业现代化水平的大国就不会有经济现代化,一个没有经济现代化的国家是不可能实现国家现代化的。

在现代社会中,如果一国的农业停留在传统农业状态,以人畜力为主要作业动力、年复一年地使用自己生产出来的种子种畜种禽,其农业生产力必然较低。这就意味着,其农民缺乏能力来购买现代生活物质、难以享受到现代生活。

随着社会分工的进一步加强,国内产业变得越来越丰富和具体,但产业间对各种有限资源的竞争也变得越来越激烈。在市场经济规律的作用下,产业间劳动生产率差异决定了不同产业部门的工资率差异。由于传统农业较低的劳动生产率,农业劳动者的农业收入渐渐不如其他产业,并且这种状况在继续恶化。为了获得可比较的劳动收入,弃农转业或农民兼业经营成为必然的选择。一些国家把农业劳动者兼业作为提高农民收入的一种途径,但这种选择的长期结果必然损害农业本身的长期发展,因为一方面随着农业收入在家庭收入中的比重下降,农业就会逐渐沦落为一种副业,而不成其为一种独立的、真正的产业;从另一方面看,现代产业在不断地向专业化和规模化发展,农业兼业化显然与产业发展趋势背道而驰,最终不利于农业的发展。人们认为,要真正大幅度地提高农业劳动生产率,就必须按照现代产业经营的方式来经营农业,因此,农业必须现代化。发达国家的实践表明,农业现代化程度提高后,确实能提高农业劳动生产率,提高农业对其他产业的竞争力。

当农业发展到一种全球性竞争的农业时,一国追求农业现代化的意义也就上升到保护甚至保存一国农业的高度,成为保护甚至保存一国农业的重要途径。尤其是世界贸易组织(WTO)成立以来,原有高耸的关税屏障和繁多的非关税壁垒的作用已经大大削弱,政府的各种农业支持措施被大大约束,农业竞争在全球范围依循竞争优势理论在日益发挥着越来越强大的作用,竞争力弱的一国农产品就存在着被他国农产品取代和淘汰的风险。经济开放程度越高的国家,这种风险的可能性就越大,这就是各国努力提高本国农业竞争力和提供农业支持的主要原因之一。

实现农业现代化被认为是提高本国农业竞争力的根本之道。

正因为农业现代化在农业生产条件、农业生产效率、农业竞争力、甚至经济现代化和国家现代化等多方面具有重要意义，所以，各国都在努力提高自己的农业现代化水平，这也是我国追求农业现代化的原因所在。

第二节 农业现代化的理论基础

一、农业现代化的理论依据

技术进步理论是农业现代化的基础理论，从技术进步理论出发的关于农业现代化的理论解释是，农业现代化的核心内容是不断地用现代生产要素(广义地包括物质、管理、制度等影响生产的要素)替代落伍的生产要素，由于投入了更好的物质要素，或者更好的资源配置方式(比如管理技术、栽培技术等)，最后得到了更高的技术效率，由此提高了农业生产力水平。因此，农业现代化是现代科学技术在农业生产领域的扩散过程，现代科学技术在农业生产领域应用得越广泛，农业现代化的程度就越高。

由于现代生产要素替代了落伍的生产要素，在相同的投入水平上会具有更高的技术效率[图 10-1(a)]。事实上，一旦提高了单位投入的技术效率，商品社会中的生产函数曲线往往不仅是向上移动，而且同时会向右移动，因为依照经济学原理，要素的最佳投入点会随着技术效率的提高而向右上方移动，以此获得最大的经济效率[图 10-1(b)]。

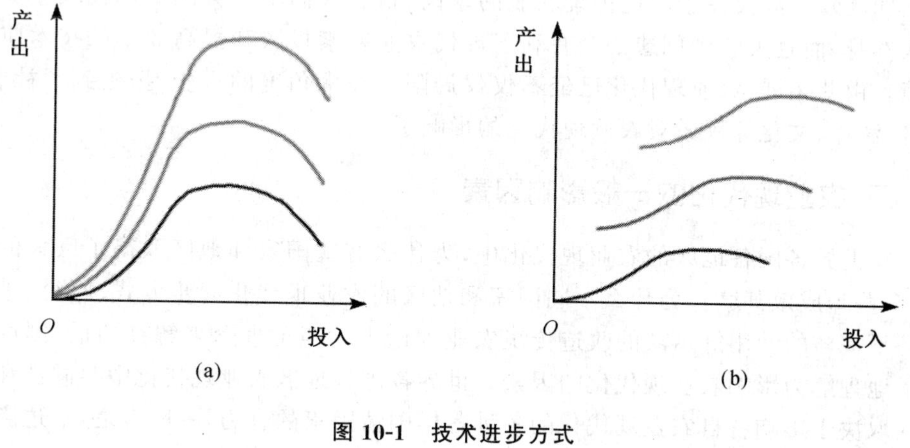

图 10-1 技术进步方式

由于技术进步是一个连绵不断的过程，因此，农业现代化也就是不断推进的阶段化过程，由前一个较低的阶段向下一个较高的阶段演变，永无止境(图 10-2)。

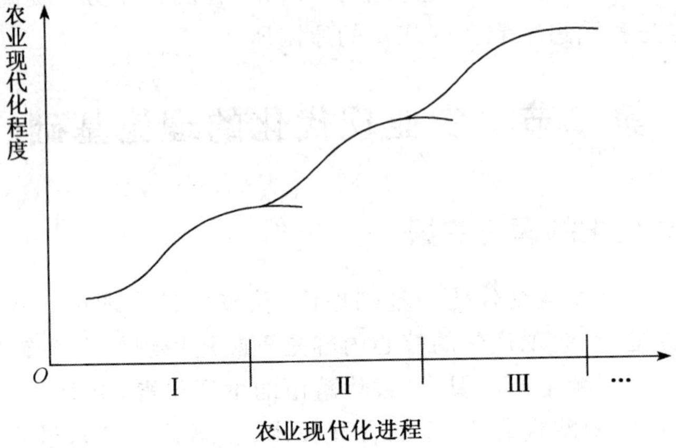

图 10-2　不断演进的农业现代化

舒尔茨的改造传统农业理论也往往被认为是农业现代化的主要理论之一，但舒尔茨的改造传统农业理论实质上依然是以技术进步理论为基础的，舒氏的理论贡献在于他对农业中时常不能应用技术进步、或者在投入端发生技术进步后并不能获得应有的产出效果的现象进行了理论解释，揭示了农业中应用先进的现代要素来替代落后的传统要素需要一个匹配的应用环境，比如现代农业技术的采用需要匹配的制度和匹配的农民，否则技术进步或者不会发生，或者即使发生也未必获得预期成效。舒氏关于改造传统农业的理论，指引人们不仅关注到现代农业要素投入本身，而且关注到创造一个有利于现代农业要素投入和提高效率的技术应用环境。由此拓展，农业现代化已经不仅仅局限于技术角度的进步，拓延到了社会、经济、法律、文化等领域对农业现代化的影响了。

二、农业现代化的一般影响因素

在世界各国各地区的农业现代化中，为什么有些国家和地区取得了巨大的成功，有些却成效甚微？为什么不同国家和地区的农业现代化起步方式、路径、进程等是不一样的？用舒尔茨的改造传统农业理论中的匹配理念来解释的话，则可以通俗地理解为影响农业现代化的因素。世界各国各地区农业现代化中共同性和差异性取决于影响各自农业现代化的各种各样国情因素的合力，一般言之，下述影响因素是较为共同的：

(1)先进生产资料或技术手段的可获得性。技术进步的物质形式是很重要的,因此先进(现代)生产资料的可获得性是重要的影响因素之一。只有出现新的生产资料或操作技术,才会引起农业生产装备或生产方法的变化。从物质角度来看,在国际贸易不发达的早期,一国自身的产业结构和水平会较大地影响本国的农业现代化情况。比如在农业现代化过程中,德国较早地使用化肥、农药等化工产品,与其发达先进的化学工业密切相关;美国大规模地采用机器,与其发达的机器制造业相关;日本较早地采用良种,与其良种选育制度密切相关。随着社会经济发展和国际贸易的大规模扩张,生产资料可以方便地通过地区间贸易获取,国际贸易突破了本国的产业限制,提高了物质装备和技术手段的可获得性。在今天的社会中,通过贸易可以较轻易地获取所需要的生产资料和技术手段,但需要有足够的资金。

(2)各国的资源禀赋状况和主要农业问题。资源禀赋状况是影响农业现代化进程、方向和成效的重要因素之一。荷兰的农业现代化是从解决海水淹灌为主的水利化起步的,美国的农业现代化是从解决农业劳动力短缺为主的机械化起步的,日本的农业现代化则是从解决食物供给为主的良种化和水利化起步的,这些都是它们针对各自面临的主要农业问题作出的选择。中国的人地资源比例极其紧张,农户农场规模极其细小,使得最近 30 年来的农业现代化一直无法逾越经营规模细小的瓶颈,目前在快速工业化、市场化、城镇化和全球化的宏观背景下,农业现代化遇到了前所未有的障碍。

(3)农民素质。提高农民素质既是农业现代化的内容之一,也是农业现代化的条件之一。在小规模的传统农业中,世代相传的农业技术知识和经营知识足以使一个农民应付知识所需。但在,大规模的商品化现代农业经营中,他需要有迅速吸收新知识的能力,这不仅需要他能够吸收新的农业技术知识,而且需要他能够吸收新的经营管理知识,更需要他面对不断变化的技术环境和经济环境作出正确的适应性调整。以美国常见的农场主为例,他们不仅熟悉已有的农业技术,还在不断了解农业新技术;不仅懂得农作物生产技术,往往还能操作各种需要的农机具和修理许多常见的农机具故障;不仅知道农场技术效率对自己利益的重要性,还清楚经济成本对自己利益的重要性;不仅懂得技术管理,而且懂得记账核算、成本效益分析等经济管理;不仅清楚周边的市场情况,还会利用万维网了解世界市场;不仅懂得现货交易,往往还能利用期货交易;不仅知道农场实务经营的重要性,还能清楚并积极参与政治活动来获取有利于自己的政策环境。相反,在许多发展中国家,我们时常听闻农田施药农民中毒的消息。与之相比,不难看出农业现代化进程和成效与农民素质的关系。许多发展中国家和地区之所以农业现代化成效不显著的原因有很多,但农民素质较低是其中的一个重要原因,提高农民素质成为这些国家和地区农业现代化进程中的棘手难题。

(4)社会化服务体系状况。工业革命以前,自给型农业的进步主要依靠农家和农业内部因素的变化来取得;但工业革命之后,一国的农业现代化已经不能依靠农家和农业内部因素的变化来取得明显进展。随着规模经济和分工细化,原本由农业或农家承担的工作越来越依靠社会化服务体系来完成,特别是农业成为商品性农业后,它已经离不开外部环境。除了农业信贷、农资供应、农产品销售、畜病防治、植病防治、种养殖技术指导这些传统的社会化服务成为必不可缺的内容外,甚至农业生产环节的工作都会成为社会化服务的内容,如目前我国中原地区的小麦跨区收割、南方地区的农地翻耕。

(5)政府政策取向和实施力度。第二次世界大战前的农业现代化主要是依靠市场力量推动的,但第二次世界大战后,绝大多数国家和地区的农业现代化是在政府政策推动下进行的。到了今天,由于农业本身的弱质性使得农业成为资本投入的沙漠,因此,没有政府各种形式的政策支持,改造农业的巨额资金几乎难以获取。在国际农业竞争程度日益加剧的环境中,没有政府政策的有力支持,十分容易使本国在这场国际竞争中处于不利地位。政府对农业现代化的政策支持力度越大,则往往会加快农业现代化的进程。从一些具体的财政支持力度看,欧美发达国家和地区的支持力度是很大的。另一方面,发展中国家和地区由于财政实力不强,因此,财政支持力度往往较弱,而更多地依靠非财政支持政策,这也往往是发展中国家和地区农业现代化进程不快的主要原因之一。

第三节 国外农业现代化的进程和政策

一、农业现代化的基本演变

因为早期把农业现代化定义为工业要素替代传统要素投入农业的过程,所以一般认为,农业现代化是伴随着工业革命而自然发生的。第二次世界大战之前,推动农业现代化的力量主要是市场经济机制的力量,即当工业要素投入农业的结果是有利可图时,农场主就会主动地采购工业生产要素来投入农业。在这一市场力量推动下,农业的分化比较明显,农民不断地被析出农业,平均农场规模渐渐变大,农业的现代装备水平渐渐提高。

但第二次世界大战以后,农业现代化的推动力量发生了很大变化。政府开始大规模地采取比较系统的政策来大力推动农业现代化,市场机制的作用力渐渐变小了。发生这种变化的原因主要在于"二战"以后发达国家和发展中国家的情况。

“二战”以后有两种国际现象引起人们的关注。其一是老牌资本主义国家的工商业迅速发展，农业显得相对落后，法国、意大利、日本等国家的农业劳动力比重依然在1/3以上，如日本和意大利1951年的农业劳动力比重依然高达46%和42%，农业劳动生产率低下，而进一步的工商业发展又需要新的劳动力。另一方面，“二战”后原为殖民地的一些国家和地区纷纷开始独立，如印度、马来西亚、巴基斯坦等以及一批非洲国家，殖民地作为农产品来源和工业品去处的格局可能要发生变化，保障老牌资本主义国家经济的稳定发展成为战略考虑。因此，加快农业发展成为老牌资本主义国家的战略目标之一。其二是发展中国家明显贫穷落后、食物不足、贫困人口居多。对此，一些政治学家、经济学家和社会学家开始着手进行旨在改变这种落后状况的国家现代化研究，从而掀起了政治现代化、经济现代化和社会现代化的热潮。许多经济学家认为，发展中国家的社会经济结构以传统农业为主，因此，要摆脱贫穷落后，首先需要从农业起步，推进农业现代化，向工业社会转变。在这样的理论认识指导下，许多发展中国家的农业现代化开始起步。

在20世纪50～60年代的农业现代化热潮中，许多国家和地区的农业获得了显著增长，随后一些国家和地区进入了工业化起步和快速发展阶段，这种结果为全世界提供了成功的样本，从而进一步推动了全球性的农业现代化。

通过农业现代化推动的工业化，又为这些国家和地区的进一步农业现代化提供了极佳机遇和动力。比如日本农业现代化的成功推进，不仅解决了日本的食物问题，也为工商业发展提供了大量的劳动力。

“二战”后全球性的农业现代化热潮大致就是如此形成的。与传统农业相比，以日本实现水稻生产全过程的机械化为标志，到20世纪70年代中期时，许多国家和地区实现了农业生产手段的现代化，甚至一些发达国家农业生产手段的现代化实际上在“二战”后的十年内就实现了。

从农业现代化的主要内容看，国外的农业现代化大体可以分为两个阶段：从工业革命至20世纪70年代中期为第一阶段，该阶段以农业物质装备和生产手段的现代化为主要内容；20世纪70年代中期之后为第二阶段，该阶段以提高环境友好性和健全农业支持保护体系为主要内容。

第一阶段的农业现代化通常从四个方面来判断：一是畜力和手工作业是否被机械作业替代；二是农家肥等来自农业自身的投入要素是否被化肥等工业生产的投入要素替代；三是依靠经验的农业是否被依靠科学知识和实验的农业替代；四是产品自产自用为主的自给性农业是否被专业化的商品性农业替代。如果这四个方面发生了基本转变，人们就称之为完成了第一阶段的农业现代化。

完成了第一阶段农业现代化的国家，无一例外地建立了以石油能源为基础的高投入、高耗能、高产出的农业模式。人们很快认识到了“石油农业”带来的生态环境恶化等问题。另一方面，进入20世纪80年代后，全球农业竞争加剧，发达国家的农业补贴竞争进入了白热化阶段，提高国际竞争力成为各国的主要农业目标之一。主要由于这两方面的原因，农业现代化进入了追求生态农业、精准农业、竞争农业为主的发展阶段，生态环境保护、农产品质量安全保障、资源利用效率、现代生物技术、信息技术、新型农民培养、农产品产加销收储运一体化、农产品国际市场控制等内容成为第二阶段农业现代化的重点内容。目前全球的农业现代化正处于这一阶段，以美国为首的发达国家处于领先地位。美国的单位农业产值耗能比我国少一半，以色列每立方米水可生产2.2千克粮食，水资源利用效率比我国高1倍；发达国家中的许多农场采用计算机信息系统来进行农田作业；90%以上的商业转基因品种控制在孟山都等发达国家的大公司手中；谷物、大豆等国际市场的掌控权在跨国公司手中。而许多尚没有完成第一阶段农业现代化的国家，同时也被卷入了第二阶段的农业现代化，因此，不得不在不同程度上同时进行着两个阶段内容交叠的农业现代化。

二、农业现代化的主要类型

农业现代化的模式和途径是相对于不同侧重点而产生的一种说法，也反映出农业现代化过程并非只有一种模式。我国在改革开放后，前后模仿了不同国家的农业现代化，如先后学南斯拉夫、日本、美国，但最终没有取得理想的效果，其原因就在于农业现代化要依据自己的条件来进行，外来药方并不总适合医治本国的病症。

因为各国的国情条件不一样，比如自然资源、生产类型、技术水平、非农环境等等，也因为农业现代化的内容比较丰富，因此农业现代化就具有了不同的特色，也就形成了不同的农业现代化类型和途径。

各国早期的农业现代化因其国情和自然资源禀赋不同，出现了起步时期不同的技术选择，归纳起来大致有三种类型。第一种类型是以美国、加拿大、澳大利亚、巴西等为代表的地多人少国家，这些国家的资源禀赋特点是自然资源丰富、有大量可垦耕地、劳动力紧张，所以选择了提高劳动生产率的农业机械化起步。第二种类型是以日本、荷兰、以色列等为代表的地少人多国家，这些国家自然资源稀缺、耕地有限、劳动力相对较多，无法走扩大耕地的外延型增产道路，因此，选择了提高土地产出率的生物技术化起步。第三种类型是以德国、法国等为代表的资源禀赋状况介于前两类之间的国家，选择了农业机械化和生物技术化兼顾的起步方式。美国著名农业经济学家拉坦(Ruttan)对许多国家的情况进行了分析，得出了农业现代化起步方式与自然资源禀赋之间的一般经验规律:劳均土地 30 公顷以上的国家,往往选择提高劳动生产率的机械技术型道路起步;劳均土地在 3～30 公顷之间的国家,往往选择生物技术与机械技术兼顾型道路;而劳均土地不足 3 公顷的国家,往往选择提高土地生产率的生物技术型道路起步。

但随着农业现代化的进展,农业瓶颈问题的制约程度甚至顺序会发生变化。这与"木桶原则"相似,最短一块短板变长之后,原先的次短板就成为最短板,从而上升为主要的制约对象。以机械化起步的国家在提高了劳动生产率后,农业现代化的重点转向了生物技术化以提高单产;而以生物技术化起步的国家在工业化过程中,劳动成本变得越来越贵了,所以把农业现代化的重点转向了机械化以提高劳动生产率。从工业革命以来的农业现代化实践看,在以水利化、机械化、良种化、化学化、电气化等为主要内容的农业物质装备和生产手段的现代化上,各国存在起步和进展顺序的差异,但从长期来看的整体内容是基本一致的,最后会进入一个趋同化的全面发展阶段。

第四节　一些国家农业现代化的基本情况

一、美国的农业现代化

美国的农业现代化过程是加拿大、澳大利亚等一类地广人稀国家农业现代化的代表,这类国家发展农业的基本难题是农业劳动力不足。因此如何提高劳动生产率成为发展农业的主要问题。美国式农业现代化的特点是:优先发展机械技术、实现农业机械化,大力提高农业劳动生产力。与此同时,大力推进农业教育、科研和科学传播与应用。

19 世纪初期,工业革命从英国扩展到美国时,美国东北部的工业化率先起步,而中西部和南部依然以农业为主。但到 1860 年,美国已经发展成仅次于英国的世界第二号工业强国。美国发达的工业体系为农业机械化提供了强大的支持。

南北战争到第一次世界大战这段时期是美国迅速从农业经济进入到城市化和工业化的时期。到 1880 年,美国的工业产值已经超过农业;到 1894 年,美国的工业产值跃居世界首位,美国成为高度发达的资本主义国家,完成了从农业国向工业国的转变、从农村为主的社会向城市为主的社会的转变、从早期技术革命向近代新技术革命的转变。

对于地域辽阔的美国来说,劳动力不足是美国出现机械化以前制约经济发展的主要因素之一。早期开发美国的劳动力主要依靠欧洲移民,但远远不能满足美国经济的劳动力需求。随着美国的领土扩张和18世纪末叶掀起"西部开发"后，劳动力短缺问题格外突出。美国贩运黑奴大大缓解了劳力不足。1808年美国禁止黑奴输入，加上19世纪中叶的美国南北战争，大大加剧了劳动力短缺问题。南北战争后，美国农业以工业化为动力，工业为农业提供了巨大的技术支持，机械化成为美国农业现代化的起步环节。此时，美国农业生产力的迅速提高主要归功于农业机械的广泛应用。到1860年，麦柯密克在西部新兴草原市镇芝加哥售出的收割机就达到25万架。农业中使用的农业机械有自动捆扎机、脱粒机、收割脱粒两用机、播种机、切割机、去皮机、去壳机、奶油分离机、撒肥机、种薯机、干草机、孵卵机等等，大大提高了农业劳动生产率。1860—1900年，美国的耕地面积增加了50%，农业劳均耕地扩大了186%，化肥消费量增加了1 565%，粮食总产量增加了234%，棉花产量增加了164%，可比农业总产值增加了193%。美国农业劳动力比重1800年约为75%，1850年约55%，1920年约25%，1950年约12%。

随着新的科研成果的不断涌现和应用，美国农业现代化也在不断地发展。1889年第一台内燃机拖拉机在美国诞生，1892年第一台实用的汽油拖拉机在美国问世，美国很快就开始将最新成果引入农业。1910年美国开始了以拖拉机为引导农业机械化，1925年进入大规模农业机械化阶段，先从固定作业和耕作的机械化开始，最后实现收获机械化；收获机械化先从谷物作物开始，再扩大到甜菜、棉花等作物，到1940年基本实现了农业生产手段机械化，也成为世界上率先实现农业生产手段机械化的国家。

在农业机械化获得长足发展的同时，美国的农业科学传播也获得了极大的推进。根据1862年的《莫里尔公地兴学法案》(*The Morrill Land-Grant College Act*)，美国国会把公用地分配给各州建立农学院。此外，国会拨款在全国各地遍设农业试验站，并直接拨款给农业部用于科学研究。到20世纪初，农业科学研究在全国各地广泛开展起来，并取得了许多重大研究成果。

在农业现代化的过程中，美国的农业经营方式向"大农业"发展，至1880年美国有1 000英亩(400公顷)以上的大农场2.9万个，这些农场采用雇佣劳动、设立专人管理、实行企业化经营，至1914年，美国式农业资本主义发展模式已经形成。随着农业机械化的发展，机器逐渐替代雇佣劳动。至美国基本实现农业机械化的1940年，1 000英亩以上的大农场已经超过了10万个。

2007年美国农场的平均规模已经达到了449英亩(179.6公顷)；2006年美国家庭农场的平均收入66 570美元，比美国家庭平均收入高出16.7%；2007年农业外贸占国家总外贸额的8%，农业贸易顺差达119亿美元。

二、日本的农业现代化

日本的农业现代化过程代表了荷兰、以色列等自然资源缺乏、人多地少、农业劳力充裕这一类农业条件的国家，当时这类国家发展农业的基本难题是耕地面积少、农产品自给不足，因此，如何在有限的耕地上提高土地生产率成为发展农业的主要问题。这类国家和地区农业现代化的起步重点放在培育良种等生物技术、增施化肥等化学措施、兴修水利和合理栽培等方面，以大力提高土地生产率，在基本达成这些目标后再把重点转向以农业机械化为代表的生产手段的现代化。

日本在历史上是一个以水稻种植为基础的国家，经过江户时代中期的大规模开垦，日本的耕地不断扩大。明治维新的土地改革，使日本农业摆脱了封建土地领主制，确立了包括自耕农在内的土地私有权。

从明治时代(1868)起至“二战”以前的日本农业现代化主要体现在水利化、良种化、化学化及栽培措施方面。因为日本是多山丘陵的国家，水利是种植水稻的命脉。日本从德川时代(1603—1867)开始在较大河流的下游建造蓄水池、灌溉设施和水渠。19 世纪 90 年代以前，由于出现了“神力”、“爱国”等改良品种，盐水选种、短册苗床等改良技术，并以田区规划和短犁等为基础普及了“旱田马耕”方式，日本的水稻单产出现了划时代的增长，明治三十年(1898)与明治十一年(1878)相比，水稻单产提高了 71.3%。1930 年前后，由于出现了“旭”、“农林 1 号”等改良品种、普及化肥、晚化栽培预防病虫害、抽水机灌溉，形成了“多肥多劳”的技术特征，再次提高了水稻单产。从反映日本农业重要的水稻生产技术变化的表 10-1 中可以看出“二战”前日本农业现代化的特点。

“二战”结束后，日本国内严重缺粮，引起社会动荡，因为战争给粮食生产造成了破坏，其次战后也瓦解了日本战前的粮食供应体制，战前日本国内所需的大米中有 20%是靠掠夺殖民地来弥补的，战后这种粮食供应体制被打乱。加上战败当年又赶上大荒年，加重了粮食危机①。为了改变这种状况，日本政府采取了“充分保护农业利益”的方针，制定了一系列促进农业生产的法令和增产措施，如 1945 年 11 月的《紧急开拓实施纲要》，1947 年的《农业协同组合法》，1948 年的《农业改良助长法》和《农药管理法》，1949 年的《土地改良法》，1950 年的《农业物质规格法》和《植物防疫法》，1951 年的《农产品检验法》，1952 年的《耕地改良法》、《农地法》、《农山渔村电气导入促进法》和《主要农作物种籽法》，1953 年的《旱地农业改良促进法》和《农业机械化促进法》。这里可以看出，日本的措施发挥了农业生产精耕细作

① 金明善，宋绍英，孙执中，《战后日本经济发展史》，航空工业出版社，1988 年，第 47-48 页。

的传统。战后土地改良成为日本政府最重要的政策之一，特别是 1949 年的《土地改良法》使得土地改良由政府、农业团体和农民共同来进行。1946—1952 年完成土地改良的面积达 87 万公顷，国家投入了 432 亿日元（按 1952 年的价格）。

1953 年日本在《农业机械化促进法》下起步农业机械化，1955 年政府开始推动农业现代化，1961 年制定《农业基本法》促进农业现代化，1965 年重点开展农业机械化，到 1967 年才基本实现了固定作业和田间作业的机械化，至 1977 年才在育秧、插秧、收割、脱粒、烘干等环节全部实现了水稻生产过程的机械化，至此，日本农业进入了“省力、多肥、多农药”的水稻生产阶段，也标志着日本初步实现了农业生产手段的现代化。

表 10-1　日本重要的水稻生产技术变化

年代	品种	施肥	种植方式	防除	土地改良	机械
1870 年代	神力	鱼粕、油粕	盐水选种	人力拔取		
1880 年代		过磷酸钙			田区整理	短床犁
1890 年代	爱国	进口中国大豆	短册苗床		［旱田马耕］	
1900 年代	［开设农事试验场］	硫铵出现	正常栽植		土管暗渠	脚踏脱粒机
1910 年代						水泵
1920 年代	旭、陆羽 132	［化学肥料时代］	晚化栽培	螟虫对策		
1930 年代	农林 1 号	追肥技术				动力脱粒
1940 年代		秋落水田对策		2,4-D 剂	暗渠、客土	
1950 年代	40 品种、Koshihikari	（和战前相比）K 5 倍、P 2 倍、N 1.6 倍	保温式苗床、早期培育	DDT 剂、1605 剂	土层改良、耕土培养事业	动力耕耘机
1960 年代	Houyoku、Yukara、Sasanishiki		多肥密植	有机汞剂、MCP、PCP	圃场整治	拖拉机
1970 年代	Kiyonishiki	深层施肥	机械移植			动力插秧机、联合收割机

资料来源：［日］七户长生，《日本农业的经营问题——现状与发展逻辑》，北京：中国农业出版社，1994 年，第 11 页。

三、西欧的农业现代化

英国、德国、法国、意大利等西欧国家的农业现代化特点：发展机械技术和生物技术并重，提高劳动生产率和土地生产率并重，这种农业现代化方式也被称为“西欧型道路”。

英国是产业革命和农业资本主义发展最早的国家，因此也是率先启动近代农业现代化的国家。14 世纪末叶，在英国居农业主导地位的农奴制度已经解体，至 15 世纪初，人身自由的租佃农在英国农业中成为大多数。16 世纪由于出口导致了对毛纺业的需求激增，刺激了地主圈地发展需要较大土地规模的养羊业，从而导致了历史上“圈地运动”的“羊吃人”。经过约 3 个世纪的“圈地”，英国租佃小农被基本消灭，自耕小农因为经不起资本主义的农业挤压，也基本上被淘汰了，英国普遍建立起了雇工经营的资本主义大农场①。18 世纪开始的英国农业革命开启了英国农业现代化的大幕，播种机、苏格兰犁、选种、三圃轮作制、脱粒机等先进农业技术设备先后应用于农业。随着机器在农业中的使用，英国的农业劳动力比重迅速下降，1841 年农业劳动力比重为 26.4%，到 1881 年时已经降低到 13.0%，成为当时世界上农业劳动力比重最低的国家。19 世纪英国农业劳动生产率在欧洲占首位，每英亩小麦产量从 1720 年的 19 蒲式耳(517.2 千克)上升到 19 世纪 40 年代的 30 蒲式耳(816.6 千克)，到 1900 年的 77 蒲式耳(2 095.9 千克)。

由于英国的全球殖民，并把殖民地作为英国的原料和廉价农产品的供应地，把英国本土视为“世界工厂”，重视工业生产而忽视本国农业的发展，从而使英国农业渐渐落后，2/3 以上的粮食和 1/3 以上的畜产品依赖进口。直到“二战”以后，英国政府开始振兴农业，于 1948 年颁布了第一个农业法(以后又分别于 1976 年和 1984 年作了修订)，实施了一系列向农业倾斜和鼓励发展农业的政策来推进农业现代化。以农业机械动力为例，1939 年时，每个农业劳动力的动力装备仅有 3 马力(2.2 千瓦)，到 1980 年达到 50 马力(36.8 千瓦)。随着现代化水平的提高和大量资金的投入，生产大幅度增长，农业的综合自给率明显上升，农产品从依靠进口逐步转向自给，到今天英国农业已经具有了很高的现代化水平，主要农产品已处于生产过剩状态，需要出口农产品来缓解自己的农业问题。1974 年英国加入欧共体，此后的英国农业在欧共体共同农业政策(CAP)的框架下发展。

---

① 英国的农场比西欧其他国家的农场要大得多，1851 年英国和威尔士的平均农场规模是 111 英亩(44.4 公顷)，在其他西欧国家 100 英亩(40 公顷)以上的农场算大农场了，但在英国 300 英亩(120 公顷)以上才算大农场。即使到今天，英国的平均农场规模仍约是法国、德国农场的 1 倍，是荷兰、比利时农场的 3～4 倍。

德国农业的资本主义发展采取的是列宁所称的“普鲁士式道路”，即由贵族地主阶级自上而下实行一系列改良型的农业改革，通过缓慢逐步的过程完成从农奴制地主庄园到容克-资产阶级农场的演变，发展出资本主义农业。到19世纪70年代末时，德国完成了工业革命，到20世纪初期德国已在最新技术基础上建立起了较完整的工业体系，成为一个以重工业为主导的资本主义工业强国。但德国的农业却比较落后，远远不能满足工业和城市对原料和粮食的需求。随着德国在第一次世界大战中战败，德国割地和赔偿，经济受到致命打击。“一战”后，德国经济复兴，农业生产力也得到了发展，但随之发动了第二次世界大战，德国的经济再次受到致命性的毁灭。“二战”结束时，德国普遍处于食物不足状态。联邦德国政府在恢复战后政治、经济和社会秩序后，大力推进农业生产。战时的德国就严重缺乏劳动力，吸收土耳其等国的外来劳动力补充劳动力不足。1950年联邦德国农业劳动力比重为23.4%，战后联邦德国在农业上开始推行农业机械化，到1953年基本实现农业机械化，此后开始重点进行大规模的农业技术革命。1960年联邦德国农业劳动力比重降低为15%，至2000年时该比重只有2.51%了。

法国革命之前，农村土地制度是封建领主的大地产所有制，土地所有权结构分布为：教会地产约6%，贵族地产约25%，资产阶级大地产12%～15%，农民土地22%～27%[①]。封建领主自己不经营土地，将地出租给农民耕种。法国资产阶级革命胜利后执政的雅各宾政府1793年颁布宪法废除封建土地所有制，没收教会、国王和流亡者的土地进行拍卖出售，许多农民因此购得小块土地，完成了土地所有权的激烈变革，使得小土地占有成为法国农地制度的主要形式。但大革命也使资产阶级大地产的占地上升到20.8%，人均273公顷；中等地产占46.6%，人均33公顷；约占全国农户总数89.4%的小农户，仅拥有全部土地的32.6%，人均2.65公顷[②]。拿破仑执政后颁布《法国国民法典》(《拿破仑法典》)稳定了小农土地所有制，并且废除了嫡长权，诸子继承使得土地在财产时代交替中被分割，农户规模变得更小了，导致法国存在大量的小农。

1825年法国有650多万个土地所有者，到19世纪40年代末小土地所有者增加到了730万个。1862年的法国土地统计数据显示，全国有780万个土地占有者，其中不足1公顷的极小农户有320万户，约占农户总数的38.5%，1～10公顷的小农户占46.5%。但与此同时，由于天灾人祸、经营不善等原因，一些小农在破

---

① [英]约翰·哈罗德·克拉潘，《1815—1914年法国和德国的经济发展》，商务印书馆，1965年，第228-229页。

② [法]弗朗索瓦·卡龙，《现代法国经济史》，商务印书馆，1991年，第11-12页。

产，并且资本主义农场在缓慢地发展起来。到了19世纪60年代，法国涌现出了15万个资本主义大农场，它们仅占全国农户总数的5%，但拥有全国40%的耕地面积，雇佣了90多万农业工人[①]，使得法国呈现了资本主义大农场经营和小块土地所有者并存经营的局面。

19世纪末和20世纪初，国外廉价的粮食大量涌入欧洲市场，欧洲的生产者难以与其竞争。资本主义雇佣制大农场缺乏利润刺激，国内大量的资本转向海外殖民地投资以攫取暴利，法国农业依靠小量资本和大量劳动进行着，农业设备、作物种植和收获方式处于旧的状态，小农经济的改造由于缺乏资本支持而未能大规模发生。法国的农业劳动生产率比英国低39%，单位土地产出率平均比英国低38%[②]。

20世纪伊始，法国的农业劳动者达到880万人的高峰值。此后，随着工商业和城镇化的发展，农户数逐渐下降，全国农户1908年下降到551万户，1929年为397万户，1942年为245万户。但法国农场依然具有明显的"两小"特点：①农场平均耕地面积小，依然以10公顷以下的小农场为主，1955年全国228.5万个家庭农场中，10公顷以下的有127.72万个，占农场总数的60%以上；②地块细小零碎，1955年全国3 400万公顷农地被分割成7 600万块，平均每块地仅为0.45公顷[③]。

"二战"结束后，工商业迅速发展，农村人口大量进入城市，对农产品的需求不断增长，法国政府实行大力支持农业的政策，特别是法兰西第五共和国建立后，戴高乐政府出台了一系列关于土地和农业产业结构的政策，土地集中和资本化经营，推进以农业机械化领衔的农业现代化。1960年颁布《农业指导法》，成立"土地整治与农村实业公司"，由政府担保的"农业地产公司"(SFA)收购小块农地和小农场，将小农场转卖给其他农场来扩大农场规模。1962年出台《农业指导法补充法案》，成立了"调整农业结构社会行动基金"。20世纪70年代初期，政府又设立了"非退休金的社会福利补助基金"，建立农民与土地分离的退出机制和社会养老保障体系，鼓励年龄超过55周岁的农民领取一笔终生养老金后主动交出土地。规定农场继承人只有一人，防止农场土地细分；信贷上支持面积在30公顷以上的农场；支持农民合伙经营来扩大经营面积；设立农业现代化装备基金来提高农业装备现代化；等等。这些政策措施的实施，使得法国的农场数目迅速减少，农场规模不断扩大，但依然保持了家庭农场为主的格局。目前，法国各类农场66万个，平均规模

① 余开祥，《西欧各国经济》，复旦大学出版社，1987年，第52页。

② [法]弗朗索瓦·卡龙，《现代法国经济史》，商务印书馆，1991年，第104-118页。

③ 朱博文，"美法日家庭农场发展的经验与启示"，《农场经济管理》，2004年第6期第21-24页。

达到 42 公顷。其中,100 公顷以上的大农场数占 10%,但占到全国 40%的农地;50～100 公顷的中型农场数占 17%,面积占 32%;20～50 公顷的小型农场数占 24%,面积占 21%;20 公顷以下的超小农场占 49%,面积仅占 7%[①]。到 1968 年,法国第一次实现农产品净出口;到 20 世纪 70 年代初期,法国基本实现了以机械化、电气化、化学化、良种化为主要内容的农业现代化。

"二战"后,法国的合作农场发展较快,1962 年出现一种称为"农业经营共同体"的合作组织,所有权保留,土地和生产资料共用,收入以劳动和资本份额分配,1962—1995 年已发展到 4.4 万个。1985 年出现了有限责任农业经营形式的合伙农场,到 1995 年已发展到 3 万个。上述两种形式的农场到 1997 年已占到农场总数的 13%,经营 24%的农地。近年来,法国的公司农场也发展很快,已占到农场总数的 10%,占用农地 25%。

四、印度的农业现代化

印度在发展中国家和地区的农业现代化中具有一定的代表意义。

印度是较早成为殖民地的国家,因此,印度自给自足的传统农业早在 18 世纪末期时就受到了商品经济的冲击,成为宗主国的原料供给地、商品市场和投资场所。1813—1844 年印度输往宗主国的原棉从 4 000 多吨猛增到 4 万吨,从加尔各答出口的生丝也激增近 17 倍。甚至随着英国对华鸦片贸易的扩大,印度的罂粟种植面积也不断扩大,成为对华鸦片贸易的主要出口地,鸦片收入一度占殖民政府财政收入的第二位,仅次于田赋[②]。

印度 1947 年 8 月 15 日独立。独立之后的印度一方面急欲使国家进入快速发展的轨道,另一方面首先要解决 3.6 亿人口的吃饭问题。因此独立初期,政府发动了"增产粮食运动"。同时,马上着手以改造农村封建生产关系为主的农业发展战略,其核心是实行以租佃改革为特征的土地制度改革,废除柴明达尔[③]制度,实行土地最高持有额度。这次土地改革废除了封建土地关系,为小土地所有者的土地制度打下了基础,也为此后的农业现代化打下了基础。土地改革后,印度农村存在地主、自耕农、租佃农和雇农四个阶层,其中自耕农的人数最多。地主和自耕农开始以市场的理念和方式进行生产。

---

① 赴法国家庭农场运行与管理体制培训考察团,"法国农业发展现状考察报告",《中国农垦》,2006 年第 2 期,第 30-74 页。

② 林太,《印度通史》,上海社会科学院出版社,2007 年,第 224 页。

③ "柴明达尔"意为土地所有者,"柴明达尔"制度是一种包税地主制。其他的重要农业制度还有"莱特瓦尔"(农民)制度,就是以农民为征收田赋的对象;"马哈尔"(村庄)制,即以村庄为单位指定田赋制度。

与此同时，印度仿效苏联，推行农业合作化运动，设想用计划经济体制取代市场经济体制。1949 年 7 月，土地改革委员会的报告中构设了印度农业的四种经营方式：联户合作耕种、集体农庄、家庭农场和国营农场。1959 年 1 月，国大党那格浦尔会议制定了“农业组织模式”决议，把农业化合作社正式定为基本模式。

1960 年之后，尼赫鲁政府在美国福特基金会的帮助下，选择了一批基础较好的县实行“强化农业县计划”，即集中使用诸如良种、化肥、农药、灌溉、机械等现代化技术。

但印度片面发展的重工业政策使得农业投资严重不足，并且 1965 年以前，印度农产品价格政策的重点放在保护消费者利益上，政府通过低价收购、进口和配售来保护消费者利益。1965 年印度出现严重的粮食短缺，不得不大规模进口粮食。1965 年，印度成立“农产品价格委员会”（1985 年更名为“农产品成本和价格委员会”），农产品价格政策发生了转折性变化，把重点放在保护生产者利益上，同时兼顾消费者利益。这一政策是印度农业政策调整的里程碑。

为了从根本上改变印度农业长期落后的状况，英迪拉·甘地政府积极启动了“绿色革命”，即以高产种子等生物技术为主，辅之水利、化肥、农药、农业机械等现代农业技术，从而提高单产、增加产量。政府增加了农业投资、世界银行提供贷款，绿色革命有了资金保障，政府又通过价格、补贴、税收、信贷等具体的调控手段和优惠措施，支持农民采用高产良种以及农业新工艺、新技术、新农具等。印度的农业现代化程度大为提高，至 1970 年实现粮食基本自给。

从 20 世纪 70 年代后期起，印度政府的农业和农村政策发生了一定的转变，在农业政策方面提出发展“持续农业”，在农村政策方面重点转向了缓解农村贫困和农村综合发展计划，并实施了一系列扶贫计划。20 世纪 80 年代之后，印度进入经济改革与调整时期，重点是清除经济体制和国有化的弊端，向自由的市场经济体制转变。1991 年 7 月，印度宣布进行经济改革。

印度的农业现代化从投入和总体产出水平看，获得了很大的成就，1951/52—2006/07 年度的化肥（有效成分）用量从 6.56 万吨增加到 233.48 万吨，年均增长率高达 11.12%。2005 年每公顷化肥用量达到 102.1 千克，在亚太发展中国家和地区处于较高的水平。1995—2005 年期间的农业用电增长了 4%。但印度深受人口增长之累，1950/51 年度与 2000/01 年度相比，全印度农村人口比重从 82.7%下降到 72.2%，务农就业人员的绝对量由 9 720 万人增加至 2.34 亿人。农业劳均农地和农场规模在不断缩小，2000/01 年度的农业劳均农地 0.68 公顷，平均农场规模为 1.33 公顷，62.3%的农场是 1 公顷以下的小农场，小农场的平均规模仅为 0.4 公顷。

第五节　中国的农业现代化历程

一、农业现代化的提出

辛亥革命以来，从北洋政府到民国政府，中国基本上一直处于战争状态——直奉大战、直鲁大战、北伐战争、蒋冯阎大战、国共第一次内战、抗日战争、解放战争。新中国成立时，中国的经济发展水平不仅远远落后于老牌资本主义国家，也落后于许多殖民地国家，甚至落后于1933—1936年的中国，百废待兴。因此，恢复生产、满足民生成为共产党人执政后首先面临的任务。当时的苏联在经济发展方面取得了明显的进步，显示出强大的经济实力，为中国实现跨越式经济发展提供了一个范式，建设一个强大的新中国成为共产党人执政后努力追求的目标。但1950年朝鲜战争的爆发延迟了我国的现代化推进时间，直到1953年抗美援朝战争胜利结束，我国才能够投入全部力量来发展社会经济，推进现代化过程。

1954年9月23日国务院总理周恩来在第一届全国人民代表大会第一次会议的《政府工作报告》中明确提出：我国要"建设强大的现代化的工业、现代化的农业、现代化的交通运输业和现代化的国防"。这是新中国政府文件中第一次正式提出建设"现代化的农业"。自此之后，农业现代化始终是政府致力的建设目标之一。20世纪60年代初，通过总结三年"大跃进"的经验教训，周恩来总理在1963年1月29日的上海讲话中，把农业现代化放在"四个现代化"的第一位，他提出"今后发展国民经济的主要任务，总的说来，就是要在不太长的历史时期内，把我国建设成为一个具有现代农业、现代工业、现代国防和现代科学技术的社会主义强国，赶上和超过世界先进水平"。[①]即使在社会动荡的"文化大革命"期间，我国依然没有放弃"四个现代化"建设目标，周恩来总理在1975年1月13日第四届全国人民代表大会一次会议上的《政府工作报告》中再次重申"四个现代化"建设目标。1978年党的十一届三中全会作出的《中共中央关于加快农业发展若干问题的决定(草案)》中，在新的历史条件下再次重提农业现代化。2007年，中央再次强调"发展现代农业是社会主义新农村建设的首要任务，是以科学发展观统领农村工作的必然要求。推进现代农业建设，顺应我国经济发展的客观趋势，符合当今世界农业发展的一般规律，是促进农民增加收入的基本途径，是提高农业综合生产能力的重要举措，是

① 中共中央文献研究室，《周恩来经济文选》，中央文献出版社，1993年，第563页。

建设社会主义新农村的产业基础”。[①] 2008 年 10 月 12～15 日中共中央第十七届三中全会文件《中共中央关于推进农村改革发展若干重大问题的决定》中，再次强调指出我国要走“中国特色的农业现代化道路”。2009 年 1 月 23 日第十七届中共中央政治局进行了以“中国特色的农业现代化道路研究”为内容的第十一次集体理论学习，胡锦涛总书记再次指出“把走中国特色农业现代化道路作为基本方向”来推动农村经济社会又好又快发展。

二、农业现代化的历程

新中国的农业现代化之路可以分为 1953—1977 年的计划经济阶段和 1978 年改革开放后的市场取向阶段，前一阶段主要在集体化条件下以行政手段推进农业现代化，后一阶段主要是在农户家庭承包制条件下以公共财政支持为手段来推进农业现代化。

新中国的农业现代化是从生产关系变革开始的。20 世纪 50 年代初，中国完成了以消灭地主阶级为特征的土地改革。土地改革后形成的小自耕农为主的农业经营体制虽然极大地提高了农业生产力，但显然与当年我国追求的苏联农业模式相距甚远，并且在农业实践中也普遍存在小农缺乏牲畜、农具、劳力、资金等困难。受马列主义理论模式和当年苏联农业实践模式的影响，我国政府和领导人逐渐形成了中国农业发展指导思想和路线，提出了第一步实现集体化、第二步实现农业机械化和电气化的“两步走”的农业发展指导思想和路线。

这种农业现代化的认识是与占主导地位的农业生产手段和技术现代化的理解是一致的，此后我国的农业现代化的基本内容就是努力用现代农业生产手段和技术来武装农业。1961 年 3 月 20 日，周恩来总理在广州中央工作会议上指出：必须从各方面支援农业，有步骤地实现农业的机械化、水利化、化肥化、电气化。这是官方明确将此“四化”指标作为农业现代化的具体外延。此后逐渐演变为努力追求机械化、水利化、化学化、良种化、电气化。当时提出的口号如“农业的根本出路在于机械化”、“水利是农业的命脉”、“逐步增加化学肥料”等等，相应地设计了很多具体指标来反映农业现代化的水平，即使在今天的《中国农业统计年鉴》中依然保留着反映农业现代化程度的统计指标。正是有了这些具体的瞄准物，所以，从 20 世纪 50 年代以来，我国一直在努力地追求农业现代化，这种努力追求的显著标志是 1962 年 4 月发行的新中国第三套人民币中一元面值币上的我国第一代女拖拉机

① 中共中央，国务院，《关于积极发展现代农业扎实推进社会主义新农村建设的若干意见》(2007 年中央“一号文件”)。

手。政府甚至在 20 世纪 70 年代中期提出了要“在 1980 年基本实现农业机械化”的口号。

我国的农业现代化在高级农业合作社和人民公社的集体化时期得到了较大的进展，当时虽然农业资本不足，有限的资金也基本用于化肥化、机械化、良种化，但依靠替代资本的大规模劳动积累，在兴修水利、整治土地、修建梯田等方面获得了巨大的发展。由于城乡割裂、不合宜的生产计划等体制因素的消极作用以及人口增长因素，农业现代化在这些方面的进步并没有带来农业劳动生产率、农产品商品率、农业要素投入效率等的明显提高。期间，还因为“文化大革命”等政治运动，农业现代化的步伐时常中断。到 1978 年时，中国经济已经降落到了努力争取温饱的地步，农业现代化的实际条件已经没有多少了。为了解决温饱问题，中国农业出现了以“大包干”为主要特征的农户家庭承包制，在从人民公社制度到“大包干”制度的转变中，除国营农场外，农业生产手段和技术装备实际上回到了新中国成立初期的基本状态，甚至已经取得的一些农业现代化成果也遭到了破坏，如水利设施体系的破败，1978—1989 年期间有效灌溉面积一直没有增长，又如许多地方出现了从机械动力退步到人畜力的现象。但是，化肥投入量在迅速增长，与精耕细作一起维持着农业的增长。

与农村现实演变不同的是，农业现代化引起了政界和学界的重视，经党中央批准，1978 年 6 月中国科学院在湖南省桃源县建立了“中国科学院桃源农业现代化研究所”(1979 年迁至长沙，更名为“中国科学院长沙农业现代化研究所”)，在黑龙江海伦县成立了“中国科学院黑龙江农业现代化研究所”，在河北栾城县成立了“中国科学院栾城农业现代化研究所”(1979 年 5 月更名为“中国科学院石家庄农业现代化研究所”)，1979 年中国科学院把“支农办公室”扩建为“农业现代化委员会”。

农业现代化的再次起步实际上是在 1990 年之后。比如有效灌溉面积 1990 年以后又开始逐渐增长，拖拉机和配套机具数量加速上升，农药和薄膜的使用量明显上升。进入 21 世纪后，大中型农机具的数量开始明显增长。

三、农业现代化的成就

尽管我国的农业现代化远远未达到预期目标，在某些方面可以说进展缓慢，但半个多世纪的农业现代化实践依然取得了长足的进展，甚至在某些方面取得了骄人的成就。

农业生产手段和装备的现代化是传统农业转向现代农业的主要特征和内容。农业机械化被普遍作为农业现代化的标志性指标，至 2008 年，我国农机总动力 8.2 亿千瓦，拖拉机拥有量达到 2 022 万台，拖拉机总动力达到 2.5 亿千瓦，拖拉机配套农具 3 230 万部。在总量上，位居世界前列。

作为农业现代化重要内容之一的水利化。1978 年以前的集体化年代，大搞农田水利建设是那些年代的主要农业建设内容之一，这一时期，我国开展了黄河治理、淮河治理等一系列大中小型水利工程，建成的标志性工程有河南省林县的“红旗渠”。至 2008 年全国建有水库 86 353 座，水库容量达到 6 924 亿米^3；全国有效灌溉面积从 1952 年的 1 996 万公顷扩大到 2008 年的 5 847 万公顷。

在农业现代化投入的其他指标上，2008 年中国农药施用量达到 167 万吨，每公顷 13.7 千克；农用薄膜使用量达 200 万吨，每公顷 16.4 千克；农用柴油消耗量达 1 888 万吨，折每公顷 155 千克。联合国粮农组织 2007 年数据显示，中国化肥施用纯量占世界施用总量的 26%，每公顷化肥施用量接近 300 千克，是世界平均施肥水平的 2.6 倍，居公顷施肥量十大国之列。

从主要农产品产量看，我国的粮食总产量从 1952 年的 1.6 亿吨提高到 2008 年的 5.3 亿吨，亩产从 88 千克提高到 330 千克，人均粮食占有量从 285 千克提高到 398 千克。棉花总产量从 1952 年的 130 万吨提高到 2008 年的 749 万吨。油料总产量从 1952 年的 419 万吨提高到 2008 年的 2 953 万吨。从联合国粮农组织 1961—2008 年期间的数据看，我国的谷物单产年增长率为 3.28%，大大高于 2.07%的世界平均增长率；我国的籽棉单产年增长率为 3.99%，大大高于 1.92%的世界平均增长率。

在农业现代化过程中，逐渐完成了从剥夺农业到支持农业的政府转变，建立起了一个以公共财政为基础的政府支持体系雏形。在社会化服务体系方面，建成了一个现货市场、期货市场和产地批发市场、中转批发市场、销地批发市场、零售市场等较为齐全的市场体系；建立起了一条联结生产、运输、贮藏、加工、包装、国内销售和海外出口各个环节的产业链。

四、农业现代化中存在的问题

我国的农业现代化远远没有达到预期目标，农产品商品率依然较低，农业劳动强度依然较大，农业生产中的良种化、机械化、信息化、组织化、社会化服务等程度大大落后于预期，农业的技术效率和经济效率也不容乐观，甚至农资质量和农产品质量安全问题依然突出。下述问题是我国农业现代化过程中的突出问题：

(1)农业现代化资金严重短缺，政府支持依然不足。在计划经济时期的农业现代化中，农业是一个被剥夺的产业，农业现代化资金基本上依靠农业自身积累。进入 21 世纪后，政府初步构建了支持农业的框架，但其财政支持在本质上发挥的依然是政治效应，尚未真正发挥经济效用。

(2)农业现代化的地区差异很大。在城郊地区和经济发达地区,农业现代化程度相对较高,如上海、北京等地,不仅现代投入要素和生产手段装备已经具有相当高的程度,有些农业内容已经进入了国际竞争;但在老少边穷地区,农业现代化程度依然很低,甚至依然刀耕火耨。

(3)农场规模和农地制度不利于农业现代化。农业现代化需要一定的农场规模和适宜的农地制度,我国目前的农户农场规模过于细小,并且细小的农场规模还是建立在零碎分散的地块基础上的。因为细小的农场规模,使得技术规模和经济规模阻碍着农业现代化的进程。扩大农场规模历来是东亚小农的难题,我国目前家庭承包制的农地制度事实上进一步增加了扩大农场规模的难度。

(4)农业现代化环节的不均衡。农业现代化要求的是全生产过程的现代化,但目前的问题首先是不同生产环节间的现代化程度不一,例如在农业机械化中,整地、灌溉、收割的机械化程度相对高,而施肥、烘干等环节的机械化程度很低,未能实现全生产环节的机械化;其次是不同作物间的机械化程度不一,粮食作物的机械化程度较高,而棉花、蔬菜、果树等经济作物的机械化程度很低;最后是通用性机械化程度高,专业性机械化程度低。

(5)农民素质劣化不利于农业现代化。一方面,农业现代化需要与之相适应的农民;另一方面,培育现代农民本身也是农业现代化的主要内容之一。但在工业化和城镇化中,年轻且有文化的优质农村劳动力在不断地离开农业和农村,进入非农产业和城市,留守农业和农村的农民在不断地劣质化、老龄化和妇孺化现象突出。

(6)转移剩余农业劳动力非常困难。提高农业现代化程度必然要求减少农业劳动力数量,但我国的农业人口基数巨大、减少农民困难,尽管已经转移出 1.5 亿农业剩余劳动力,但即使不计算未来进入劳动队伍的新增劳动力,目前还有 1 亿剩余农业劳动力需要转移,农业中的不充分就业现象依然严重,农业劳动力的非农转移依然困难,这使得我国的农业现代化呈现出较强的中国特征。

第六节　世界农业现代化中的启示和借鉴

各国农业现代化过程中可以借鉴的启示和经验很多,比较重要的有:

一、农业现代化与本国国情

各国的实践告诉我们,农业现代化不等于农业欧美化,具有一定的国家差异性。这方面有两点重要的启示:一是资源禀赋决定农业现代化的技术路线。国情和自然资源禀赋不同,农业现代化的技术路线是不同的。美国资源丰富、地多人少、工业发达，主要采用了先发展提高劳动生产率的农业机械化的技术路线；日本资源稀缺、人多地少、山地为主，无法走扩大耕地的增产道路，因此，先采取了提高土地产出率的"多劳多肥"的生物技术的农业现代化技术路线。国情和自然资源条件不同，选择的具体技术模式也会不同。美日两国都致力于农业机械化，美国农场规模大，作物以旱作水浇为主，农地以平原为主，因此，美国农业机械化的技术模式是大型机械化；而日本农户规模狭小，大田作物以水稻为主，农地以山地和小地块为主，因此，日本采用了以小型农机具为特征的农业机械化模式。二是不同发展阶段的农业现代化建设重点不同。不同的国情、不同的农业发展阶段，必然会遇到各不相同的农业主要难题。因此，各国各阶段农业现代化的建设重点会有所不同。荷兰低洼滨海，1/3 的国土低于海平面，农业的突出问题是包括海水倒灌在内的洪涝灾害，因此，农业现代化初期的主攻目标是以排灌为中心的水利化。此后才将农业现代化的建设重心转移到园艺业和畜牧业的机械化。日本是火山列岛，山地和丘陵约占 85％的国土，人地资源紧张，因此，农业现代化初期的主攻目标是水利化、土壤保持和良种化。20 世纪 60 年代初，日本进入工业起飞，大规模吸纳农村劳动力，因此才进入以农业机械化为重点的农业现代化。

二、农业现代化与工业化、城镇化

一国的农业现代化是与一国的工业化和城镇化相伴而行、相互促进的。纵观全球，没有一个农业现代化水平高的国家，其工业化和城镇化水平是低的。"二战"后发达国家能够在 20 年内迅速完成第一阶段的农业现代化，很重要的原因是它们有发达的非农产业和较低的农业人口比重（表 10-2）。而印度等发展中国家也是从"二战"后开始农业现代化的，但至今仍未完成第一阶段的农业现代化，这与它们缓慢的工业化和城镇化有关。这说明，只有加快国家的工业化和城镇化进程，才能为农业现代化提供强有力的支持和良好的外部环境，尤其是吸纳剩余农业劳动力的能力。

三、农业现代化与政府全方位大力度的支持

今天的农业现代化离不开政府全方位大力度的政策支持，核心是向农业现代化提供大量的公共财政资金。在政府资金的支持下，各种具体政策措施才能得以真正落实。国际经验表明，工业化初期往往是农业支持工业，随后进入了工业反哺农业、城市支持农村的发展阶段。今天的产业环境和国际环境已经决定了农业不可能依靠自身、依靠完全的市场化运作来跟上农业现代化的世界步伐，必须依靠政府的力量帮助来进行农业现代化。我国已经进入了这一发展阶段，也具备了加大

支持农业现代化的财政能力。并且根据世界贸易组织协议，我国还具有很大的补贴空间。

表 10-2　部分国家的城市化率（城市人口比重）　　%

国别	19 世纪		20 世纪“二战”之前			20 世纪“二战”之后			21 世纪
	1850 年前后	1890 年前后	1920 年前后	1930 年前后	1940 年前后	1950 年前后	1955 年前后	1975 年	2005 年
澳大利亚							76	86	93
阿根廷							61	81	91
英国	40	72	77	78			79	83	89
德国	36	47	63	67		71		81	88
丹麦	10	32	41	44	46	67		82	86
新西兰			56	59	58	61		83	86
巴西						36		61	84
美国	12	38	51	56	57	64		74	81
加拿大		32	50	53	54	62		76	81
法国	14	37	47	49	52		56	73	77
墨西哥			25	25	34	43		63	76
意大利						41		66	68
荷兰			45	49	49	55		57	67
土耳其						25		42	67
日本			18	24	35		56	57	66
巴基斯坦						11		26	35
泰国						10		24	32
印度		9	10	15		17		21	29

资料来源：作者从多种数据资料上收集并整理。

注：由于各国将居民点划为城市的划分标准不同，故相互间不完全可比，仅作参考。

四、农业现代化与人口大国的发展中国家

农业现代化必然使农业劳动力向非农产业转移、农村人口向城市迁移。发达国家在实现农业现代化过程中，由于农民基数小、非农产业发达、社会保障体系比较健全，农业劳动力的转移过程比较顺利。但发展中人口大国面临的主要难题是农民基数庞大，非农产业不能迅速吸纳农业现代化中析出的农民。纵观世界 11 个超过 1 亿人口的国家，农业现代化程度较高的有美国和日本两个发达国家，但它们大规模推进农业现代化时，农业人口比重都已不足 50%，农业产值均只占 25%左右。1961—1970 年是日本农业现代化进程中农业劳动力减少得最多的 10 年，总

共减少了 433 万农业劳动力，其中转移劳动力最多的一年也只转移了 50 万人。农业现代化程度较高的发展中大国是巴西和墨西哥，农业人口是在农业现代化起步后的 30 年，即一直到 20 世纪 80 年代初才出现明显减少，但它们未能处理好农民转移问题，简单地把析出的农民抛向市场、推向城市，至 2005 年，巴西和墨西哥的城市化率虽然高达 84%和 76%、农业劳动力分别只占 14.0%和 18.6%，但却造成了巨量的城市贫民和农村贫民，城市中出现许多贫民窟，构成严重的社会问题。印度、印度尼西亚、巴基斯坦、孟加拉国、尼日利亚在农业现代化中尽管农业劳动力的比重在下降，但除尼日利亚外，其他 4 国的农业劳动力总量至今不仅没有减少，反而还在增加(图 10-3 至图 10-5)。这些国际现象表明，发展中人口大国转移农民是一

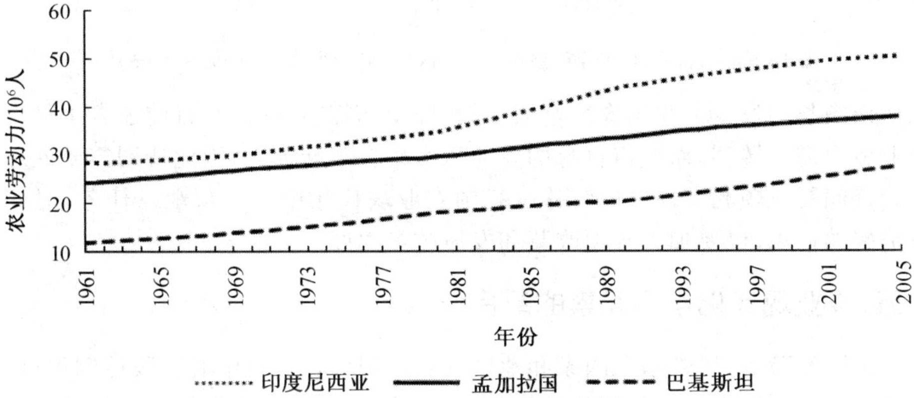

图 10-3　印度尼西亚、孟加拉国、巴基斯坦三国农业劳动力变化(1961—2005)

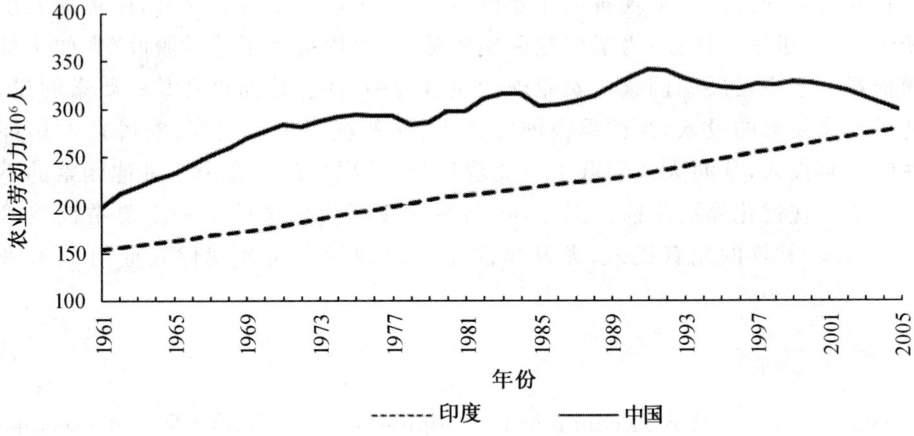

图 10-4　中国和印度农业劳动力变化(1961—2005)

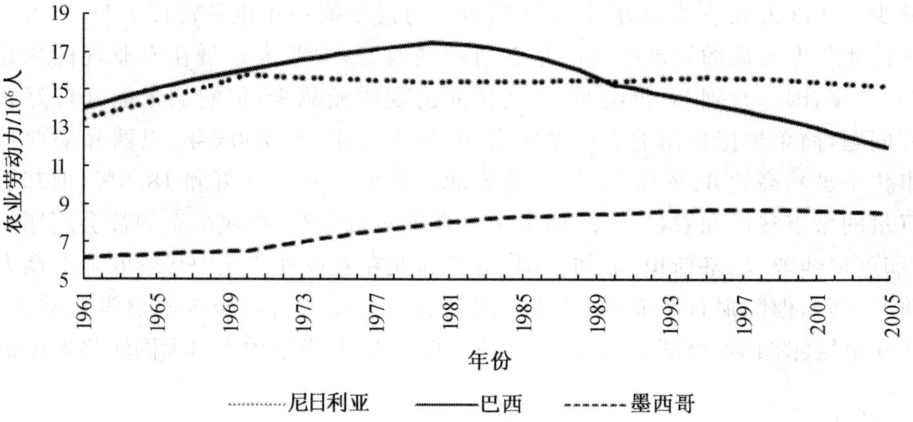

图 10-5　尼日利亚、巴西、墨西哥三国农业劳动力变化(1961—2005)

个艰巨而漫长的过程。我国农民基数巨大,即使不算新增劳力,目前还有1亿多剩余农业劳力需要转移,而城市自身的就业压力也在不断加大,因此特别需要处理好农民转移问题。顺利实现农民转移是我国农业现代化中的一项艰巨任务,对此既要有清醒的认识,也要加大各项改革和发展政策力度。

五、农业现代化与多元素的配合作用

从国际经验看,尽管每个国家和地区的农业现代化进程中有阶段性侧重点,但它依然是一个多因素配合作用的现代化过程。某一技术因素发挥效用是需要其他因素相配合的,比如农业机械化的实现是要与水利化、栽培技术、生物技术相互配合和相互促进的。为了实现番茄作业机械化,美国改良了番茄品种,使番茄表皮变厚变硬,便于机械化作业;为了棉花采摘机械化,美国应用了化学脱叶剂,便于机器采摘棉花。不少发展中国家在农业现代化过程中,往往片面重视某一要素的投入,忽视了配套要素的投入,往往重视硬件投入,而忽视对生产制度、农民技术培训等软件的配套投入,从而大大降低了农业现代化的成效,甚至会由于其他因素的不匹配而使农业现代化停滞不前。因此,我国在农业现代化进程中一定要重视技术和制度、硬件和软件的配套投入,尤其是注意培育现代农民和现代农业组织来进行配套。

参考文献

[1] Michael P. Todaro. Economic Development in the Third World (second edition). Longman Group Ltd., 1981.

[2] Subrata Ghatak，Ken Ingersent. Agriculture and Economic Development. The John Hopkins University Press，1984.

[3] [美]M. J. 列维. 现代化的后来者与幸存者. 吴荫，译. 北京：知识出版社，1990.

[4] [美]西奥多·W. 舒尔茨. 改造传统农业. 梁小民，译. 北京：商务印书馆，1987.

[5] [美]约翰·W. 戈温德. 农业经济学. 朱风书，俞家宝，王兴祥，等译. 安希伋，郑大豪校. 银川：宁夏人民出版社，1986：108-119.

[6] 陈平. 新自由主义的兴起与衰落——拉丁美洲经济结构改革(1973—2003). 北京：世界知识出版社，2008.

[7] 陈宗德，丁泽霁. 改造传统农业的国际经验——对发展中国家的研究. 北京：中国人民大学出版社，1992.

[8] 金永丽. 印度农业发展道路. 北京：中国农业出版社，2006.

[9] 厉为民. 农业结构研究——国外经验的启示. 北京：中国农业出版社，2008.

[10] 史美兰. 农业现代化——发展的国际比较. 北京：民族出版社，2006.

[11] 谈世中. 反思与发展——非洲经济调整与可持续发展. 北京：社会科学文献出版社，1998.

[12] 俞家宝. 农业经济学. 武汉：武汉大学出版社，1990：109-128.